SOCIÉTÉ SCIENTIFIQUE & LITTÉRAIRE D'ALAIS

(TOME XX)

Mémorial des Fêtes d'Alais

Octobre 1889

ÉRECTION DE LA STATUE JEAN-BAPTISTE DUMAS

INAUGURATION DU LYCÉE

INAUGURATION DU BUSTE DU Mis DE LA FARE-ALAIS

ALAIS
IMPRIMERIE J. MARTIN
Rues Dumas et Bridaine

1890

MÉMORIAL

DES

FÊTES D'ALAIS

(19, 20 & 21 Octobre 1889)

TABLE DES MATIÈRES

GRAVURES.

Portrait de J.-B. Dumas, d'après le journal *La Nature*.
Lettre autographe de M. Pasteur.
Photogravure du monument J.-B. Dumas.
Photogravure du monument La Farc-Alais.
Cantate (paroles et musique) exécutée à l'inauguration du Buste de La Fare.

TEXTE

PREMIÈRE PARTIE. — Erection d'une statue à J.- B. Dumas

Pages

Chapitre premier. — Projet d'érection d'une statue à J.-B. Dumas. — Formation d'un Comité d'initiative et d'un Comité de patronage. — Composition de ces Comités.   5

Chapitre II. — Action des Comités pour provoquer et recueillir des souscriptions, déterminer l'emplacement de la statue, et règler les conditions du Concours pour le choix de l'artiste devant exécuter le monument. — Opinion de la presse alaisienne sur l'emplacement projeté pour l'érection du monument. — Lettre autographe de M. Pasteur. — Programme du Concours.   18

Chapitre III. — Le Concours. — Composition du jury. — Adoption du projet présenté par M. Pech, sculpteur. — Incident du *Figaro*, à ce sujet. — Exécution du monument. — Fixation du jour d'inauguration.   34

Chapitre IV. — Invitations lancées par les Comités. — Liste des administrations et personnes invitées. — Réponses de diverses notabilités aux invitations. — Liste des personnages ayant assisté à l'inauguration. — Préparations aux fêtes. — Programme des fêtes.   72

Chapitre V. — Fêtes d'inauguration. — Description du monument. — Discours prononcés par : — M. Rigaud, président du Comité. — M. Espérandieu, maire d'Alais. — M. Pasteur, président de la cérémonie d'inauguration. — M. Faye, ministre de l'Agriculture. —

M. le Baron d'Estrella, ambassadeur de S. M. l'empereur du Brésil. — M. Gaston Boissier, au nom de l'Académie française. — M. Armand Gautier, pour l'Académie des sciences. — M. Darboux, au nom de la Faculté des sciences. — M. Vigroux, pour l'Ecole Centrale. — M. Haton de la Goupillière, au nom de la Société d'encouragement pour l'Industrie nationale.   99

CHAPITRE VI. — Distribution des récompenses aux lauréats des Concours viticole et agricole. — Objet d'art offert à M. Pasteur par la Société d'agriculture. — La *rue du Collège* devient *rue Pasteur.* . . .   158

CHAPITRE VII. — Banquet J.-B. Dumas. — Le menu. — Les toasts : — M. Bezombes, sous-préfet d'Alais. — M. Faye, ministre de l'agriculture. — M. Noël J.-B. Dumas, petit-fils du grand J.-B. Dumas. — M. De Place, au nom de la Société des ingénieurs civils de France. — M. Delmas, au nom de l'Association polytechnique. — M. Marès, au nom de l'Association amicale des anciens élèves de l'Ecole Centrale. — Clôture des fêtes.   163

LETTRE de M. Noël J.-B. Dumas, accompagnant l'envoi à la Bibliothèque d'Alais des œuvres posthumes de J.-B. Dumas.   177

LETTRE de M. Pasteur, indiquant l'emploi du reliquat de la souscription au monument J.-B. Dumas.   178

DEUXIÈME PARTIE. — Lycée J.-B. Dumas.

CHAPITRE PREMIER. — Résumé historique du Collège d'Alais. — Lettre de M. Roux à M. Dumas pour l'érection de cet établissement en Lycée. — J.-B. Dumas propose au Conseil municipal d'Alais de transformer le Collège en Etablissement d'enseignement secondaire spécial. — Délibération du Conseil municipal à ce sujet. — M. Duruy, ministre de l'Instruction publique se rend à Alais pour se convaincre par lui-même de l'importance et de l'utilité de cette transformation. — Sa lettre à M. Roux pour le charger de la nouvelle organisation du Collège. — Nouvelle décision de la municipalité d'Alais pour ériger le Collège d'enseignement spécial en un Lycée du même ordre. — Décret du président de la République relatif au dit Lycée. — Décret par lequel le Lycée d'Alais doit prendre le nom de Lycée J.-B. Dumas.   181

Chapitre II. — Inauguration du Lycée. — Discours prononcés à cette inauguration par : -- M. Espérandieu, maire d'Alais. — M. G. Chancel, recteur de l'Académie de Montpellier. — Distinctions honorifiques distribuées par M. le Ministre d'Agriculture. — Banquet offert à M. le Ministre. — Poésies provençales dites au banquet par leurs auteurs : *Lou Bastimen*, par F. Mistral. — *Ma Vesino*, par J. Roumanille. . . . 200

Courses de vélocipèdes, exécutées pendant l'inauguration du lycée. 218

TROISIÈME PARTIE. — Mémorial de la Fête d'inauguration du buste du Marquis de La Fare-Alais

Esquisse biographique du Marquis de La Fare. 1

Chapitre premier. — Origine du projet d'érection d'un buste à M. de La Fare. — Eloge de M. le Marquis de La Fare, par M. l'abbé Rouvière, prononcé dans une séance préparatoire à l'Hôtel-de-Ville 4

Chapitre II. — Exécution du projet d'un buste à M. de La Fare. — Programme de la Fête d'inauguration. . . 22

Chapitre III. — Célébration de la fête d'inauguration. — Souhaits de bienvenue de M. le maire d'Alais aux Félibres. — Réponse de M. L. Roumieux à M. le maire d'Alais. — Toast de M. Léonce Destremx aux félibres. — Réponse de M. Roumanille à M. Destremx. — Improvisation de M. F. Mistral. — Cérémonie d'inauguration. — Discours prononcé par M. Léonce Destremx, président du Centenaire de La Fare. 26

Discours de M. le Maire. — Discours d'inauguration prononcé par M. l'abbé Rouvière, curé de Saint-Christol-les-Alais. 38

Jeux floraux. — Discours languedocien du félibre A. Arnavielle. — Discours de M. César Gourdoux, délégué des félibres de Paris. — Poésie languedociennne à M. de La Fare, par M. F. Chabrier. — Poésie de M. Elie Merle. — Palmarès des Jeux floraux. . . . 47

	Pages
Banquet des fêtes de La Fare. — Brinde de M. L. Destremx. — Toast de M. le Maire. — Brinde de L. Roumieux.	80
Représentation théâtrale (apothéose de La Fare). — Poésie à M. de La Fare par l'abbé Rouvière. — Clôture de la fête.	89

MÉMORIAL

DES

FÊTES D'ALAIS

SOCIÉTÉ SCIENTIFIQUE & LITTÉRAIRE D'ALAIS

MÉMORIAL

DES

FÊTES D'ALAIS

Octobre 1889

ÉRECTION DE LA STATUE JEAN-BAPTISTE DUMAS

INAUGURATION DU LYCÉE

INAUGURATION DU BUSTE DU Mis DE LA FARE-ALAIS

ALAIS

IMPRIMERIE J. MARTIN
Rues Dumas et Bridaine

1890

J.-B. DUMAS

D'après le Journal "LA NATURE"

MÉMORIAL DES FÊTES D'ALAIS

(Octobre 1889)

ÉRECTION DE LA STATUE J.-B. DUMAS

I

Projet d'érection d'une statue a J.-B. Dumas.
Formation d'un Comité d'initiative et
d'un Comité de patronage.

Au lendemain de la mort (1) de J.-B. Dumas, un mouvement d'opinion, aussi spontané que général, s'est produit à Alais, sa ville natale, pour y demander l'érection d'une statue à la mémoire de l'illustre savant.

Obéissant à ce mouvement d'opinion, et sur l'invitation de MM. Roux (2) et Balme qui, en qualité d'amis de la

---

(1) J.-B. Dumas est décédé à Cannes, le 11 avril 1884.

(2) Le comité a chargé M. Roux de faire l'historique de tout ce qui se rapporte à l'inauguration de la statue et du lycée J.-B. Dumas.

famille, avaient été les premiers à concevoir cette pensée (1), M. Escalle, président de la Société Littéraire et Scientifique d'Alais, dans sa séance du 26 avril, s'exprime ainsi :

« Messieurs,

« Notre Société s'associe au deuil que cause au monde scientifique la mort de J.-B. Dumas. Elle perd en lui le plus illustre de ses membres honoraires. Il nous appartient de prendre l'initiative d'une souscription pour lui ériger dans cette ville d'Alais, où il est né, un monument digne de sa mémoire.

« Cette souscription s'étendrait à la France entière et à l'étranger ; tout le monde comprendra que c'est sur une des places publiques de sa ville natale que sa première statue doit s'élever. Telle est l'universelle admiration qu'inspire l'illustration scientifique de Dumas, que notre

---

(1) Le lendemain des obsèques, le mercredi 16 avril 1884, M. Roux n'ayant pas pu se rendre à Paris, M. Balme y eut une entrevue avec plusieurs personnages du monde de la science au sujet de l'érection de la statue Dumas.

M. Cauvet, directeur de l'Ecole Centrale désirait que le monument fut édifié à Paris ; mais sur les instances du président de la Délégation alaisienne aux obsèques, assurant le chaleureux concours de ses compatriotes, l'érection de la statue Dumas, à Alais, fut définitivement adoptée, dans le cabinet même de M. Hervé-Mangon.

C'est à la suite de cette réunion que les journaux de Paris annoncèrent la souscription, notamment le *Figaro*, la *Gazette de France* ; et que M. Balme, dans le numéro de la *Fraternelle* du 20 avril 1884, faisait ouvrir ainsi la souscription dans ses colonnes :

« .... Alaisiens, nous faisons appel à votre patriotisme et à votre justice ; il n'y a point de politique à faire en présence du savant Dumas ; il est à vous, c'est un compatriote qui illustre notre cité ; unissons-nous pour élever un monument digne de son nom et de son génie.... »

D'un autre côté, M. Escalle accepta la proposition qui lui fut faite de placer la souscription sous les auspices et la direction de la Société scientifique et littéraire d'Alais, afin d'éviter toute préoccupation politique.

On verra par la suite avec quel zèle et avec quel dévouement M. Escalle s'est acquitté de cette tâche.

appel sera entendu, j'en suis certain. Dans le savant, c'est la science elle-même que nous voulons tous glorifier.

« Ainsi que le portent nos billets de convocation, j'ai donc à vous demander de prendre cette initiative et de nommer un comité qui puisse conduire à bonne fin cette œuvre nationale.

« Avant de délibérer sur la façon dont le comité devra se composer et sur le choix de ses membres, permettez-moi d'exprimer l'opinion qu'à mon avis, ce comité doit être *ouvert*, c'est-à-dire, qu'il doit comprendre un certain nombre de membres pris en dehors de notre Société et sans aucune distinction de parti. Ce que nous désirons, c'est une statue sur le socle de laquelle on puisse écrire :

« *A J.-B. Dumas, ses concitoyens !* »

Après discussion, la Société adopte qu'un comité provisoire, mais *ouvert*, chargé de nommer le comité difinitif devant s'occuper des voies et moyens, soit nommé, séance tenante, par la Société.

La Société compose de suite comme il suit ce comité provisoire et charge M. le Président de le convoquer pour mercredi prochain :

1° Tous les anciens présidents de la Société et le bureau en exercice ;

2° Les élèves de l'Ecole Centrale, habitant Alais ;

3° MM. les membres du Parlement, originaires d'Alais ; MM. le Sous-Préfet, le Maire et les conseillers municipaux d'Alais ;

4° Les élèves de l'Ecole polytechnique, habitant Alais ;

5° Le principal et le professeur de physique et de chimie du collège d'Alais ;

6° M. Bourgogne, pharmacien, (c'est dans la pharmacie Bourgogne que J.-B. Dumas débuta à sa sortie du collège d'Alais, de 1815 à 1817).

7° Les personnes d'Alais qui ont assisté aux funérailles ; (1).

8° M. le docteur Pagès, ancien maire, contemporain et ami intime de M. Dumas ;

9° M. Péchiney, gérant de la compagnie de Salindres, et M. Paul Francezon, chimiste et filateur, appartenant à la Société.

Pour prendre date, la Société décide que le compte-rendu de la séance de ce jour sera adressé par M. le Président aux grands journaux de Paris.

Ainsi qu'il avait été décidé à la séance précédente, le comité est convoqué le 3o avril, et après discussion, il adopte :

1° Qu'il est constitué sous la désignation de *Comité d'initiative* et que son bureau est composé provisoirement du bureau de la Société littéraire et scientifique, augmenté de deux secrétaires, MM. Randabel, ancien élève de l'Ecole Centrale, et Paul, professeur de physique et de chimie au collège d'Alais.

---

(1) Parmi les innombrables députations qui se pressaient autour du cercueil de l'homme illustre, on remarquait celle d'Alais, sa ville natale, à la tête de laquelle se trouvaient : MM. de Roux-Larcy, Fernand de Ramel, Léopold Balme, architecte, Escalle, directeur des forges de Tamaris, président de la Société scientifique et littéraire d'Alais, de Retz, et Charvet, correspondant du Ministère de l'Instruction publique.

La couronne déposée par les soins de M. Balme, sur la tombe, portait cette inscription : *A M. Dumas ses compatriotes Alaisiens.* Elle était le résultat d'une souscription privée provoquée à Alais par lui, M. Roux, et l'honorable M. Chalon, président du tribunal de commerce, — la municipalité de cette époque n'ayant pas jugé à propos de se faire représenter officiellement aux obsèques.

Cette magnifique couronne, qui eut la place d'honneur sur le catafalque pendant la cérémonie funèbre, sortait de la grande maison Bories de Paris, commandée par les soins de M. de Ramel.

2° Qu'il y a lieu de provoquer à Paris la formation d'un Comité de patronage (1).

3° Que M. le président du Comité écrira à M. Ernest Dumas et à M. Hervé-Mangon, gendre de J.-B. Dumas, pour les informer de ce qui s'est passé et leur demander leur avis sur la composition du Comité de patronage.

4° Que la souscription publique ne sera ouverte qu'après la formation du Comité de patronage.

Le Comité d'initiative, après avoir pris l'avis des amis qui ont touché de plus près à la vie et à l'œuvre de J.-B. Dumas, s'est arrêté, dans sa séance du 13 mai, à un certain nombre de noms qui, après un plus mûr examen, a permis de constituer la liste définitive du Comité de patronage.

Il adresse, par l'intermédiaire de son président, une lettre à chacun des membres de ce Comité, pour leur faire part du choix dont ils ont été l'objet et les prier de vouloir bien accepter.

Voici le texte de cette lettre :

---

(1) M. Escalle s'entendit avec M. Balme pour correspondre avec MM. Ernest Dumas et Hervé-Mangon qu'il ne connaissait pas ; et du mois de mai au mois d'août 1884 de nombreuses lettres et dépêches furent échangées.

Dans une de ces lettres, adressée le 8 mai 1884 à M. Balme, M. Ernest Dumas, fils unique du grand chimiste écrivait : « .... j'ai vu la lettre de M. Escalle et le compte-rendu de la Société scientifique d'Alais du 26 avril, je vous serai très reconnaissant si vous vouliez bien vous charger de le remercier en mon nom, en attendant que je puisse le faire moi-même plus amplement.

« Vous avez eu, je crois, tout à fait raison de mettre à la tête du Comité un corps purement scientifique comme la Société d'Alais. C'est une très bonne manière d'exclure toute idée politique.

« Vous remerciant de votre initiative et de l'activité avec laquelle vous poursuivez *votre œuvre*, je vous prie d'agréer l'expression de mes sentiments affectueux....

« Ci-jointe, une liste provisoire des noms à qui l'on pourrait s'adresser pour la souscription et le comité de patronage.... »

« 3o mai.

« Monsieur,

« Après la mort de notre grand chimiste Dumas, un Comité s'est formé à Alais, sa ville natale, pour lui ériger une statue, qui fût à la fois un hommage au caractère du savant et à la science elle-même.

« Au-dessus de ce Comité, s'est formé à Paris, sur notre demande, un Comité de haut patronage, composé de savants Français, pris dans toutes les classes de l'Institut, et de savants étrangers appartenant aux différentes nations. Parmi eux, nous avons placé votre nom. Il nous était naturellement indiqué par l'importance de vos travaux et la nature de vos relations avec notre illustre et regretté compatriote.

« Persuadés que vous voudrez bien accepter, nous avons l'honneur, etc. »

Le Comité délégua ensuite M. Pin, membre du Conseil général du Gard, pour solliciter, à Paris, l'adhésion des diverses personnes désignées et pour demander, dans une première séance, de vouloir bien constituer leur bureau.

Le bureau constitué et le Comité de patronage formé, il est décidé que le comité d'initiative se chargera de provoquer et de recueillir les souscriptions à Alais et dans les différents départements, pendant que le Comité de patronage remplira le même but à Paris et à l'étranger.

II

Composition du Comité de patronage et du Comité d'initiative.

Le Comité provisoire de patronage s'est réuni le samedi 7 juin 1884, au Palais de l'Institut ; il a formé son Bureau et a arrêté la liste définitive de ses Membres.

Ont été nommés :

Président :

MM.

Pasteur, de l'Académie française et de l'Académie des Sciences.

Vice-Présidents :

J. Bertrand, secrétaire perpétuel de l'Académie des sciences.
F. de Lesseps, de l'Académie française et de l'Académie des sciences.
Cauvet, directeur de l'Ecole centrale des Arts et Manufactures.

Membres :

MM.

Gaston Boissier, de l'Académie française, de Nîmes (Gard).
Alexandre Dumas, de l'Académie française.
Edmond About,   »
Rolland, président de l'Académie des sciences.
Bouley, vice-président de l'Académie des sciences.

Chevreul, de l'Académie des sciences.
Berthelot,   »   »
Friedel,   »   »
Debray,   »   »
Paul Bert.   »   »
Le Contre-amiral Mouchez, de l'Académie des sciences, directeur de l'Observatoire de Paris.
Chatin, de l'Académie des sciences, directeur de l'Ecole de Pharmacie.
De Quatrefages, de l'Académie des sciences, de Valleraugue (Gard).
Darboux, de l'Académie des sciences, de Nimes (Gard).
Le colonel Perrier, de l'Académie des sciences, président du Conseil général du Gard.
Guillaume, de l'Académie des Beaux-Arts.
Cazot, sénateur du département du Gard, premier président de la Cour de cassation.
Le général de Chabaud-Latour, sénateur du département du Gard.
Gazagne, sénateur du département du Gard.
Le colonel Meinadier,   »   »
Baragnon,   »   »
Bousquet, député du Gard.
Boyer,   »
Desmons,   »
Marcellin-Pellet,»
Pieyre,   »
Silhol,   »
Daubrée, de l'Académie des sciences, directeur de l'Ecole des mines.
Le vice-amiral Paris, de l'Académie des sciences et du Bureau des Longitudes.
Le vice-amiral Cloué, du bureau des longitudes.
Vulpian, de l'Académie des sciences et de l'Académie de médecine.
Béclard, secrétaire perpétuel de l'Académie de médecine, doyen de la Faculté de Médecine.

F. Le Blanc, professeur à l'Ecole centrale des Arts et Manufactures.
Martin, président de la Société des Ingénieurs civils.
Le général Coste, commandant de l'Ecole polytechnique.
A. Cornu, de l'Académie des sciences, professeur à l'Ecole polytechnique.
Barral, secrétaire perpétuel de la Société d'agriculture.
Boussingault, de l'Académie des sciences et de la Société d'agriculture.
Edm. Becquerel, de l'Académie des sciences et de la Société d'encouragement pour l'Industrie nationale.
R. Bischoffsheim, député, de la Société d'encouragement pour l'Industrie nationale.
H. Milne-Edwards, de l'Académie des sciences, doyen de la Faculté des sciences.
Fremy, de l'Académie des sciences, directeur du Muséum d'histoire naturelle.
A. Milne-Edwards, de l'Académie des sciences, professeur au Muséum d'Histoire naturelle.
P. Thenard, de l'Académie des sciences et de la Commission du Phylloxera.
Tisserand, directeur au Ministère de l'Agriculture, de la Commission du Phylloxera.
H. Marès, correspondant de l'Académie des sciences, de la Commission du Phylloxera.
Planchon, correspondant de l'Académie des sciences, de la Commission du Phylloxera.
Scheurer-Kestner, sénateur, de la Société des amis des sciences.
A. d'Eichthal, de la Société des amis des sciences.
Poirrier, chimiste,   »   »
Riche,   »   »
Christophle, député, gouverneur du Crédit Foncier.
De Lapommeraye, président de l'Association polytechnique.
Chauveau, correspondant de l'Académie des sciences, directeur de l'Ecole vétérinaire de Lyon.

Guimet, chimiste à Lyon.
Marion, professeur à la Faculté des sciences de Marseille.
Corenwinder, chimiste à Lille.
Kolb, chimiste à Lille.

Membres étrangers :

Brésil. — S. M. l'Empereur du Brésil, associé étranger de l'Académie des sciences.

Norvège. — Broch, correspondant de l'Académie des sciences, directeur du Bureau international des poids et mesures.

Suède. — Ackermann.

Angleterre. — William Thomson, associé étranger de l'Académie des sciences.
Waren de la Rue, correspondant de l'Académie des sciences.
Williamson, » »
Frankland, » »

Allemagne. — Hofmann, correspondant de l'Académie des sciences.
Helmholtz, » » »

Russie. — Mendeleeff.
Bouttlerow.

Autriche. — Docteur Militzaer.
Lieben.

Italie: — Cannizzaro.
Le général Menabrea.
Gilbert Govi.

Belgique. — Stas, correspondant de l'Académie des sciences.
Melsens.

Espagne. — Général Ibanez.
Ramon de Luna.

Portugal. — Lourenço.

Suisse. — De Candolle, associé étranger de l'Académie des sciences.
De Marignac, correspondant de l'Académie des sciences.
Colladon, correspondant de l'Académie des sciences.

Danemark. — Jacobsen.

Etats-Unis. — Gipps.
Crafts.

Hollande. — Donders, correspondant de l'Académie des sciences.

République Argentine. — Gould, correspondant de l'Académie des sciences.

Hommes de Lettres :

MM. G. Claudin, E. Gonzalès, D'Ideville, Laugel, De Launay, Fr. Magnard, Max de Nansouty, H. de Parville, H. de Pène, Ch. Richet, Fr. Sarcey, G. Tissandier, Oscar de Vallée, Wyrouboff.

Le Comité d'initiative à Alais, est ainsi composé :

Président : MM. P. Escalle, directeur des Forges de Tamaris, président de la Société scientifique et littéraire d'Alais.

Vice-Président : A. Bardon, receveur de l'enregistrement, vice-président de la Société scientifique et littéraire d'Alais.

Membres du Bureau : G. Charvet, bibliothécaire-archiviste de la Société scientifique et littéraire d'Alais, correspondant du Ministère de l'Instruction publique.
Labbé, inspecteur des eaux et forêts, secrétaire général de la Société scientifique et littéraire d'Alais.
Oberkampf, receveur des Finances à Alais, trésorier de la Société scientifique et littéraire d'Alais.
Randabel, ingénieur civil, secrétaire.

Paul, professeur de physique et de chimie au Collège d'Alais, secrétaire.

Duffès, avoué, secrétaire.

Trouilhas, négociant, secrétaire.

Membres : MM.

Cazot, sénateur, premier président de la cour de cassation.

Le Sous-Préfet de l'arrondissement d'Alais.

Le Maire de la ville d'Alais.

E. Pin, conseiller général du Gard, ancien président de la Société scientifique et littéraire d'Alais.

G. Veillon, ingénieur, membre du Conseil général du Gard.

Roch, docteur en médecine, conseiller général du Gard.

Auphan, docteur en médecine, ancien président de la Société scientifique et littéraire d'Alais.

Balme, architecte.

Bourgogne, pharmacien.

Bonnal (Joseph), propriétaire.

Castanier, ancien avoué, ancien président de la Société scientifique et littéraire d'Alais.

De Castelnau, ingénieur des mines de l'arrondissement d'Alais.

Carrière, ingénieur civil.

Dadre, avocat, ancien président de la Société scientifique et littéraire d'Alais.

Desmoulin, principal du collège d'Alais.

Destremx (Léonce), ancien député, ancien président de la Société scientifique et littéraire d'Alais.

C. Fabre, juge de paix, ancien président de la Société scientifique et littéraire d'Alais.

G. Fabre, inspecteur des eaux et forêts, ancien président de la Société scientifique et littéraire d'Alais.

D. Francezon, chimiste et filateur.

E. Fraissinet, ingénieur civil.

Julien, ingénieur en chef des Mines.

De Lachadenède, président du Comice agricole, ancien président de la Société scientifique et littéraire d'Alais.

Malzac, ancien maire d'Alais.

Maumejean, professeur au Collège, ancien président de la Société scientifique et littéraire d'Alais.

Pagès, docteur en médecine, ancien maire d'Alais.

Péchiney, gérant de la Compagnie des produits chimiques de Salindres et de la Camargue.

Plantier, docteur en droit, docteur en médecine, ancien président de la Société scientifique et littéraire d'Alais.

De Place, directeur de la Société des houillères de Rochebelle.

De Ramel, avocat au conseil d'Etat.

Rigaud, ingénieur en chef des Mines, directeur de l'Ecole des Maîtres-mineurs d'Alais.

Roux, directeur honoraire de l'Ecole normale spéciale de Cluny, ancien président de la Société scientifique et littéraire d'Alais.

De Roux-Larcy, propriétaire.

Varin-d'Ainvelle, ex-capitaine d'artillerie.

Vignal, ingénieur à Tamaris.

M. E. Maindron a été adjoint aux deux Comités en qualité de secrétaire-trésorier.

III

ACTION DE CES COMITÉS POUR PROVOQUER ET RECUEILLIR LES SOUSCRIPTIONS, DÉTERMINER L'EMPLACEMENT DE LA STATUE ET RÉGLER LES CONDITIONS DU CONCOURS.

Dès le mois de juillet, les dispositions sont prises pour la plus grande publicité. Les imprimés, circulaires, listes de souscription, etc., sont adressés à :

MM. les membres du Comité d'initiative d'Alais,
  Les Préfets,
  Les Maires des communes de l'arrondissement d'Alais,
  Les Maires des cantons du département du Gard,
  Les Présidents des Sociétés savantes de France,
  Les Présidents des chambres de commerce,
  Les Présidents des conseils généraux,
  Les Recteurs et secrétaires d'Académie,
  Les Doyens des Facultés de France,
  Les Proviseurs des Lycées,
  Les Principaux de Collège,
  Les Directeurs des Ecoles normales,
  Les principaux fabricants de produits chimiques,
  Les personnes notables de la région (1).

---

(1) Une des adhésions des plus sympathiques a été celle du poète Albert Arnavielle, de Montpellier ; voici ce qu'il écrivait le 13 juillet 1884 :

«.. Mon cher Balme, mon frère vient de m'écrire pour me

Pour avoir une idée de l'activité déployée à ce sujet, il suffit de savoir que pour ces envois, il a été employé 3.591 timbres de 0,05 et près de 150 francs en autres affranchissements et ports d'imprimés.

Le 11 janvier 1885, le Comité d'initiative s'étant réuni, M. le président Escalle expose :

Qu'étant sur le point de quitter le pays, il croit devoir résigner ses fonctions de président du Comité d'Alais et les remettre à M. Dugas, vice-président de la Société scientifique et littéraire.

Mais, auparavant, il fait connaître l'état de la souscription pour la statue de Dumas et les démarches qu'il a faites depuis la dernière réunion.

A ce jour, il a été recueilli :

1° Par le Comité de Paris	34.000
2° Par le Comité d'Alais.	10.337 35
Soit un total de. . . .	44.337 35

Les frais d'impression, de correspondance ou de recouvrements se sont élevés pour Alais à 774 fr. 70. Il existe donc en caisse pour notre Comité d'Alais une somme dis-

---

parler d'un projet relatif au monument qui doit être élevé sur une des places d'Alais, en l'honneur de notre illustre compatriote J.-B. Dumas.

« Dès le premier jour que cette idée fut mise en avant, mon cœur d'Alaisien, de Cévenol tressaillit de joie car, pour nous, félibres, Dumas n'était pas seulement le savant suprême, c'était aussi l'homme qui était resté fidèle au souvenir de son pays natal et à la langue qu'il avait parlée dans son enfance et qu'il parlait toujours volontiers.

« N'avait-il pas choisi pour devise : « *Quau travaio, fai soun mas* », qui, je l'espère bien, sera gravée sur le socle de la statue ?

« Lors de la constitution du félibrige, j'eus l'honneur de recevoir l'adhésion du grand chimiste, dont le nom figure encore sur la liste des *félibres mainteneurs*. Et pour nous, félibres, ce serait une belle chose de voir Mistral succéder à Dumas, sur le fauteuil laissé vacant par ce dernier à l'Académie française.... »

ponible de 9.562 fr. 65, soit pour les deux Comités de Paris et d'Alais, environ 42.500 francs.

M. le Président lit ensuite les renseignements que lui ont adressés MM. les maires de Cahors, de Besançon et de Valenciennes au sujet des statues érigées récemment dans ces villes.

Les renseignements sont accompagnés de reproductions des monuments auxquels ils s'appliquent.

La statue de Gambetta à Cahors, malgré ses proportions grandioses, n'a coûté que 130.000 fr. ; celle de Jouffroy à Besançon, 30.000 ; enfin le monument de Watteau à Valenciennes, 90.000 francs.

Dans ces conditions, avec ses ressources actuelles, les souscriptions certaines à venir et la subvention probable de l'Etat, le Comité peut avoir l'assurance qu'il sera en mesure d'élever à Dumas une statue digne de notre compatriote et de la ville d'Alais.

Il faut rappeler en effet que 1400 listes de souscription ont été distribuées et que, sur ce nombre, il n'en est revenu à ce jour que 86. En second lieu, l'on peut compter sur le concours de l'Etat, puisqu'il a donné 15.000 fr. pour la statue de Gambetta, 60.000 fr. pour celle de Watteau.

Enfin, M. Pin fait espérer une souscription importante du Conseil municipal d'Alais.

Après la question d'argent, il importe de se préoccuper dès à présent des voies et moyens à prendre pour la commande de la statue.

M. le Président lit, à cet effet, la lettre qu'il a écrite à M. Dubois, directeur de l'Ecole des Beaux-Arts, pour lui demander son avis sur la marche à suivre.

M. Dubois, dans sa réponse, estime qu'il y a lieu :

1° De donner au concours le projet de statue et d'y admettre tous les artistes Français.

2° De fixer un délai de 4 mois pour le dépôt des maquettes qui devront avoir 0,70 de hauteur.

3° De nommer un jury pour l'examen des projets et le choix du statuaire.

4° D'accorder une prime de 2.000 fr., à l'auteur du projet choisi pour être exécuté (cette prime devant se confondre avec les honoraires du statuaire).

Une prime de 1.500 fr. au projet classé en 2ᵉ ligne et enfin une prime de 1.000 fr., à l'auteur du projet venant en 3ᵉ ligne. Les maquettes seront exposées à Paris, puis à Alais.

Le Comité d'Alais ne peut évidemment prendre de résolutions définitives, avant de s'être entendu avec le Comité de Paris. Mais il a paru convenable qu'il fît dès à présent connaître son opinion sur les deux points suivants :

La statue de Dumas sera-t-elle donnée au concours ou bien sera-t-elle donnée à un artiste choisi par le Comité ?

La statue sera-t-elle en bronze ou en marbre ?

Il est procédé au vote sur ces deux questions et l'avis du Comité d'Alais est qu'il y a lieu d'ouvrir un concours pour le projet de statue qui devra être exécutée en bronze.

M. Balme demande qu'on laisse à l'artiste choisi par le jury du concours, la faculté d'exécuter son projet à sa convenance, soit en marbre, soit en bronze. Cette proposition n'est pas adoptée.

Vers la fin de la séance, M. Dadre demande la parole et prie le Comité d'Alais de ne pas accepter la démission de son président, M. Escalle, qui a fait sienne notre œuvre et l'a conduite jusqu'à aujourd'hui avec un dévouement et une activité dignes d'éloges. C'est par lui que son entreprise doit être menée à bien et si les circonstances l'éloignent momentanément d'Alais, il déléguera simplement ses pouvoirs à M. Dugas.

Cette proposition est adoptée à l'unanimité.

M. Escalle ayant quitté Alais, M. Dugas continue les démarches de son prédécesseur et adresse, le 11 novembre 1885, la lettre suivante à M. le Maire d'Alais :

« Alais, le 11 novembre 1885.

« Monsieur le Maire,

« Le Comité d'initiative pour l'érection d'un monument à la mémoire de J.-B. Dumas, a décidé dans sa dernière séance de s'adresser au Conseil Municipal de notre ville pour lui demander de désigner la place sur laquelle s'élèvera la statue de notre illustre compatriote et de contribuer par une subvention à la réalisation de ce projet.

« Le Comité a été unanimement d'avis que la place Saint-Sébastien est l'emplacement le plus convenable pour le monument dont il s'agit. Nous vous prions, M. le Maire, de soumettre cette indication à vos collègues du Conseil Municipal auxquels il appartient de trancher souverainement cette question.

« La souscription, ouverte par nos soins, a été favorablement accueillie, soit en France, soit à l'étranger ; les corps constitués, Conseils Généraux, Chambres de Commerce, Sociétés Savantes, ont tenu, comme les particuliers, à y prendre part. Nous ne doutons pas que le Conseil Municipal d'Alais ne saisisse avec empressement cette occasion de rendre un hommage digne de lui à l'homme qui, sorti des rangs du peuple, est arrivé par la seule force du travail et de la volonté à occuper la première place dans le monde scientifique contemporain.

« Le Conseil Municipal ne penserait-il pas également, avec le Comité, qu'il y a lieu d'apposer une plaque commémorative sur la maison où est né J.-B. Dumas, n° 19 de la rue Dumas.

« Nous comptons, M. le Maire, sur votre bienveillant concours et nous vous prions d'agréer l'expression de nos sentiments les plus respectueux.

« *Les Délégués du Comité,*
« DUGAS, RANDABEL, LABBÉ. »

M. le Maire de la ville, répond à cette lettre par l'envoi de la délibération qui suit :

Conseil Municipal d'Alais. — Erection d'une statue à J.-B. Dumas.

« Séance du 25 novembre 1885. — Le Président donne lecture d'une lettre en date du 11 courant, de MM. Dugas, Randabel et Labbé, qui, au nom du Comité d'initiative pour l'érection d'un monument à la mémoire de J.-B. Dumas, s'adressent au Conseil municipal pour la désignation de l'emplacement où devra s'élever la statue de notre illustre compatriote. — Le Comité pense, en outre, que le Conseil voudra bien s'associer, par une subvention, à la réalisation de ce projet et a été unanimement d'avis que la place St-Sébastien était l'emplacement le plus convenable pour l'érection du monument dont il s'agit.

« M. le Maire rappelle en quelques mots quelle gloire nationale et universelle a été J.-B. Dumas. Il dit que la Municipalité est toute disposée à accorder une subvention pour l'érection, dans notre ville, d'un monument à notre illustre compatriote, mais la place Saint-Sébastien est un champ de manœuvres qui nécessitera par son transfert une dépense considérable ; il y a lieu dès aujourd'hui de s'en préoccuper. La Municipalité fera connaître au Conseil le résultat de ses démarches.

« M. Lalauze pense que la place du Lycée serait, mieux que la place Saint-Sébastien, indiquée pour recevoir la statue de J.-B. Dumas.

« Après échange d'observations, le Conseil délibère d'attendre, quant à la question d'emplacement et de subvention demandés, les propositions de la Municipalité ; et, sur la proposition de son président décide, conformément au vœu du Comité, qu'une plaque commémorative sera posée sur la maison portant le numéro 19 de la rue Dumas où est né l'illustre savant. »

Cette question d'emplacement de la statue a préoccupé non-seuelment le Comité et le Conseil municipal, mais l'opinion publique.

Parmi les nombreuses appréciations données par la presse, nous croyons devoir reproduire ici les articles de la *Fraternelle* et de l'*Union libérale*.

Dans la *Fraternelle* du 28 février 1886, M. Balme, après avoir donné le compte-rendu résumé de la séance du Conseil municipal, s'exprime ainsi :

S'il en est temps encore, puisque le Conseil municipal a renvoyé la décision à prendre à une prochaine séance, nous nous permettons de donner notre avis et de soumettre quelques observations au sujet du point de la ville où il faut placer la statue de notre immortel compatriote.

L'idée d'édifier la statue de M. Dumas sur la place du Lycée, faudrait-il même déplacer la croix pour la mettre non au boulevard Gambetta mais au rond point du bureau d'octroi, près l'ancienne maison Glorieux, serait très acceptable si l'emplacement était propice ; parce qu'en effet Dumas serait dans son milieu, en se trouvant à l'entrée de l'école, du sanctuaire de la science. Mais, comme l'a fait remarquer M. Veillon, la place n'est point suffisante ni convenable pour élever un monument digne du grand savant.

M. Plantier avait raison de demander au point de vue de l'art, la place Saint-Sébastien ; c'est là, en effet, le seul et l'unique endroit de la ville où l'on peut édifier un monument et une statue convenable.

L'on ne se contentera pas de faire sur cette place un simple piédestal de 3 ou 4 mètres de haut surmonté d'une statue en bronze ou marbre, étant entouré d'une modeste grille ? Non. Nous avons à Nimes, un exemple de ce que l'on peut faire à peu de frais, par le square Antonin. L'on peut, sur la place Saint-Sébastien, établir autour de la statue Dumas, un square avec bancs, grilles, massifs de fleurs et bassins qui donneront beaucoup plus de gaieté à cette promenade de la ville et rendront à cette place sa vraie destination.

Aujourd'hui que nous avons les eaux à Alais il est facile d'embellir sans trop de dépenses notre cité, et de faire quelque chose pour l'agrément de ses habitants.

Nous savons bien que l'on va nous faire une observation : la place Saint-Sébastien sert de place d'armes. Sans doute les soldats y font la manœuvre ; mais est-ce absolument nécessaire de la faire sur ce point ? Est-ce que la proximité de l'hospice, un lieu de repos, ne réclamerait-elle pas, au contraire, la suppression de l'exercice militaire sur cette place ? Il nous semble qu'il suffit de poser ces questions pour qu'elles soient résolues ; et d'ailleurs, M. le Maire, nous a-t-on assuré, s'en est préoccupé et voudrait transférer le champ de manœuvres à la descente de la Prairie ou au Mas-de-Nègre dans les terrains appartenant à la ville.

Enfin, en terminant, nous ferons observer à Messieurs les membres du Conseil municipal, que le Comité d'initiative pour l'érection de la statue, s'inspirant de l'unique désir d'édifier à Alais un monument digne de notre illustre compatriote, a décidé à l'unanimité que l'emplacement de la place Saint-Sébastien était le plus propice : nous osons donc espérer que le Conseil municipal qui, sans doute, cherche à atteindre le même but, voudra bien satisfaire à sa demande.

L. BALME.

Dans l'*Union libérale* du 24 février, nous lisons :

Plusieurs emplacements pour recevoir la statue de J.-B. Dumas ont été proposés ; mais le Conseil municipal d'Alais, dans sa séance du 14 février, n'en a encore adopté aucun, et pensant que cette question méritait d'être sérieusement étudiée, l'a renvoyée, ce jour-là, avec d'autres projets devant la commission des chemins ruraux.

On ne saurait rendre trop d'honneurs à notre grand compatriote, que tout le monde savant de toutes les parties du globe, nous envie. Ce ne serait donc que justice de construire une place avec square agrémenté d'un bassin d'eau de la Tour, au centre de laquelle se dresserait l'image d'airain de l'éminent Alaisien, sur le point le plus rapproché possible de l'endroit où il vit le jour et qui, naturellement, serait dénommée : « Place J.-B. Dumas ».

Cette place serait formée par le vacant que laisseraient les maisons à démolir, à partir de l'angle de la pharmacie Teissier, du groupe de l'île limitée par les rues J.-B. Dumas et Bridaine, où l'on pourrait, en outre, construire l'école primaire de filles et l'école maternelle projetées, au lieu de faire les démolitions entre les rues Bridaine et de la Meunière.

Construire une place pour perpétuer le souvenir de notre illustre chimiste, à l'endroit même de la ville où il naquit, est un acte imposé par la logique et la reconnaissance. Nous aimons à croire que la Commission des chemins ruraux et le Conseil municipal accueilleront favorablement le projet ci-dessus qui a, paraît-il, les préférences de l'opinion publique.

En 1886, M. Roux, appelé à présider la Société en remplacement de M. Dugas, s'exprime ainsi :

« Messieurs,

« Je vous remercie de m'avoir appelé à présider notre Société pendant l'année que nous commençons.

« En me donnant ce témoignage de confiance, vous avez répondu à un de mes vœux les plus chers.

« Vous savez, en effet, les liens qui existaient entre M. Dumas et moi, et vous avez pensé, avec juste raison, tout le bonheur que j'éprouverai à contribuer par mes efforts à l'érection de la statue de ce savant et illustre compatriote sur une de nos places publiques.

« Déjà, grâce à l'initiative de quelques amis de la famille Dumas, grâce à l'initiative de notre Société, grâce surtout au zèle, à l'intelligence, au dévouement de nos deux derniers présidents, MM. Escalle et Dugas, des comités ont été formés, des souscriptions ont été provoquées et ont recueilli de nombreuses et importantes adhésions, un concours est ouvert entre nos meilleurs artistes pour la confection de cette statue, divers emplacements sont proposés pour la recevoir. En un mot, tout a été admirablement mené et préparé pour que cette érection ait lieu prochainement.

« Comme vous le voyez, ma tâche a été rendue bien facile ; car, il me reste bien peu à faire en comparaison de tout ce qui a été fait jusqu'à présent.

« C'est en m'inspirant de vos travaux, Messieurs, c'est en m'aidant de vos sages et précieux conseils que j'espère mener à bonne fin l'œuvre éminemment patriotique que vous avez entreprise et remplir ainsi la noble et importante mission que vous voulez bien me confier. »

M. Pasteur ayant découvert son remède contre la rage, la Société comme le Comité d'initiative ne croient pas devoir rester étrangers aux nombreuses félicitations dont il était l'objet, et M. Roux se fait leur interprète par la lettre suivante :

« Alais, 14 mars 1886.

« Monsieur,

« La Société littéraire et scientifique d'Alais, qui a l'insigne honneur de vous compter au nombre de ses membres honoraires, et le Comité d'initiative pour l'érection de la statue de J.-B. Dumas, dont vous êtes le président, croiraient manquer à leur devoir s'ils ne venaient pas à leur tour vous exprimer toute la part qu'ils prennent aux enthousiastes félicitations qui vous sont adressées pour votre admirable découverte du remède contre la rage.

« C'est à juste titre que vous êtes considéré comme un des apôtres les plus autorisés de la vraie science et comme un des plus grands sauveurs de l'humanité !

« D'ailleurs, Monsieur, pouvons-nous oublier tout ce que vous avez fait pour ramener la richesse dans nos pauvres pays désolés, et n'est-ce pas alors que vous reveniez à Paris tout heureux de votre victoire remportée sur le fléau qui décimait nos éducations de vers à soie, que vous fûtes si cruellement frappé par la maladie, conséquence terrible de vos fatigues et de vos pénibles travaux !

« A ce moment, vous disiez à votre ami Sainte-Claire Deville : « *Je regrette de mourir, j'aurais voulu rendre plus de services à mon pays.* »

« Dieu vous a entendu, Monsieur, et il a daigné exaucer ce cri patriotique poussé sur votre lit de douleur. Car il est difficile de compter depuis, toutes les grandes étapes que vous avez parcourues et les nombreux triomphes que vous obtenez.

« Aussi, nous ne saurions trop vous exprimer, Monsieur, les sentiments de profonde admiration et de vive reconnaissance que vous nous inspirez.

« C'est au nom des membres de notre Société et du Comité, que je suis heureux de vous les transmettre en vous priant de vouloir bien agréer, Monsieur, l'assurance de mon respectueux attachement.

« F. Roux. »

Monsieur Pasteur répondit :

Paris le 26 Mars 188[?]

Monsieur le Président,

J'ai été vivement touché des termes de votre lettre du 14 Mars, par laquelle vous voulez me féliciter, au sujet de mes récentes études sur la rage, au nom des membres de la "Société littéraire et scientifique d'Alais". Rien non plus ne pourrait me faire plus de plaisir que de me rappeler mes études sur la maladie des vers à soie, faites au milieu de vos laborieuses populations. J'en garde toujours le précieux souvenir.

Agréez, Monsieur le Président, et faites agréer, je vous prie, aux membres de la Société, l'expression de mes sentiments de gratitude.

L. Pasteur

M. Roux ayant prié M. le Maire d'Alais de ne pas retarder plus longtemps le choix de l'emplacement destiné à recevoir la statue de J.-B. Dumas, le Conseil Municipal consacre deux séances pour délibérer à ce sujet.

« *Séance du 20 février 1886.* — M. le Maire au nom de la Commission de l'Instruction publique fait un rapport sur la question de l'emplacement destiné à recevoir la statue de J.-B. Dumas. Le Comité local et le Comité général insistent tous deux pour que cet emplacement soit au plus tôt fixé afin de mettre le projet de statue au concours.

« La Commission a été tout d'abord d'avis que deux emplacements, la place St-Sébastien et la place du Lycée présenteraient seuls les conditions favorables au monument dont s'agit et, après examen, la majorité a pensé que la place du Lycée devait être choisie. On opèrerait le transfert de la croix existante à l'entrée de la rue de la Bienfaisance, mais M. le Maire rappelle que le concours de la ville quand il s'agit d'honorer une gloire nationale telle que celle de notre compatriote, ne saurait se borner à fournir seulement une place pour recevoir son monument; il est certain que le Conseil voudra, par une subvention, contribuer au nom de la ville à la glorification du plus illustre de ses enfants.

« Après échange d'observations, le Conseil ajourne à sa prochaine séance, le choix de l'emplacement définitif.

« *Séance du 19 Mars 1886.* — M. le Président fait un rapport verbal au nom de la Commission des Travaux publics sur la question de l'emplacement destiné à recevoir la statue de J.-B. Dumas. Le Comité local avait fait connaître ses préférences pour la place St-Sébastien et la Commission s'est ralliée à son opinion.

« M. Arbousset persiste à penser que la place du Lycée conviendrait mieux à la statue de J.-B. Dumas que la place St-Sébastien.

« Après échanges d'observations, les conclusions de la Commission sont adoptées. »

L'emplacement étant décidé, le programme suivant est arrêté pour le concours:

Erection d'une statue, à la mémoire de Jean-Baptiste Dumas, dans sa ville natale, à Alais (Gard).

Programme

I.

Il est ouvert un concours pour l'érection, à Alais, d'une statue à J.-B. Dumas. Cette statue aura $2^m,60$ à $2^m,80$ de proportion. Elle sera en bronze.

Toute liberté est, d'ailleurs, laissée aux concurrents pour représenter l'illustre savant.

II.

Le terme du concours est fixé au 1er août 1886; à cette époque, les concurrents devront présenter une esquisse modelée, comprenant la figure et son piédestal orné de bas-reliefs.

Le personnage de cette esquisse aura au moins $0^m,40$ de proportion. On joindra, au projet en relief, des dessins et un devis estimatif de tout le monument, ce devis ne devant pas dépasser la somme totale de 40.000 francs.

III.

Il est accordé trois mois aux concurrents pour l'exécution des esquisses. Ce délai commencera à partir du 1er mai 1886.

IV.

Les esquisses seront exposées à Paris, à l'Ecole des Beaux-Arts. Elles devront être adressées, avec les devis, à M. le Directeur de l'École.

Les esquisses et devis qui arriveront après le 1er août 1886, terme de rigueur, ne seront point admis au concours.

V.

Les esquisses régulièrement inscrites seront exposées

pendant quatre jours avant le jugement, et pendant deux jours après. Les dates de cette double exposition et celle du jugement définitif seront ultérieurement fixées. Elles ne dépasseront pas le mois d'août.

VI.

Le jugement sera rendu par un jury composé du Comité de Paris, de cinq délégués du Comité d'Alais, auxquels seront adjoints cinq artistes élus par les concurrents, savoir : quatre sculpteurs et un architecte.

A cet effet, chaque concurrent déposera, en même temps que son ouvrage et sous pli cacheté, un bulletin de vote signé de son nom.

VII.

Le jury sera présidé par le Président du Comité de Paris. Le jugement sera rendu à la majorité des voix. En cas de partage, la voix du Président sera prépondérante.

VIII.

Une somme de 40.000 francs est affectée à l'exécution de la statue et du piédestal.

IX.

L'artiste classé le premier pourra être chargé de l'exécution du monument.

Indépendamment du Prix, il y aura deux mentions honorables : à la première sera attribuée une prime de 1.000 francs ; à la seconde, une prime de 500 francs.

Dans le cas où l'artiste classé le premier ne serait pas chargé de l'exécution du monument, il recevrait une indemnité de 1500 francs.

X.

Les esquisses devront être retirées le lendemain de la clôture de l'exposition. Les frais d'envoi et de retour resteront à la charge des concurrents.

L. PASTEUR,

Membre de l'Académie française et de l'Académie des Sciences, Président du Comité.

— 32 —

Le 30 octobre 1886, M. Pasteur écrit à M. Roux :

« Paris, le 30 octobre 1886.

« Monsieur et très honoré Confrère,

« L'Exposition des projets admis au concours institué pour l'érection du monument de J.-B. Dumas, est fixée aux 3, 4, 5 et 6 novembre prochain, à l'Ecole des Beaux-Arts, quai Malaquais.

« J'ai l'honneur de vous prier de vouloir bien assister le samedi 6 novembre, à 2 heures précises, à la réunion du Comité qui doit avoir lieu à l'Ecole, pour l'examen des maquettes et pour le prononcé du jugement.

« Les projets primés resteront exposés au même lieu les 7 et 8 novembre.

« Veuillez agréer, Monsieur et très honoré Confrère, l'assurance de ma considération la plus distinguée.

« *Le Président du Comité, Membre de l'Académie française et de l'Académie des Sciences.* »

« L. PASTEUR. »

M. Roux lui répond le 2 novembre :

« 2 novembre 1886.

« Monsieur et très honoré Président,

« Je regrette vivement que mon état de santé ne me permette pas de me rendre, en ce moment, à Paris comme je le désirais, pour faire partie du jury pour le concours relatif à la statue de notre cher et illustre compatriote J.-B. Dumas. Trois des délégués de notre Comité d'Alais partiront dans le courant de la semaine ; ils comptent avoir l'honneur de se présenter à vous, dans l'après-midi de vendredi prochain, à l'heure que vous voudrez bien leur faire connaître par l'intermédiaire de M. Maindron, qu'ils verront auparavant.

« Ces trois délégués sont :

« MM. Balme, architecte, ancien élève de l'Ecole professionnelle ; Labbé, inspecteur des forêts ; Francezon, filateur.

« Je vous remercie d'avance du bon accueil que vous voudrez bien leur réserver, et je vous prie d'agréer, Monsieur, l'expression de mon profond et très respectueux dévouement.

« F. Roux. »

III

Concours. — Projet adopté. Exécution du monument. Fixation du jour pour l'inauguration de la statue.

Pour ce qui regarde l'historique du concours, nous croyons devoir céder ici la plume à M. Léopold Balme, qui, en sa qualité d'architecte et d'ami de la famille Dumas, a été le plus mêlé à cette intéressante question.

M. Balme divise cet historique en 3 parties :

1° Avant le concours ; 2° A la remise des projets ; 3° Au jugement du concours.

Avant le concours. — Après les obsèques de M. Dumas, dès que la souscription fut ouverte pour la statue, et sans attendre l'avis du Comité qui annonçait officiellement le concours, plusieurs artistes s'en étaient préoccupés.

L'un d'entr'eux, surtout, le sculpteur Gaudès, l'auteur de la restauration de la Porte Saint-Denis, et du *Facteur du Petit Journal*, qui a eu un certain succès, avait fait, dès 1884, plusieurs visites à la famille Dumas pour se renseigner sur les allures, le caractère, la vie privée du grand savant. Son intention était de représenter Dumas dans son cabinet, Dumas dans l'intimité, Dumas écrivain.

Cette idée avait captivé toutes les sympathies de la famille, et l'atelier de M. Gaudès, qui se trouvait à Neuilly, 56, boulevard d'Argenson, reçut la visite de M. et Mme Ernest Dumas, et de M. et Mme Hervé-Mangon, qui suivaient attentivement les études de l'artiste.

Dans le voyage que nous fîmes à Paris, en février 1885, M. Ernest Dumas nous parla de M. Gaudès, de sa maquette et nous envoya spécialement l'adresse de l'artiste, en insistant pour que nous ne quittions pas Paris sans aller lui faire une visite.

Nos relations avec M. Gaudès devinrent plus intimes au mois de mai 1886, dans un nouveau séjour que nous fîmes à Paris, car M. Gaudès se trouva être presque notre compatriote. Il était le parent du sénateur Jules Cazot; l'ami de M. Durand, sous-chef du personnel au Ministère de la Justice et intime avec M. Belon, le rédacteur du *Parti National* : tous des Alaisiens et des camarades, artistes ou amateurs d'art.

Dès le mois de mai 1886, alors que le concours était ouvert officiellement jusqu'au mois d'août, date de la remise des esquisses, des visites fréquentes de la colonie alaisienne à Paris et des membres de la famille Dumas avaient lieu à l'atelier de M. Gaudès et son projet était déjà préféré, sympathique, désiré.

D'ailleurs, M. Gaudès, sur les observations ou indications qu'on lui avait données, se préoccupait de tous les détails, pour rendre son projet parfait. Nous lui avions fait observer que la place Saint-Sébastien était en contre-bas d'une autre place, que l'on appelle la plate-forme de la Maréchale, de plus de 8 mètres ; qu'il y avait intérêt à élever le piédestal de son monument. M. Gaudès et son collaborateur, M. Dutocq, architecte, se mirent en rapport avec nous, pour avoir des plans, des vues, des photographies des lieux. M. Girod, photographe à Alais, fut chargé de faire plusieurs relevés. Enfin, M. Gaudès avait tellement étudié son projet avec la ferme idée qu'il l'exécuterait, qu'il avait joint à sa maquette une vue d'ensemble, en perspective, du monument Dumas sur la place Saint-Sébastien, qui était soignée et produisait son effet. Jusqu'au moment de la remise des projets, l'on ne se doutait guère de la quantité des concurrents, qui furent nombreux ; car, à part M. Gaudès, il n'y eu que 2 ou 3 autres artistes qui s'adressèrent à nous, à M. Maindron, ou au Comité, pour avoir des renseignements.

M. Poncet, M. Pézieux, et quelques autres artistes furent en rapport avec nous pendant les mois de juin, juillet et août 1886, pour obtenir des renseignements sur les matériaux locaux, l'emplacement de la statue, la position de la ville, etc., etc.

Remise des projets. — Un incident assez inattendu survint au moment de la remise des projets et contraria quelques artistes.

Il était décidé que les concurrents déposeraient leurs projets à l'Ecole des Beaux-Arts, le 1er août 1886 ; mais à ce moment l'Ecole et les salles d'exposition sont toutes occupées par les travaux des élèves ; on ne put les recevoir.

M. Maindron était en villégiature ainsi qu'un bon nombre de membres du Comité ; il y eut un certain désarroi ;

mais M. Cauvet, directeur de l'Ecole Centrale, se fit un devoir d'offrir l'hospitalité aux divers projets des concurrents. De sorte que toutes ces représentations, dans les diverses phases de la vie du grand chimiste, furent d'abord exposées, par une circonstance heureuse, mais bien imprévue, dans les salles de cette école si brillante aujourd'hui, et dont Dumas a été un des fondateurs.

La circulaire suivante, en date du 4 août 1886, adressée par le Comité aux concurrents, mit fin à l'incident de la remise des projets :

« Le concours institué pour l'érection d'une statue à J.-B. Dumas, est déclaré clos.

« L'administration de l'Ecole des Beaux-Arts étant actuellement dans l'impossibilité de fournir au Comité la salle nécessaire à l'exposition des projets envoyés au concours, le Comité se trouvant, d'autre part, sensiblement réduit par le départ de la plus grande partie de ses membres, le jugement est reporté à la première semaine de novembre.

« Dans ces circonstances, les concurrents sont invités à déposer leurs projets et leurs devis à l'Ecole Centrale des Arts et Manufactures, *où ils seront conservés sous scellés* jusqu'à l'époque de l'exposition.

« Les conditions du concours restent celles qui ont été fixées par le programme publié au mois d'avril dernier... »

Mais plusieurs artistes avaient été vivement entraînés au moment de la remise des projets. Le premier août 1890, le sculpteur Gaudès nous écrivait :

« Monsieur Balme,

« ..... Je viens vous remercier de toute l'amabilité et des services que vous nous avez rendus, à moi et à M. Dutocq, dans l'exécution du concours J.-B. Dumas.

« Je ne saurai jamais trop reconnaître votre obligeance ; nous avons livré hier notre projet avec devis et plans, malheureusement, le Comité d'Alais n'avait pas prévu que l'Ecole des Beaux-Arts à cette époque de l'année est très encombrée, aussi nous avons été forcé de remporter notre concours sans savoir où et quand nous pourrons l'exposer. Nous sommes dans un grand embarras, pourtant j'espère que le Président, M. Pasteur, va prendre une décision quelconque..,.

« M. Dutocq m'a dit que vous avez trouvé notre projet très bien, nous en sommes très heureux, car vous êtes le vrai juge d'un travail pareil. M. Dutocq n'a rien négligé pour être bien représenté au concours. Il a une magnifique planche représentant le rendu de face, le rendu de profil, une très belle aquarelle de l'ensemble avec la place Saint-Sébastien en perspective, puis le plan général et la coupe.

« Quant à moi, j'ai le monument en plâtre, au sixième de l'exécution, avec ses figures et ses ornements modèles. — Vous voyez, nous n'avons rien négligé pour réussir. Maintenant quand serons-nous jugés ?....... ».

Le 27 août 1886, M. Poncet, en nous annonçant la remise de son projet à l'Ecole Centrale, nous donne quelques détails sur son exécution, qu'il nous paraît intéressant de reproduire, car de ce projet il n'en reste plus rien, aujourd'hui, n'ayant pas été au nombre des primés au concours.

« Monsieur et cher confrère,

« Je suis vraiment confus d'avoir tant tardé à répondre à votre lettre du 27 juillet dernier.

« Je vous remercie des excellents renseignements qu'elle contient et aussi de la série de prix jointe à votre envoi.

« Tous ces renseignements m'ont été fort utiles et ont pu me permettre de faire un devis aussi exact que possible en laissant le plus de marge possible à la décoration du piédestal du monument dont je vous envoie le croquis ci-joint.

« Mon collaborateur et ami, M. Pézieux, statuaire, a su développer par des bas-reliefs placés sur les faces latérales et postérieures les passages les plus saillants de la vie de l'illustre savant, car c'est surtout au point de vue de la science que M. Dumas doit être honoré, à mon avis.

« Le premier bas-relief est inspiré d'une lettre de M. Dumas rappelant les bienfaits de la bibliothèque d'Alais (ce qui décida de sa vie, dit-il).

« Le second est une idée qui vient de M. Dumas fils ; c'est la fondation de l'Ecole Centrale, qu'il considère comme une de ses œuvres les plus importantes.

« Le troisième nous appartient : c'est la haute récompense décernée par l'Angleterre au savant le plus illustre entre les nations.

« Mon ami Pézieux vous remercie de la carte que vous avez bien voulu remettre à M. le docteur Gruza, pour lui donner accès auprès de M. Ernest Dumas, lequel a donné à mon ami des détails intimes sur le caractère de son illustre père, et par celà même, contribué beaucoup à faire sa ressemblance.

« Le savant est représenté dans l'attitude du penseur, faisant une nouvelle découverte, le visage heureux. Enfin, comme décoration du piédestal, la face principale a pour motif : La Gloire déposant une palme sur les ouvrages de J.-B. Dumas et gravant son nom (1).

« J'ai pensé que le Comité et la municipalité seraient peut-être désireux de compléter l'ensemble du monument

---

(1) Les ouvrages du savant chimiste sont très nombreux, et même très variés. Une brochure parue en 1886, chez l'éditeur Masson, Boulevard Saint-Germain, à Paris, intitulée : *L'œuvre de J.-B. Dumas*, par *Ernest Maindron*, avec une introduction par M. Schützenberger, résume toutes les publications faites par M. Dumas, depuis 1819 jusqu'à son dernier ouvrage posthume : *Eloges historiques de Charles et Henri Sainte-Claire-Deville* lus dans la séance publique tenue par

par la création d'un square formant cadre à la statue et que ce square pourrait devenir un des ornements de la ville d'Alais.

« J'ai reçu votre lettre du 18 août dernier dans laquelle vous me faites part de votre correspondance avec M. Maindron. — Je n'avais pas reçu d'avis pour la remise du jugement et aussi du dépôt des esquisses à l'Ecole

l'Académie des Sciences le 5 mai 1884, c'est-à-dire, pas même un mois après sa mort, qui date du 11 avril de la même année.

M. Maindron nous donne le détail de 853 ouvrages ou publications faites par le grand savant alaisien. Dans cette brochure se trouvent résumés tous les principaux titres de Dumas, qu'il nous paraît de circonstance de reproduire ici :

« M. Jean-Baptiste-André Dumas était membre de l'Académie française, secrétaire perpétuel de l'Académie des sciences, membre de l'Académie de médecine, de la Société nationale d'agriculture de France, président du conseil de la Société d Encouragement pour l'industrie nationale, président d'honneur de la Société chimique, membre de la Société othnologique, de la Société philomathique, de la Société de pharmacie, de la Société centrale d'agriculture, de la Société pour l'instruction élémentaire, de la Société d'hydrologie, de la Société de géographie, de la Société de biologie, président de la Société des amis des sciences de Paris ;

« Membre de la Société des sciences naturelles de Cherbourg, de l'Académie des sciences et de la Société de médecine de Toulouse, de la Société des sciences, agriculture et arts de Strasbourg, de l'Académie de Nîmes, de la Société scientifique et littéraire d'Alais ;

« Membre de la Société royale, de la Société chimique, de la Société des ingénieurs civils, de la Société d'agriculture de Londres, de la Société royale et de la Société de médecine d'Edimbourg, de l'Académie royale de Dublin, de la Société philosophique de Glasgow, de la Société littéraire et philosophique de Manchester, de l'Académie impériale des sciences, de la Société de pharmacie, de la Société de chimie de Saint-Pétersbourg, de la Société impériale d'économie rurale de Moscou, de l'Académie des sciences de Buda-Pest, de l'Académie impériale des sciences et de la Compagnie séricicole de Berlin, de la Société royale Gottingue, de l'Académie des sciences de Bonn, de la Société des sciences naturelles de Heidelberg, de l'Académie impériale des sciences de Vienne, de l'Institut royal des sciences d'Amsterdam, de l'Académie royale des sciences de Turin, de

Centrale ; mais mon ami Pézieux a été informé, de sorte que depuis le 7 août, nous avons fait le dépôt de l'ensemble de notre projet...... ».

Un autre artiste, M. Antonin Carlier, qui avait représenté dans un de ses projets, car il en présentait deux, M. Dumas assis et en costume d'académicien, avait cru

---

l'Académie des sciences de l'Institut de Bologne, de l'Académie des *Lincei* de Rome, du Comité agricole de Milan, de la Société italienne des sciences de Modène, de l'Académie royale d'économie agricole de Florence, de l'Athénée vénitien et de l'Institut des sciences de Venise, de l'Académie royale des sciences et de l'Académie de médecine de Bruxelles, de la Société de physique et d'histoire naturelle et de la Société pour l'avancement des arts de Genève, de la Société helvétique des sciences naturelles, de l'Académie royale des sciences et de la Société pour l'industrie séricicole de Stockholm, de la Société royale des sciences de Copenhague, de l'Académie royale des sciences de Madrid, de la Société de pharmacie de Lisbonne, de la Société d'encouragement pour l'industrie nationale de Rio-de-Janeiro, de la Société de médecine de Constantinople, de la Société américaine de chimie de New-York, de la Société philosophique américaine et du Collège de pharmacie de Philadelphie, de l'Académie américaine des arts et des sciences de Boston, de la Société d'histoire naturelle et des sciences de la Nouvelle-Orléans, de la Société des sciences des Indes néerlandaises de Batavia ».

Nous croyons utile, pour compléter cette nomenclature des titres de M. Dumas, et pour faire connaitre les membres les plus importants de sa famille, de reproduire ici la lettre de faire part qui fut adressée à la suite de la mort de l'illustre savant :

M.

Madame J.-B. Dumas ; Monsieur Ernest Dumas, chevalier de la Légion d'honneur, et Madame Ernest Dumas ; Monsieur Hervé-Mangon, membre de l'Institut, député, commandeur de la Légion d'honneur, et Madame Hervé-Mangon ; Monsieur Noël J.-B. Dumas, lieutenant au 104e régiment d'infanterie, détaché à l'Ecole supérieure de guerre, et Madame Noël J.-B. Dumas ; Monsieur Jean Dumas ; Monsieur Hervé et Mademoiselle Yvonne J.-B. Dumas ; Monsieur Edouard Brongniart, inspecteur des Ecoles de dessin de la ville de Paris, et Madame Edouard Brongniart ;

nécessaire d'expliquer à M. le Maire d'Alais, pensant sans doute qu'il devait s'occuper du jugement du concours, les motifs qui lui avaient fait prendre ce parti dans son projet :

Monsieur le docteur Jules Brongniart et Madame Jules Brongniart ; Monsieur Audouin, ingénieur civil, chevalier de la Légion d'honneur, et Madame Audouin ; Monsieur A. Silvestre de Sacy, conseiller référendaire à la Cour des Comptes, chevalier de la Légion d'honneur, et Madame A. Silvestre de Sacy ; Monsieur Charles Brongniart, préparateur à l'Ecole de pharmacie ; Monsieur Maxime-Cornu, professeur au Muséum d'histoire naturelle, et Madame Maxime-Cornu, Messieurs Georges et Arthur Brongniart ; Mademoiselle Marie Brongniart ; Messieurs Emile, Etienne et Pierre Audouin ; Mademoiselle Marguerite Audouin ; Monsieur Gabriel Silvestre de Sacy ; Monsieur Charles de Fréminville, ingénieur des chemins de fer, et Madame Charles de Fréminville ; Mademoiselle Mathilde Silvestre de Sacy ; le Baron Pichon, ministre plénipotentiaire, ses enfants et petits-enfants, le Baron Jérôme Pichon, ses enfants et petits-enfants,

Ont l'honneur de vous faire part de la perte douloureuse qu'ils viennent de faire en la personne de :

Monsieur J.-B. DUMAS

de l'Académie Française,

Secrétaire perpétuel de l'Académie des sciences, Fondateur de l'Ecole Centrale des Arts et Manufactures, Membre de l'Académie de Médecine, de la Société Nationale d'Agriculture, du Conseil de l'Observatoire, du Conseil Supérieur de l'Ecole des Beaux-Arts, de la Commission internationale des poids et mesures, de la Commission Supérieure du travail des enfants dans les manufactures, etc., etc. ; Président de la Société d'Encouragement pour l'Industrie Nationale et de la Société des amis des sciences ; Membre de la Société Royale de Londres, de l'Académie Royale des Lincei et des Académies de Russie, Hongrie, Suède, Belgique et Danemark ; de Vienne, Turin, Madrid, Edimburgh, Genève, etc., etc. ; Administrateur du Crédit Foncier ; ancien Ministre, ancien Président de la Commission Municipale de Paris (1870), ancien Président de la Commission des Monnaies, ancien Sénateur, etc., etc. ; Grand'Croix de la Légion d'honneur, et des ordres de Léopold de Belgique, d'Isabelle-la-Catholique d'Espagne, de la Couronne d'Italie, de Saint-Stanislas de Russie, du Sauveur de Grèce ; Commandeur de l'Ordre du Danebrog de Danemark, etc., etc., etc..

Leur époux, père, beau-père, grand-père, arrière-grand-père, oncle, grand-oncle et cousin-germain, décédé à Cannes, le 11 avril 1884, dans sa 84me année, muni des Sacrements de l'Eglise.

Priez pour Lui.

« ...... Je crois faire mon devoir, dit M. Carlier, en vous exprimant quelle a été mon idée en représentant sur l'un de mes projets, J.-B. Dumas assis, en costume d'académicien.

« J'ai pensé que ce monument élevé *au pays natal,* devait résumer dans son ensemble les qualités de l'enfant que le pays veut honorer, qualités qui l'ont élevé aux plus hautes distinctions.

« En un mot, c'est la glorification de l'homme qui fut un savant illustre, un écrivain éminent et un orateur distingué qui m'a inspiré la pensée de figurer sur les bas-reliefs d'une part, la jeunesse studieuse, de l'autre, le savant enseignant, et l'académicien sur le piédestal. Je vous demande pardon, M. le Maire, de venir ainsi plaider ma cause, mais je ne crois pas outrepasser mes droits en vous communiquant la pensée qui m'a guidé dans ce projet.

« Veuillez agréer, M. le Maire, l'expression de mes sentiments respectueux.

« Antonin CARLIER ».

Jugement du concours. — Les trois délégués du Comité d'Alais s'étaient donné rendez-vous, à Paris, le vendredi 5 novembre 1886, à midi, au café de Madrid, où ils trouvèrent deux compatriotes : M. Durand, sous-chef du personnel au Ministère de la Justice, et M. George Bernard, actuellement Juge de Paix à Aix-les-Bains. Ce dernier se joignit à eux, dans les visites que MM. Balme, Francezon et Labbé firent dans l'après-midi.

Préalablement MM. Roux et Balme avaient avisé de l'arrivée des délégués, M. Pasteur, M. Maindron, M. Ernest Dumas, Mme Hervé Mangon ; et M. Balme trouva à l'hôtel, en arrivant, les deux lettres suivantes :

« 4 novembre 1886.

« Monsieur,

« Nous serons heureux d'avoir l'honneur de vous voir et de faire la connaissance de Messieurs les Délégués du Jury, demain vendredi, entre 3 et 6 heures, ou bien samedi, entre midi et 1 heure ; vous serez sûrs de nous trouver rue Saint-Dominique, n° 3.

« Recevez,.....

« N^{ie} Hervé-Mangon ».

Et puis, de M. Maindron.

« Institut de France, 4 novembre 1886.

« Monsieur,

« Vous me faites en vérité un bien grand honneur, en m'informant de votre désir de me présenter à Messieurs Labbé, Francezon et Pin, membres avec vous, monsieur, de la délégation du Comité d'Alais.

« Permettez-moi, de vous en remercier de la manière la plus vive. J'aurai l'honneur de vous attendre, chez moi, vendredi soir à 5 heures 1/2, rue Jean-de-Beauvais, n° 8.

« Je vous prie d'agréer, Monsieur, l'hommage de mes sentiments les plus dévoués.

« E. Maindron. »

« *P. S.* — Je ne pense pas pouvoir rencontrer M. Pasteur qui est fort occupé en ce moment.

« Si vous ne recevez pas de lui la réponse que vous attendez, vendredi soir, chez moi, nous aviserons ensemble au moyen de le voir avant le jugement du concours ».

A 1 heure 1/2, M. Ernest Dumas venait prendre les délégués d'Alais à leur hôtel ; M. Balme leur présenta ses collègues, et ensemble ils se dirigèrent de suite vers l'Ecole des Beaux-Arts.

Leur première visite fut pour l'Exposition des projets ;

dans la grande salle d'honneur de l'Ecole, il y avait déjà des visiteurs nombreux, des intéressés surtout qui désiraient connaître l'impression produite par leur œuvre ; nos amis furent très entourés ; mais ils ne connaissaient à peu près personne.

Sur les 18 projets exposés, ils avaient été frappés surtout par deux, le n° 15 et le n° 11 ; or le 15 était le projet Gaudès, et le 11, le projet Pech.

M. Ernest Dumas présenta la délégation d'Alais à sa mère, la fille d'un savant aussi, du naturaliste Brongniart. Mme J.-B. Dumas, paralysée des jambes depuis de longues années, était étendue sur un canapé dans son salon, et ne sortait plus ; mais avec quelle grâce, quelle aménité et quelle satisfaction, elle reçut les compatriotes «..... de son bien aimé et vénéré mari.... », comme elle se plaisait à dire.

Mme Mangon, sa fille, se trouvait auprès d'elle et ne put s'empêcher d'exprimer à M. Balme d'abord, et à ses collègues, toute sa vive reconnaissance. On causa beaucoup du projet Gaudès.

M. Hervé-Mangon, ancien ministre de l'agriculture, souffrait déjà à cette époque, de la grave maladie qui devait l'enlever quelque temps plus tard (1), il reçut les délégués très familièrement, leur exprimant son vif

---

(1) M. Hervé-Mangon n'a pas eu le bonheur d'assister aux mémorables fêtes d'Alais, il a succombé au mois de juin 1888 à la grave maladie dont il souffrait quand les délégués du Comité d'Alais lui rendirent visite à Paris.

Les journaux locaux ont annoncé la mort du gendre de leur compatriote dans des termes élogieux, mérités et que nous croyons utiles de reproduire :

« Nous apprenons la mort de M. Hervé-Mangon, qui avait quelques attaches à Alais, comme gendre de notre illustre compatriote M. J.-B. Dumas. M. Hervé-Mangon était un savant qui a joué un certain rôle dans le monde politique et scientifique ; il était vice-président de l'académie des sciences, ancien ministre de l'agriculture, ancien député, ingénieur en chef des ponts et

regret de ne pouvoir les inviter chez lui, son état de santé ne le lui permettant pas absolument.

Chez M. Pasteur, qu'on ne trouva pas rue d'Ulm, à l'Ecole Normale supérieure, Monsieur Ernest Dumas n'ayant pas été reconnu lorsqu'il demanda à le voir, le concierge, nous voyant nombreux, pensa sans doute que nous venions accompagner un malheureux mordu qui demandait à être traité. « M. Pasteur n'y est pas, répon-

---

chaussées en retraite, président du Conseil du bureau Central météorologique, membre de la Société nationale d'agriculture, vice-président de la Société d'encouragement pour l'industrie nationale, commandeur de la Légion d'honneur, etc., etc...

« C'est avec lui que notre ami, M. Balme, s'entendit le lendemain des obsèques de M. Dumas pour l'édification d'une statue au célèbre chimiste et qui favorisa et patronna l'idée de lever le monument à Alais, plutôt qu'à Paris, où l'Ecole Centrale l'aurait désiré.

« M. Hervé-Mangon a succombé après une bien longue et bien cruelle maladie. Nous adressons à Mme Hervé-Mangon, à Madame J.-B. Dumas et à tous les membres de leur famille, au nom de la population alaisienne, l'expression de tous nos regrets et de notre plus vive sympathie... »

(*Journal d'Alais et des communes du Gard*, du 7 juin 1888).

Voici comment s'exprimait à son tour le *Drapeau National*:

« ..... Celui qui fut, sur l'initiative de notre compatriote M. Léopold Balme, un des promoteurs de l'édification et de la statue de M. Dumas, à Alais, ne pourra assister, comme il l'aurait tant désiré, à l'inauguration du monument qui doit avoir lieu sous peu de temps ; M. Hervé-Mangon vient de succomber après une longue et bien cruelle maladie.

« Ce savant doublé d'un homme politique, avait épousé la fille de notre célèbre compatriote et vivait à Paris, rue Saint-Dominique, dans l'hôtel de la famille de Mme veuve J.-B. Dumas, fille aussi du savant M. Brongniart.

« M. Hervé-Mangon cumulait beaucoup de titres . . . .

. . . .

« En adressant tous nos témoignages de sympathie et de regrets à Madame Mangon, la fille du grand chimiste qui honore notre cité, ainsi qu'à tous les membres de sa famille, nous sommes convaincus d'être les interprètes des sentiments de tous les Alaisiens.......... ».

dit-il, et vous ne pouvez le voir aujourd'hui, mais cela n'y fait rien, tenez, passez là, c'est le laboratoire !... » Ce brave homme s'excusa et fut confus lorsqu'on lui remit les cartes pour l'illustre savant.

La visite à Madame Ernest Dumas, qui est une artiste peintre en porcelaine, très habile, fut presque entièrement consacrée à une critique d'art appliquée aux projets exposés. Madame Ernest Dumas avait une sympathie marquée pour le projet Gaudès.

Vers 5 heures et demie, MM. Balme, Francezon et Labbé se trouvaient dans le cabinet — un vrai musée d'artiste — du secrétaire général du comité, l'aimable M. E. Maindron. Le sujet du concours fut encore l'objet principal de la conversation. Mais là, ils trouvèrent un admirateur d'un autre projet que celui de M. Gaudès. Cependant peu importait le résultat, ces messieurs n'avaient pas de parti-pris, l'on verrait demain. M. Maindron fixa la présentation de la délégation d'Alais à M. Pasteur, pour le lendemain 9 heures et demie.

C'était le samedi, le matin même de la réunion du jury ; l'illustre M. Pasteur reçoit « ses amis d'Alais », comme il veut bien les appeler, dans l'intimité la plus grande, dans sa chambre à coucher.

Pendant plus d'une heure il s'entretint avec eux d'Alais et de Dumas, dont il conservera, disait-il, pendant toute sa vie, un si précieux souvenir.

Il rappelle à M. Francezon les études qu'il faisait avec son père, à la campagne du Pont-Gisquet, en 1865, à Alais, quand il s'occupait de la maladie des vers à soie. A M. Balme, il lui disait qu'il ne comprenait pas pourquoi il insistait tant sur le contrebas de la place Saint-Sébastien par rapport à la Maréchale, « mais, ajoutait-il, on montait bien des escaliers pour aller sur la place d'Armes ? » Et, quand on lui fait remarquer qu'on a déblayé cette place, il n'attend pas pour répondre : « Ah ! oui, je sais, de mon temps, l'on parlait de l'abaisser pour dégager l'Hôpital. » Tout autant de petits détails qui expliquent assez combien M. Pasteur aimait Alais, car depuis 25 ans, il l'avait quitté et en avait conservé les moindres détails locaux présents à la mémoire.

L'on causa aussi des projets ; M. Pasteur n'était pas du tout fixé et attendait simplement la décision des artistes qui devaient faire partie du jury. Il savait seulement que la famille Dumas avait une prédilection pour le projet Gaudès.

Réunion du Jury. — Le samedi, à 2 heures de l'après-midi, le Jury se réunissait dans la grande salle d'Exposition de l'Ecole des Beaux-Arts, pour rendre son jugement.

Il se composait de 22 membres, dont voici les noms :

MM. Pasteur, de l'Académie Française et de l'Académie des Sciences ;

Cauvet, directeur de l'Ecole centrale des Arts et Manufactures ;

Friedel, de l'Académie des Sciences ;

Chatin, de l'Académie des Sciences, directeur de l'Ecole de Pharmacie ;

De Quatrefages, de l'Académie des Sciences, de Valleraugue (Gard) ;

Le colonel Perrier, de l'Académie des Sciences, Président du Conseil général du Gard ;

Le colonel Meinadier, Sénateur du Gard ;

Daubrée, de l'Académie des Sciences, directeur de l'Ecole des Mines ;

MM. L'amiral Cloué, du Bureau des Longitudes ;

Béclard, Secrétaire perpétuel de l'Académie de Médecine, Doyen de la Faculté ;

A. Milne-Edwards, de l'Académie des Sciences, Professeur au Muséum d'Histoire naturelle ;

Riche, Chimiste de la Société des Amis des Sciences ;

H. de Parville, homme de lettres ;

Dubois, Sculpteur, directeur de l'Ecole des Beaux-Arts ;

Thomas, Sculpteur ;

Chapu, Sculpteur ;

Mercié, Sculpteur ;

Pascal, Architecte ;

Balme, Architecte ;

Labbé, Inspecteur des Eaux et Forêts ;

Francezon, Chimiste et Filateur de soie ;

Maindron, Secrétaire général des Comités Dumas.

Enfin, M. Ernest Dumas vint assister à la fin de la séance.

M. Pasteur présenta les délégués d'Alais à leur compatriote, M. de Quatrefages, de Valleraugue, le contemporain et l'ami personnel de M. J.-B. Dumas. M. le colonel Perrier, M. le colonel Meinadier, M. Milne-Edwards viennent se joindre à eux.

Enfin, il était évident, chez tous les amis de la famille Dumas, que le numéro 15 était le projet qui lui convenait le mieux.

M. Pasteur ouvre la séance à 2 heures 1/2 ; 18 projets sont exposés avec des études des plus variées.

La majeure partie des artistes avaient représenté J.-B. Dumas, debout, en redingote, professeur ou s'occupant dans son laboratoire ; deux ou trois l'avaient représenté en habit noir, en tenue officielle. Dans quatre ou cinq projets, il était assis, en costume d'académicien et en culottes courtes. Un seul avait eu l'idée, bien originale, de représenter Dumas debout dans son laboratoire, en robe de professeur, et tenant dans les mains deux flacons dans lesquels il étudiait une réaction chimique qui s'y opérait (1).

L'on décide en principe que les projets de « Dumas assis » devaient être éliminés ; puis, sur l'invitation de M. Pasteur, faite aux cinq artistes qui font partie du jury, l'on passe en revue les 18 projets pour en faire une sélection et en garder seulement six sur lesquels le jury votera pour décerner les prix.

Les projets ne sont pas placés par numéros d'ordre.

Le premier accepté, au nombre des six priviligiés, est le numéro 17, celui des frères Morice, de Nimes, un sculpteur, l'autre architecte, qui ont exécuté la statue de la République, sur la place du Château-d'Eau, à Paris. Ce projet, dont le piédestal est traité en style purement classique, perd beaucoup à ne pas être fini.

Vient ensuite le numéro 15, projet Gaudès. Le jury l'accepte de suite ; M. Balme veut faire remarquer que l'artiste avait pris un soin particulier de l'effet que produirait son projet en exécution, en élevant de beaucoup le piédestal à cause du contre-haut de la place de la Maréchale. Tout le monde avait apprécié cette observation, mais un autre membre faisant remarquer aussi le soin avec lequel on avait traité le piédestal, le célèbre sculpteur Chapu, aussi grand artiste qu'il est petit de taille, avec une voix

---

(1) Il est fort regrettable que nous n'ayons pas pu nous procurer les noms de ces 18 concurrents pour le concours Dumas ; parmi lesquels il y avait certainement des artistes connus ou qui le deviendront dans l'avenir.

mielleuse, toute mélancolique, s'adresse à son collègue et ami, l'architecte du gouvernement, M. Pascal : « Dites, Pascal, est-ce que dans une statue l'on s'occupe beaucoup de piédestal ?... le principal pour le sculpteur c'est la statue... » Or, on venait de trouver que M. Gaudès n'avait pas été heureux pour représenter Dumas en écrivain, un rouleau de papier et une plume à la main ; ce n'était pas le type qu'il fallait à Dumas. Enfin, pour vouloir trop représenter Dumas dans l'intimité, on ne l'avait pas assez fait lui-même, c'est-à-dire : nous faire le Dumas des grands jours, Dumas à la Sorbonne. Il paraît qu'il en imposait ; il était superbe, notre illustre compatriote, lorsqu'il faisait ses cours si mémorables dans les salles de la Sorbonne.

Le numéro 11, projet Pech, fut accepté au nombre des six, par acclamation. L'artiste avait représenté Dumas professeur ; on lui reprochait bien d'avoir donné au bras droit porté en avant, avec l'index ouvert, un peu trop le ton de commandement, mais les admirateurs du projet Pech, et ils étaient nombreux, le sculpteur Mercié spécialement, faisaient remarquer que ce n'était là qu'un détail, que l'on pourrait aisément modifier en exécution.

Le piédestal était sévèrement traité et complètement fini jusqu'à la rampe décorative du bas ; et cette maquette qui semblait une vraie miniature, attirait surtout l'œil et flattait beaucoup l'esquisse générale.

Les numéros 13 et 14, de Pézieux, furent admis ; enfin, le dernier, le numéro 6, le projet de Guilbert, l'auteur de la statue de M. Thiers, qui est placée sur la place de la Gare, à Nancy, le fut aussi sans observation.

Cette maquette ressemblait beaucoup, comme genre, à celle de M. Pech, surtout l'attitude de la statue. On trouvait même que comme détails elle était peut-être mieux traitée ; malheureusement M. Guilbert présentait un projet de très peu d'apparence qui semblait un peu « lâché » dans les motifs secondaires de l'esquisse, et qui ne flattait pas assez l'œil. C'est ce que semblait insinuer très finement M. Pasteur, en s'adressant aux célèbres artistes, ses collègues du jury : «...Vous comprenez, messieurs, que nous avons besoin de vos lumières; car, si l'on veut bien dire que nous sommes des savants, nous ne sommes pas obligés, pour cela, d'être des artistes !...» On passe ensuite au scrutin pour donner le premier prix : Les 22 jurés sont placés à droite et à gauche de leur sympathique président, sur une seule ligne ; les cinq artistes sont à côté les uns des autres, à la gauche de M. Pasteur ; les délégués d'Alais sont presque au fond, sur la droite, à côté de MM. Cauvet et Béclard.

Le premier tour de scrutin donne les résultats suivants :

    Numéro 15.............. 8 voix.
    —   11.............. 7 —
    —   6.............. 3 —
    —   14.............. 1 —
    —   17.............. 1 —
    —   18.............. 1 —

Vingt-un votants et une abstention.

M. Balme voulant faire remarquer, à voix basse, à son ami M. Labbé, qui avait voté pour le numéro 6, qu'il vaudrait mieux voter pour le numéro 15, puisque cela faisait plaisir à la famille Dumas, MM. Cauvet et Béclard, leurs voisins, insistent pour leur persuader que le numéro 11 est préférable ; l'allure surtout de la statue, disent-ils, est plus en harmonie avec la belle physionomie de J.-B. Dumas.

Deuxième tour de scrutin :

    Numéro 15.......... 10 voix.
    —   11.......... 8 —
    —   6.......... 3 —

Vingt-un votants et une abstention.

Troisième tour de scrutin :

    Numéro 11.......... 12 voix.
    —   15.......... 10 —

Vingt-deux votants.

Mais l'on constate une irrégularité dans le vote, et l'on passe à un quatrième tour, qui ne modifie pas le résultat.

En conséquence le numéro 11 est déclaré premier prix. Les artistes, membres du jury, paraissent satisfaits, c'est ce qui démontrerait que le jury avait dû bien juger.

L'on passe au scrutin pour décerner le second prix.

    Numéro 15.......... 17 voix.
    —   6.......... 3 —
    —   17 .... 1 —

Vingt-un votants.

Le numéro 15 est déclaré second prix, presque à l'unanimité.

Enfin on procède au scrutin pour le troisième prix.

    Numéro 6.......... 14 voix.
    —   17.......... 4 —
    —   14.......... 2 —
    —   18.......... 1 —

En conséquence le numéro 6 est déclaré le troisième lauréat.

— 54 —

M. Pasteur proclame aussitôt les résultats en donnant les noms des artistes.

Premier prix : Numéro 11, M. Pech, sculpteur, 46, rue Sainte-Placide, Paris (1).

Deuxième prix : Numéro 15, M. Gaudès, sculpteur, 56, rue d'Argenson, Neuilly.

Troisième prix : M. Guilbert, sculpteur, 59, rue de Vaugirard, Paris.

L'on met ensuite aux voix, conformément aux termes des articles du concours, la décision qu'il faut prendre au

---

(1) Voici quelques notes biographiques sur le lauréat du concours, d'après une note fournie au ministère, par M. Pasteur, lorsqu'il fit la demande de la décoration de la Légion d'honneur pour l'auteur du monument J.-B. Dumas, décoration qu'il est regrettable qu'on ne lui ait pas décernée le jour de l'inauguration.

M. Pech, Gabriel-Edouard Baptiste, né à Albi (Tarn), le 21 mai 1854.

Admis 4° en loge pour le grand prix de Rome (section de sculpture) en 1883.

3me Mention à la suite du salon de 1883.

3me Médaille et bourse de voyage à la suite du salon de 1885.

Exécution du buste en marbre de M. Péclet, l'un des fondateurs de l'Ecole Centrale des Arts et Manufactures, commandé par l'Etat pour cette même Ecole, en 1884.

Exécution du buste monumental en bronze de l'amiral de Rochegude, érigé dans un jardin public à Albi, par souscription départementale, 1886.

Exécution du buste en marbre de M. Péclet, fondateur de l'Ecole Centrale, pour la ville de Besançon, en 1887.

Premier au concours pour l'érection du monument à la mémoire de J.-B. Dumas, dont l'inauguration doit être faite à Alais (Gard), sa ville natale. — Hauteur de la statue, 3 mètres ; sur le piédestal, 3 bas-reliefs ; hauteur de l'ensemble, 9 mètres. — Par souscription internationale, 1889.

Il faut ajouter à tous ces titres, que M. Pech a obtenu à l'Exposition universelle, une 1re médaille pour la maquette de la statue Dumas avec ses bas-reliefs, et sa belle statue en marbre, du *Moine de Florence, auteur de la musique*, qui occupait le pavillon central dans la salle d'honneur de l'Exposition de sculpture et, en 1890, au salon, une 2me médaille.

sujet de l'exécution du monument, le Comité restant libre de ne pas la confier à l'artiste qui aurait obtenu le premier prix. Sur la proposition de MM. Maindron et Balme, M. Pasteur demande à l'avance à M. Dubois, sculpteur, ce qui se fait en pareille circonstance. Le Directeur de l'Ecole des Beaux-Arts ayant fait remarquer qu'il était d'usage, lorsque le jury avait décerné le premier prix, de lui confier l'exécution de son œuvre, à l'unanimité le jury charge M. Pech de la réalisation de son projet, à la condition qu'il se conformerait aux instructions du Comité d'Alais, pour la modification qu'il y aurait à apporter soit dans le mouvement du bras, soit sur d'autres points, pendant la période d'exécution. M. Balme, architecte à Alais, est chargé principalement des rapports à avoir avec l'artiste pendant la construction du monument.

La séance du jury, pour le jugement du concours, qui fut assez laborieuse, il n'y a qu'à le voir par le nombre de tours de scrutin, fut terminée vers 5 heures et demie du soir. Aussitôt levée, M. Maindron s'approche des délégués d'Alais, la physionomie réjouie, en leur tendant la main : « Eh bien ! vous voyez bien que j'avais raison, et puisque vous êtes ici pour quelques jours, je vous présenterai à M. Pech. » — Mais nous ne demandons pas mieux, lui répondirent nos amis, après tout nous voulons être les premiers à lui faire part de notre satisfaction ; au nom du Comité d'Alais que nous représentons ici, nous allons adresser, par dépêche, toutes nos sincères félicitations à l'heureux lauréat. Et c'est ce que fit M. Balme en quittant l'Ecole des Beaux-Arts avec ses amis.

Au moment de sortir de la salle d'exposition, M. Pasteur s'entretenait avec les délégués d'Alais et M. de Quatrefages, sur les décisions du jury, lorsque M. Valéry-Radot, l'aimable gendre de l'illustre savant arriva, (c'est lui qui a écrit *L'Histoire d'un Savant par un*

Ignorant) : « Eh bien, papa, qu'avez-vous décidé ? », et regardant les projets : « Je suppose que vous avez adopté le numéro 11 ? » — « Vous avez deviné, répond M. Pasteur, et se tournant vers M. de Quatrefages, Francezon, Labbé et Balme, il ajoute familièrement : Ma foi, je crois que je suis décidément un peu artiste, je savais que la famille Dumas préférait le numéro 15, et j'avais fini par me persuader qu'il était le meilleur ; cependant ma première impression était pour le numéro 11 ; aussi, quand je voyais les artistes, membres du jury, voter unanimement pour ce projet, j'avais réellement envie d'en faire autant. »

Dès le lendemain matin, M. Pech rendait visite à M. Balme, à l'Hôtel Favart, et avec lui à MM. Francezon et Labbé, hôtel d'Orléans. En quelques minutes tout le monde fut à l'aise, presque des camarades, et, lorsque les délégués d'Alais, en déjeunant, quelques heures après avec M. Pech, lui dirent familièrement : « Il faut cependant que nous vous annoncions que nous n'avons pas voté pour vous. » le jeune artiste répond en souriant : « Oh ! je sais tout ; M. Cauvet me l'a raconté quand il m'a félicité de mon succès. »

Le lundi 8 novembre les délégués d'Alais allaient présenter le lauréat du concours à toute la famille Dumas et à M. Pasteur, qui ne le connaissaient pas, et partout M. Pech reçut l'accueil le plus sympathique.

Pendant les deux ou trois années qu'a duré l'exécution du monument, l'artiste est resté dans les meilleurs termes avec le président du Comité et la famille Dumas, les visitant souvent pour encore mieux connaître « son Dumas », comme il aimait à le répéter ; et M. Pech, ce consciencieux et trop modeste artiste, qui s'est dévoué au monument de Dumas, s'est acquis l'estime et la reconnaissance des amis comme celle des membres de la famille de notre immortel compatriote.

Lorsque la décision du jury fut connue dans le public, il se produisit dans la presse quelques petites observations, mais une seule capitale, puisqu'elle occupait la première place dans le plus grand journal de Paris, le *Figaro*, et qu'elle émanait d'un critique d'art de valeur, M. Emile Bergerat, qui signe « Caliban ».

Voici cet article paru dans le numéro du *Figaro* du mercredi 17 novembre 1886.

La statue de Caliban. — J'ai l'honneur de solliciter de la bienveillance des distributeurs de gloire contemporaine l'érection de la statue de Caliban dans un carrefour un peu fréquenté.

Cette statue, je dois y avoir droit. Je paie mes contributions. Il m'importe peu d'ailleurs qu'elle soit en bronze ou en marbre. J'aimerais mieux le marbre, parce qu'il fait admirablement valoir la redingote moderne ; mais enfin je me contenterais du bronze, parole d'honneur.

Si je ne l'ai pas demandée plus tôt, c'est d'abord que le moment n'était pas venu. On me l'aurait refusée, il y a vingt ans, quoique la mode commençât à en prendre. Attendre ? Je pourrais mourir, je n'en jouirais pas. Or je désire en jouir. Ah ! quel plaisir ce doit être ?

On arrive négligemment, comme par hasard, au confluent de deux rues populeuses, et l'on se heurte à quelque chose de dur : c'est un socle. Comme on est toujours un peu myope en ce monde, on agrafe son lorgnon, on lève la tête, et, sur un fond de nuages, on aperçoit un raccourci. D'abord des souliers, puis un pantalon, puis un ventre, et enfin, sur ce ventre, une tête. Telle une petite boule sur une grosse.

Dans le premier étonnement, on n'ose d'abord se reconnaître. On recule, on prend son point de vue, et l'on s'écrie : — Mais c'est ma statue !... Dors-je ?... Oui, c'est bien moi, moi-même en matière précieuse, au sein des nuées !.... Ah ! mes chers compatriotes !.... Quel grand pays !.... Voilà ce que c'est, jeunes gens, que de bien payer ses contributions.

J'imagine qu'il doit y avoir là une joie aiguë, une titillation prodigieuse peut-être. Qu'importe après cela si des gavroches effrontés vous en font payer la jouissance, et si l'un d'eux, campé derrière vous, vous chante insolemment. — Tiens, voilà Mathieu ! comment vas-tu, ma vieille ?...

S'il y a des sceptiques, il y a aussi des cœurs naïfs, et l'on

goûte parfois le délice d'entendre des chuchotements dialogués, tels que celui-ci :
— Qui qu'c'est, dis ?.
— J'sais pas. P't'être Molière !
— Encore ?

Enfin, j'en risque l'aveu, et je sais que vous me pardonnerez, j'ai besoin d'augmenter le nombre des statues de mon temps, d'être érigé, n'importe à quel titre, sur de bon granit, avec, dessous, de petites allégories circulaires. Qui cela peut-il gêner que Caliban ait sa statue tout vif, comme les autres Mathieux du dix-neuvième siècle ? En quoi cela peut-il entraver la circulation ? Je ne demande qu'un modeste refuge, au milieu du boulevard. Et l'on me mettra, si l'on veut, une horloge dans le ventre, pour m'utiliser, ô âge pratique !

Les obstacles ?....

Oh ! je les connais, allez ! Mais sont-ils insurmontables ? Ne parlons pas des titres. D'abord, je suis né à Paris. En voilà un, de titre. J'estime qu'il suffit. Ensuite, je vous ai révélé ma tenue, lorsque les gens du fisc se présentent chez moi. Je paie. C'est-à-dire que j'agis exactement comme agirait Turenne en pareille circonstance. Il en a des statues, ce Turenne ! Eh bien alors ?

J'espère que, au siècle de M. Mesureur, vous ne m'alléguerez pas la pudeur naturelle d'être immortalisé vivant. Personne ne l'a plus, cette pudeur. C'est la pudeur du vieux jeu. Comment, je rougirais de me rencontrer en bronze dans la rue, lorsque cette rue porte le nom d'un camarade à qui je viens de gagner deux consommations aux dominos, et qui allait corriger ses épreuves ? Vous plaisantez ! Pour rentrer chez soi on n'a plus qu'à jeter son nom au cocher. Avouez que c'est banal, en fait de gloire, et que Caliban est modeste d'en vouloir un peu plus, soit quinze pieds d'airain sur six de quartz, dans une bonne place publique, non loin d'un bureau d'omnibus.

Je vous entends, affreux détracteurs, et vous dites encore : — Qui fera les frais de cette statue de Caliban ?

Pas Caliban, bien sûr. Il n'est pas assez riche. Il ne couvrirait pas sa propre souscription. Mais il y a son éditeur.

Que l'on permette seulement à cet éditeur de faire graver sur le socle, parmi les allégories circulaires, d'abord les titres puis les prix forts de mes ouvrages, ensuite les petites notes autocritiques dont, selon l'usage, j'en accompagne l'envoi aux journaux, et encore le chiffre un peu exagéré mais si flatteur des éditions, enfin l'adresse exacte de la maison d'édition où on les trouve, l'éditeur se chargera de ma statue. Elle sera par-dessus le marché, la chère statue. Il est sûr de rentrer dans les frais du bronze.

Car si on savait s'y prendre, on aurait de la gloire pour rien. Nous vivons en des jours sereins où la Réclame fait d'avance toute la besogne de la postérité. La statue du pauvre Caliban ne coûterait pas un fifrelin à la France. Paris s'enrichirait de ce bronze sans s'en apercevoir ; il se réveillerait un matin avec un Mathieu de plus sur un socle, dans un courant d'air, et il lui dirait, comme le gavroche : Tiens, voilà Mathieu ! comment vas-tu, ma vieille ?

N'allez pas croire au moins que dans ce rêve de statue il entre la moindre préoccupation de vanité. De la vanité, j'en ai eu à vingt ans, à en revendre à un paon. Hélas ! je n'en ai plus. Je sais que tout le monde, chez nous, est célèbre. On ne voit que grands hommes, hommes de génie, gibier de statue et chers maîtres. Nous pataugeons dans l'immortalité, ce macadam ! On allume des cigares sur les boulevards, à des cigares emmanchés dans des têtes éternelles. De même que tous les Italiens sont modèles pour peintres, ainsi tous les Parisiens sont sujets de statue ambulants. Et ils le savent.

Deux amis qui se donnent la main ont déjà le frisson de Don Juan quand il met la sienne dans celle du Commandeur. C'est marbre sur marbre. La poignée de mains des grandes ombres aux Champs-Elyséens, quartier du Mont-Parnasse. En leurs causeries tinte l'immémorialité de ces dialogues des Morts chers à Fénélon et à Montesquieu. Par conséquent, accuser Caliban d'infatuation exagérée parce qu'il rêve d'assister à l'inauguration de son propre monument, d'y prononcer son apologie et de pleurer d'avance sur la perte que les arts feront un jour en sa personne, c'est être injuste. Il n'est qu'un peu impatient, voilà tout.

Traitons dès maintenant du choix du statuaire : il n'y a plus que cette question à régler.

Je ne vous cacherai point que l'aventure arrivée à feu le chimiste Dumas m'a beaucoup refroidi sur le système des Concours. On sait ce qui lui advint, à ce chimiste, pour n'avoir pas lui-même choisi son statuaire lorsqu'il en était temps encore.

L'un des concurrents avait envoyé un chef-d'œuvre, et c'est dur, sur un chimiste ! Le chimiste prête peu à l'attribut, moins encore à la pose décorative et pas du tout aux bas-reliefs allégoriques. Toujours est-il que, par une chance qu'on ne s'explique pas, le concours avait fourni une pièce hors ligne au jury épouvanté. Il alla aux renseignements et sut que l'auteur anonyme du projet exceptionnel n'était pas un Prix de Rome.

C'était excessivement grave.

Composé par moitié, d'une part : de bons bourgeois d'Alais — car le chimiste était du Gard, comme tous les chimistes, — et de l'autre, de professeurs à l'Ecole des Beaux-Arts, — comme tous les professeurs, — le jury eut peur. Il y avait de quoi ! Les statues des apôtres et des saints ne sont bonnes que rue Cassette. Celles des grands hommes n'ont cours et crédit que rue Bonaparte, la première porte cochère à droite, en venant du quai. Je dis cela pour qu'on le sache. Vous devinez ce qu'il en résulta. Le chimiste aura une statue médiocre au lieu d'en avoir une très belle, car il le faut, et sans cela le Prix de Rome n'aurait plus de sens, et la rue Cassette de spécialité.

Cinq minutes après le vote éploré du jury, un autre Dumas se précipitait dans la salle des délibérations, hors d'haleine. C'était l'auteur de *Francillon*, M. Alexandre Dumas fils.

— Arrêtez ! s'écria-t-il.

Et il leur apprit que l'artiste évincé était le signataire réputé de cette *Nymphe Echo*, la perle de sa collection, l'une des maîtresses pièces de la statuaire contemporaine, et qu'il s'appelait Adrien Gaudès.

Mais il était trop tard. Ce qu'ils font un nez, à Alais !...

Je ne veux pas faire ce nez devant la mienne. C'est pourquoi je renonce au système de concours. Il est trop impartial pour moi. On y risque d'être ridicule en bronze pour l'éternité, et d'apparaître à nos neveux avec de grands gestes bêtes, ou des attributs peu explicites. Etre coiffé d'un casque romain, qui ? Caliban, jamais ! Sévir tout nu peut-être sur ce peuple, du haut d'un tertre, par le temps que nous avons ici, horreur ! Je refuse la spécialité de la rue Bonaparte, même garantie par le gouvernement, et si j'ai bien payé mes contributions, je veux que mon sculpteur l'exprime d'une façon simple, symbolique, s'il le veut, mais simple. Pas de concours, une partialité électrique. C'est comme cela qu'on a de « la belle ouvrage ». Léon X ne s'y prenait pas autrement.

Alors la mort pourra venir.

Je l'attendrai en ronde-bosse et en bas-relief, d'un pied d'autant plus ferme qu'il sera en des matières résistantes. Je conduirai mon fils tous les dimanches devant l'effigie de son père, et je lui expliquerai ma vie, dont il aura deux modèles sous les yeux, l'un paraphrasant l'autre. Il saura à quelle glorieuse époque il est né et combien il lui sera difficile de se distinguer plus tard entre des compatriotes qui ne peuvent se moucher sans que l'univers tonne.

— Oui, cet homme que tu vois là, immobile, lui dirai-je, et sur lequel les oiseaux seuls s'oublient quelquefois, il travailla pour payer son terme, pour te nourrir, pour t'acheter des souliers, et pour vivre lui-même. Ce fut un héros. Salue-le bien bas. Nous étions tous comme cela en ce temps-là. Ce qui fait qu'il n'y a plus de marbre à Carrare !

Caliban.

Il était assez curieux de voir nos amis servir de point de mire à la verve caustique et acerbe de M. Emile Bergerat, alors que « ces bons bourgeois de province » semblaient avoir été de son avis dans la circonstance.

Dans son numéro du 27 novembre, le *Figaro* reproduisit la réponse fort courtoise de M. Balme :

Paris, 19 novembre 1886.

A Monsieur Caliban, du FIGARO.

Monsieur le Rédacteur,

C'est un «... de ces bons bourgeois d'Alais...», membre du jury pour le concours de la statue de J.-B. Dumas, que vous mettez en cause dans votre article du *Figaro*, qui vient, au nom de ses collègues et au sien, vous prier d'y faire quelques rectifications.

Et d'abord, pour la composition du jury, il ne devait y avoir que 5 délégués d'Alais, tous les membres du comité de Paris, au nombre de 60 au moins : savants, écrivains ou journalistes, et 5 artistes désignés par les concurrents eux-mêmes. Nous nous trouvâmes réunis, pour le jury, 22 membres seulement, sous la présidence de l'illustre M. Pasteur, dont : 14 membres du comité de Paris ; 5 artistes : MM. Chapu, Dubois, Mercié, Thomas et Pascal ; enfin, « *3 bons bourgeois d'Alais* » : M. Francezon, chimiste et un des premiers filateurs de soie des Cévennes ; M. Labbé, inspecteur des forêts, ancien élève de l'Ecole polytechnique, et moi, modeste architecte de province, ancien élève de l'Ecole centrale.

Nous ne vous dévoilons pas le secret des décisions du jury, en vous apprenant ce que tout le monde peut savoir, puisque plusieurs journaux en ont parlé, et, en vous disant que ce sont précisément «... les bons bourgeois d'Alais... » et quelques savants qui avaient adopté le projet Gaudès, comme le trouvant le mieux étudié en rapport avec la place où on doit édifier la statue de M. Dumas, à Alais. Messieurs les artistes n'ont pas été de cet avis et, après trois tours de scrutin, par 12 voix contre 10, le projet Pech a été adopté.

Nous, modestes bourgeois ignorants, n'avons aucune raison pour ne pas nous incliner devant l'autorité indiscutable de la décision de personnages aussi compétents et, par conséquent, nous «... ne faisons pas un nez à Alais !... » mais, nous tenons néanmoins à rétablir la vérité sur ce qui s'est passé, puisque nous avons été mis en cause.

D'ailleurs, si vous désirez savoir quelles sont les principales objections faites par les artistes au projet Gaudès, les voici :

Motif du piédestal trop important pour le monument ; statue trop petite, pas en proportion avec le piédestal ; enfin, M. Dumas représenté avec une plume et un rouleau de papier à la main n'était pas de circonstance, c'est avant tout le savant, le grand chimiste qu'il fallait personnifier.

Veuillez agréer, monsieur le Rédacteur, au nom de mes collègues et au mien, l'assurance de ma considération la plus distinguée.

LÉOPOLD BALME,
Architecte à Alais.

L'homme de lettres est voisin, à Neuilly, avec l'artiste ; ils avaient donc pu, de très bonne foi, se convaincre l'un l'autre.

Les délégués d'Alais, pendant leur séjour à Paris, tenant à passer quelques instants avec M. Gaudès, voici la lettre que M. Balme reçut le 29 novembre :

« ... J'avais chargé l'ami Durand de vous dire pourquoi je n'ai pas pu me rendre à votre invitation à dîner. Vous me donniez rendez-vous pour 5 ou 6 heures, et je n'ai trouvé votre lettre qu'en rentrant à 8 heures du soir à Neuilly.

« Je veux donc vous exprimer tous mes regrets.

« Quant à l'affaire J.-B. Dumas, qui vous a tourmenté ces jours derniers, c'est une affaire enterrée ; n'en parlons plus, si vous voulez bien. Je vous dirai seulement que lorsque je vous ai rencontré la veille du jugement, j'ai cru remarquer que vous étiez peu enthousiaste et que l'avis de M. Maindron vous avait fortement ébranlé.

« C'est pourquoi vous ne m'avez pas vu le soir du vote, j'avais senti de suite la partie perdue.

« Bref, de toute cette affaire il ne me reste plus maintenant qu'un peu plus d'expérience pour les concours et une conviction profonde de la supériorité de mon projet.

« Recevez, etc.

« A. GAUDÈS ».

Nos compatriotes passèrent à peu près tout le mois de novembre à Paris, car, anciens étudiants, ils étaient un peu chez eux et y avaient tous de nombreuses relations. Ayant été obligés de partir sans avoir pu voir M. Ernest

Dumas, ce dernier écrivait le 25 novembre 1886, à M. Balme :

« Paris, 25 novembre 1886. — Cher Monsieur, absent de Paris, au moment de votre départ, je n'ai pu aller vous faire mes adieux et vous remercier des soins que vous avez, jusqu'à ce moment, donnés à un projet qui m'intéresse si vivement.

« Je suis donc obligé de vous adresser ces remerciements par écrit et de vous prier de vouloir bien vous charger de transmettre à vos collègues et amis l'expression de mes sentiments affectueux de reconnaissance.

« Veuillez, etc.

« Ernest-J.-B. Dumas. »

Exécution du monument. — La première visite de M. Pech, à Alais, eut lieu à la fin décembre de la même année.

Voici comment les journaux de la localité en rendirent compte :

« Nous avons eu, cette semaine, la visite de M. Pech, sculpteur, chargé de l'exécution de la statue de J.-B. Dumas.

« Il a été présenté à M. Roux, président du Comité, et à M. le Maire, par les délégués qui avaient fait partie du jury, à Paris. Ensemble, ils ont visité les différents points de la ville où le monument aurait pu être élevé.

« M. Pech a reconnu que la place Saint-Sébastien était la plus propice ; mais avec quelques embellissements à l'entrée du perron de la Maréchale et autour de la place. Mercredi dernier, en présence de M. le Maire, assisté de l'architecte de la ville, de MM. Roux, Gustave Veillon, Balme, Francezon, Labbé, Paul Pin et Laurent de l'Arbousset, président, délégués ou membres du Comité, des études sur place ont été faites par M. Pech pour se rendre compte de l'effet produit par son monument.

« On a reconnu que quelques légères modifications devaient être apportées au projet primitif, qui a été définitivement adopté.

« M. Pech a quitté Alais vendredi matin, emportant la sympathie des personnes qui ont eu l'occasion de faire sa connaissance ; et, assurant à M. le Maire et au Comité qu'il allait se mettre résolument à l'œuvre.... »

Pendant les années 1887 et 1888, on entendit peu parler de l'exécution du monument, cependant elle n'était pas abandonnée, loin de là.

L'artiste travaillait silencieusement à son œuvre ; il était visité par un bon nombre de membres du Comité de Paris. MM. Pasteur, de Parville, Couvet, etc., etc., qui suivaient attentivement l'étude définitive de la maquette, des bas-reliefs, renseignant M. Pech sur les moindres traits de la grande figure du chimiste J.-B. Dumas, afin qu'il pût les reproduire avec précision.

La statue fut coulée en bronze, en mars 1888, chez M. Thiébaud, de Paris, et exposée au Salon de la même année où une médaille fut décernée à son auteur.

Pendant ces deux années, M. Pech, et M. Delmas, architecte, firent plusieurs visites à Alais et restèrent constamment en relation avec M. Balme, chargé de préparer l'exécution du monument.

Une circonstance toute spéciale retarda l'édification du piédestal. On avait construit des arènes provisoires sur la place Saint-Sébastien, à propos des fêtes données à Alais pour les malheureux ouvriers de Bessèges.

Une note officieuse parut dans la presse locale, qui expliqua ce retard ; d'un autre côté, M. Balme, en l'absence de M. Roux, président du Comité d'Alais, en informa d'abord M. Pasteur, président du Comité de Paris ; M. Maindron, secrétaire-trésorier ; M. Ernest Dumas ; Madame Hervé-Mangon ; le capitaine Noël J.-B. Dumas, à Nancy, etc. etc.

Une partie de la correspondance échangée à cette occasion mérite d'être signalée.

M. Balme écrivait, le 5 août 1888, au président du Comité de Paris :

« .... Je crois utile, en l'absence de notre ami M. Roux, le sympathique président du Comité d'Alais, de vous annoncer la décision que nous avons été obligés de prendre à Alais, au sujet de l'inauguration de la statue de notre illustre compatriote et ami J.-B. Dumas.

. . . .

« Nous avions convenu à Paris, que l'inauguration pouvait avoir lieu dans la première quinzaine d'octobre 1888. En vue de cette date, nous allions nous mettre à l'œuvre, M. Delmas, de Paris, qui seconde le sculpteur Pech et moi, pour la construction du piédestal ; mais la ville vient d'occuper la Place d'Armes, en avant de l'hospice, où l'on doit placer la statue, pour la construction provisoire d'une arène devant servir pour courses de taureaux, et qui rendront plus animées les grandes fêtes que l'on va donner au bénéfice des ouvriers malheureux de Bessèges.

« Cette arène devant rester pendant deux mois, après une entrevue et une entente avec M. le Maire, nous avons fixé l'inauguration au printemps prochain. Bien entendu, d'ici là, nous avons tout le temps de terminer complètement l'édification de la statue, et la Ville l'aménagement de la place, qu'on transformera, sur ma demande, en promenade pareille à celle de l'Esplanade autour de la Fontaine Pradier, à Nimes. A cette époque, le Comité s'entendra avec vous, Monsieur, pour fixer la date des fêtes d'inauguration que l'on désire, à Alais, les plus imposantes possible.

« J'ai profité de cette entrevue avec le Maire pour lui demander de s'acquitter d'une dette de reconnaissance que la ville d'Alais doit à votre illustre mémoire et pour laquelle je réclame, depuis de longues années, dans la presse locale.

« Je prends donc la liberté, Monsieur, demandant pardon à votre modestie, de commettre une indiscrétion : mes désirs seront exaucés ; la rue du *Collège* s'appellera rue *Pasteur*, dans l'avenir. Il est décidé avec le Maire, et M.

Girod, que ce dernier, professeur au collège et conseiller municipal, un Franc-Comtois, se disant radical... pas dangereux (!), fera prendre une décision motivée par le Conseil municipal à ce sujet, au moment même où vous viendrez présider les fêtes d'inauguration.

« Les Alaisiens reconnaissants, (il y en a toujours quelques-uns qui ne le sont pas, qui ne font que de la politique), seront heureux de voir joindre à la glorification de la mémoire de leur immortel compatriote, un souvenir pour celle du grand savant français, que le monde nous envie et que la ville d'Alais est fière de pouvoir considérer comme son enfant d'adoption. »

. . . .

Le 6 août 1888, M. Pasteur répondait à M. Balme :

« Monsieur, je m'empresse de répondre à votre aimable lettre du 5 août, que je serai très honoré de présider la cérémonie d'inauguration de la statue de mon illustre maître, M. Dumas, et que j'accepterai volontiers le jour qui sera fixé au printemps prochain par le Conseil municipal et M. le Maire d'Alais.

« Je suis non moins heureux d'apprendre de vous que la ville d'Alais se propose de donner mon nom à l'une de ses rues et de rappeler ainsi, outre les liens d'amitié et de reconnaissance qui me rattachent à la mémoire du plus illustre de ses enfants, les travaux que j'ai accomplis jadis, dans ses murs, sur la *maladie* des vers à soie et les heureuses conséquences qu'ils ont eues sur l'éducation du précieux insecte.

« Recevez, Monsieur, l'assurance de ma haute considération. — L. PASTEUR. »

Le 7 août 1888, M. Ernest Dumas répondait aussi à M. Balme :

« ..... Cher Monsieur, je vous remercie de m'avoir fait connaître la décision du Comité au sujet de l'époque choisie pour l'inauguration de la statue de mon père. Le retard qui y est apporté me paraît, en effet, impossible à éviter ; mais à quelque époque que ce soit je serai heureux d'aller me joindre aux habitants de la ville natale de mon père et de pouvoir les remercier du souvenir qu'ils conservent d'un compatriote qui, toute sa vie, était bien resté par le cœur le vrai fils d'Alais.

« La pensée que vous avez eue d'associer le nom de Pasteur à celui de Dumas est excellente et ce sera pour nous une nouvelle satisfaction..... »

Madame Hervé-Mangon, qui recevait, à Paris, la visite du sculpteur, faisait demander, le 12 août, la date exacte de l'inauguration ; mais, à ce moment rien ne pouvait être fixé.

Cependant on ne perdit plus de temps ; le 27 septembre 1888 M. Pech était à Alais, on vit M. le Maire qui demanda à ce qu'on lui étudiât un projet de square tout autour de la statue et avec M. Balme on s'occupa de traiter avec un entrepreneur pour la construction du piédestal.

Le 12 octobre 1888, M. Balme envoyait à Paris le devis de la construction du piédestal avec un projet de square pour la place Saint-Sébastien ; toutefois, ce ne fut qu'après le voyage qu'il fit à Paris, fin décembre 1888, que tout fut définitivement arrêté.

Voici le traité qui fut accepté par M. Auguste Amand, entrepreneur de travaux publics et négociant en bois, boulevard Gambetta, à Alais :

« Edification de la statue J.-B. Dumas, place Saint-Sébastien, à Alais (Gard). — Entre les soussignés : M. Léopold Balme, architecte, demeurant à Alais, membre du Comité et promoteur de la statue Dumas, à Alais, agissant au nom de MM. Pech, statuaire, et Delmas, architecte, demeurant à Paris, lauréats du monument à édifier sur la place Saint-Sébastien, à Alais ; et, M. Auguste Amand, entrepreneur de travaux publics, à Alais, a été convenu et réciproquement accepté ce qui suit :

« 1° M. Amand est chargé de l'exécution des travaux du

piédestal et accessoires, à forfait et moyennant la somme fixe de six mille francs.

« 2° Ce forfait comprend : l'exécution complète du piédestal et accessoires, conformément aux profils et dessins dressés par les auteurs du projet et ceux qui lui ont été remis par M. Balme, dont l'entrepreneur déclare avoir une parfaite connaissance ; la taille des moulures, le polissage, les inscriptions, les incrustations de marbre, la pose de la statue et des bas-reliefs en bronze, pris en gare et mis définitivement en place ; enfin, la pose de la rampe ornée, qui sera adressée de Paris et prise en gare par M. Amand, la formation des talus en gazons, le rigolage des chemins sablés et la clôture à mettre autour de la base en gazons.

« 3° Les matériaux à employer pour la construction du piédestal seront : pour les *marches* et le *premier socle*, la pierre dure et noire des Mages ; pour le *deuxième socle*, la pierre de Ruoms ; et pour le *fut*, la *corniche*, etc. du *piédestal*, la pierre de Lens (1). Cette dernière pierre doit être très homogène et sans aspérité, le fut devant servir pour recevoir les inscriptions et les bas-reliefs.

« 4° Pour l'exécution des travaux, l'entrepreneur se conformera, en outre des dessins qui lui ont été remis, aux ordres qui lui seront donnés par les auteurs du projet ou par M. Balme.

---

(1) Les carrières de Lens, qui sont situées près de la station de Fons, en allant à Nimes, ont été exploitées par les Romains d'où ils ont tiré une partie des pierres de taille employées aux Arènes et à la Maison-Carrée, de Nimes. C'est le carrier Héraut qui a fourni les pierres nécessaires au piédestal de la statue Dumas.

La pierre de Ruoms, qui reçoit un beau poli, est dure et grisâtre ; elle n'est exploitée que depuis l'ouverture de la ligne d'Alais au Teil.

Quant à la pierre des Mages, elle est peu exploitée, quoique à quelques kilomètres d'Alais seulement, et par une drôle de coïncidence, au quartier de la « Pierre-Rouge ». Les frères Panse n'ouvrent cette carrière que par intervalles.

C'est une pierre très belle, dure, foncée, presque noire, recevant bien le poli ; du calcaire oolithique remplie de paillettes de mica.

La chapelle funéraire du baron de Larcy, ancien ministre, le tombeau de la famille Veillon et quelques autres monuments locaux sont édifiés, en grande partie, avec cette pierre d'un effet bien caractéristique.

« Il se conformera aussi aux instructions de la mairie pour l'occupation de la place Saint-Sébastien, pendant la construction.

« 5° Les travaux seront poussés activement pour que le tout soit fini le 1er avril 1889.

« 6° En cas de contestations elles seront règlées amiablement ou par un arbitrage.

« Fait de bonne foi en autant d'originaux que de parties intéressées, à Alais, le premier janvier mil huit cent quatre-vingt-neuf et signé après lecture : Balme, Amand. — Accepté : Pech, Delmas. »

L'entrepreneur se mit à l'œuvre, mais il eut tous les ennuis possibles. D'abord le mauvais temps ; la différence de niveau de la place et surtout la réalisation presque impossible de la commande de pierres de taille.

On avait exigé que le fut du piédestal fût d'un seul bloc qui mesurait 3 mètres cubes 180, soit un poids de 8.300 k. environ (plus de 160 quintaux.) On avait essayé à plusieurs reprises de l'extraire dans les carrières de Lens ; un charriot spécial avait été confectionné pour le transporter ; pendant trois fois cet immense bloc extrait s'est cassé ou s'est écorné, ce qui a retardé de plusieurs mois l'édification du monument.

On en commença les fondations en février 1889 et c'est à peine si l'on fut prêt pour le 21 octobre.

Il est juste de rappeler que pendant l'exécution de l'œuvre de M. Pech, MM. Oberkampff et Rigaud, présidents de la Société scientifique, ont continué à provoquer et à recueillir de nouvelles souscriptions, et que le 29 février 1888, M. le Ministre de l'Instruction publique et des Beaux-Arts accorda une subvention de 3.000 francs pour aider à l'érection d'un monument à la mémoire de J.-B. Dumas, sur une place de la ville d'Alais.

Fixation du jour pour l'Inauguration. — Les travaux ayant été retardés par cas fortuit, M. Pech écrivait le 17 mars 1889, de Paris : « ..... Le monument ! est-il commencé ? où en est-il ? La grille du tour est commandée, les bas-reliefs se font.

« Quand se fera l'inauguration ?..... »

Le 20 avril, M. Pech répondant à M. Balme, lui disait :

« J'ai vu M. Maindron ; il est d'avis également, comme vous, de remettre l'inauguration après l'Exposition, c'est-à-dire en octobre.... Puisque la date est reculée, il me semble que le carrier pourrait prendre son temps pour fournir notre gros bloc, comme nous lui avons indiqué... »

Le 20 mai, le capitaine Dumas demanda aussi d'être fixé sur l'inauguration.

« Monsieur, je me permets d'avoir recours à votre obligeance qui nous est si bien connue, pour vous demander de vouloir bien me faire connaître vers quelle date vous pensez qu'on procèdera à l'inauguration de la statue de mon grand-père, J.-B. Dumas, à Alais.

« L'état, malheureusement fort grave, de mon père, doit nous ôter toute espérance de le voir assister à cette cérémonie.

« D'un autre côté, je doute que Madame Hervé-Mangon, ma tante, puisse quitter Mme J.-B. Dumas, en raison du grand âge de celle-ci.

« Je reste donc le seul à pouvoir apporter à Alais le nom de J.-B. Dumas, et je tiens à m'associer à vous, dans cet acte d'hommage à la mémoire de celui que nous pleurons toujours.... »

M. Pasteur, qui était souffrant et se trouvait en villégiature à Garches, écrivait à M. Balme, de passage à Paris :

« Paris, le 29 juin 1889. — Monsieur, je ne sais comment m'excuser auprès de vous. J'ai perdu la lettre que vous m'aviez fait l'honneur de m'écrire et c'est dans l'espoir de la retrouver que j'ai toujours attendu le moment de vous répondre.

« Pourtant, je me souviens : 1° que j'avais à vous dire que j'acceptais le jour fixé par vous du 23 octobre ; 2° que si M. Maindron veut bien m'en écrire, je lui donnerai tout de suite l'autorisation de paiement qu'il réclame pour les artistes.

« Recevez, Monsieur, avec toutes mes plus humbles excuses, l'expression de ma considération très distinguée.

« L. Pasteur. »

Enfin, c'est à la suite d'une entrevue que M. Balme eut avec M. Pasteur, le 1er juillet, que la date du lundi 21 octobre, pour l'inauguration de la statue Dumas, fut définitivement adoptée ; il fut décidé en même temps que le Comité de Paris donnait pleins pouvoirs à M. Balme, à l'effet de s'entendre avec la Municipalité pour l'organisation des fêtes relatives à cette inauguration.

IV

INVITATIONS. — PRÉPARATIONS. — FÊTES D'INAUGURATION.

———

Le 4 juillet 1889, M. Pasteur informe M. le Maire de la ville d'Alais, que le Comité de la statue de J.-B. Dumas vient de décider que l'inauguration de ce monument pourrait être dès à présent fixée au lundi 21 octobre 1889.

Dès la réception de la lettre de M. Pasteur, M. le Maire convoque le Comité pour lui en donner communication et pour arrêter ce qu'il y a à faire à la suite de cette communication.

Le Comité nomme, à cet effet, une commission composée de MM. Espérandieu, maire; Félix, 1er adjoint; Rigaud, Balme, Boissier, Oberkampff, de Place, Roux, Pin, Laurent de l'Arbousset.

Cette commission s'adjoint à celles qui doivent s'occuper du buste de M. le Marquis de La Fare-Alais et des fêtes qui devront être célébrées à Alais à l'occasion de ces diverses inaugurations.

Elle arrête la liste des personnes auxquelles doivent être adressées des lettres d'invitation et s'occupe de trouver parmi les habitants des logements convenables pour recevoir celles qui voudront bien accepter l'invitation.

Voici les termes même de cette lettre :

« Alais, le 12 septembre 1889.

« Monsieur,

« Les Comités de Paris et d'Alais, formés en vue de l'érection de la statue de J.-B. Dumas, ont fixé à la date du vingt-un octobre prochain, l'inauguration de ce monument.

« Je viens, Monsieur, au nom de ces Comités et au nom de la Municipalité de la ville d'Alais, vous prier de vouloir bien honorer de votre présence cette solennité à la mémoire de notre illustre compatriote, l'une de nos plus grandes gloires nationales.

« Les Comités seraient heureux de recevoir votre adhésion et je vous serais reconnaissant de me la faire connaître aussitôt que possible.

« Les fêtes d'inauguration auront lieu sous la présidence de M. Pasteur, des Membres de l'Institut et de plusieurs représentants du Gouvernement.

« Daignez agréer, Monsieur, l'assurance de ma considération la plus distinguée.

« *Le Maire d'Alais,*

« E. Espérandieu. »

Voici la liste des invités, à des titres différents, qu'il nous est agréable de publier ; car, pas un seul n'a manqué de répondre à l'invitation dans les termes les plus sympathiques pour l'illustre savant J.-B. Dumas.

Indication des Administrations ou personnes invitées :

L'Académie des Sciences.
L'Académie Française.
L'Académie de Médecine.
La Faculté des Sciences.
Le Muséum d'Histoire naturelle.
L'Ecole Centrale.
La Société d'encouragement pour l'Industrie nationale.
La Société des Amis des sciences.

La Société de Pharmacie.
La Société nationale d'Agriculture.
La Société Chimique.

MM.

Pasteur, de l'Académie française.
Bertrand, secrétaire perpétuel de l'Académie des sciences.
F. de Lesseps, de l'Académie française et de l'Académie des sciences.
Cauvet, directeur de l'Ecole centrale des Arts et Manufactures.
Gaston Boissier, de l'Académie française, natif de Nimes.
Alexandre Dumas, de l'Académie française, avenue de Villiers, Paris.
Rolland, président de l'Académie des sciences.
Berthelot, de l'Académie des sciences (ancien ministre).
Friedel,   id.   id.
Debray,   id.   id.
Le contre-amiral Mouchez, de l'Académie des sciences, directeur de l'Observatoire de Paris.
Chatin, de l'Académie des sciences, directeur de l'Ecole de pharmacie.
De Quatrefages, de l'Académie des sciences, natif de Valleraugue (Gard).
Darboux, de l'Académie des sciences, natif de Nimes.
Guillaume, de l'Académie des Beaux-Arts.
Colonel Meinadier, sénateur du Gard.
Baragnon,   id.
Le Président de l'Académie du Gard.
Gazagne, ex-sénateur.
Bousquet, député du Gard.
Pieyre, ancien député du Gard.
Silhol,   id.
Daubrée, de l'Académie des sciences, directeur de l'Ecole des mines.
Le vice-amiral Paris, de l'Académie des sciences et du Bureau des Longitudes.
Le vice-amiral Cloué, du Bureau des Longitudes.
Béclard, secrétaire perpétuel de l'Académie de médecine, doyen de la Faculté de médecine.

MM.

F. Leblanc, professeur à l'Ecole centrale des Arts et manufactures.
Martin, président de la Société des Ingénieurs civils.
Le général Henri, commandant de l'Ecole polytechnique.
A. Cornu, de l'Académie des sciences, professeur de l'Ecole polytechnique.
Barral, secrétaire perpétuel de la Société d'agriculture.
Boussingault, de l'Académie des sciences et de la Société d'agriculture.
Edm. Becquerel, de l'Académie des sciences et de la Société d'encouragement pour l'Industrie nationale.
R. Bischoffshein, député, de la Société d'encouragement pour l'Industrie nationale.
Fremy, de l'Académie des sciences, directeur du Muséum d'Histoire naturelle.
P. Thénard, de l'Académie des sciences et de la Commission du Phylloxera.
Le général Coste, ancien commandant de l'Ecole polytechnique.
Tisserand, directeur au ministère de l'agriculture, de la Commission du phylloxera.
Schœrer-Kestner, sénateur, de la Société des Amis des sciences.
A. Deichtal, de la Société des Amis des sciences.
Poirrier, chimiste,   id.   id.   id.
Riche.   id.   id.   id.   id.
Christophe, député, gouverneur du Crédit Foncier.
De Lapommeraye, président de la Société polytechnique.
Chauveau, correspondant de l'Académie des sciences, directeur de l'Ecole vétérinaire de Lyon.
Guimet, chimiste, à Lyon.
Marion, professeur à la Faculté des sciences de Marseille.
Corenwinder, chimiste à Lille.
Kold,   id.
Broch, correspondant de l'Académie des sciences, directeur du bureau international des Poids et Mesures (Norvège).
Ackermann (Suède).
Villiam Thomson, associé étranger de l'Académie des sciences (Angleterre).

MM.

Waren de la Rue, correspondant de l'Académie des scien. ces (Angleterre).
Willamson, correspond^t de l'Acad. des Sciences (Angleterre).
Frankland,   id.   id.   id.
Hoffmann,   id.   id.   (Allemagne).
Helmholtz,   id.   id.   id.
Mendeleeff, (Russie).
Bouttelerow, id.
Do.teur Militzaer (Autriche).
Lieben,   id.
Cannizzaro,   (Italie).
Le général Minabréa, id.
Gibert Govi,   id.
Laurenço, (Portugal).
Stas, correspondant de l'Académie des sciences (Belgique).
Melsens, (Belgique).
Général Hanès, (Espagne).
Ramon de Luna,   id.
De Candolle, associé étranger de l'Académie des sciences (Suisse).
De Marignac, correspondant de l'Académie des sciences (Suisse).
Colladon, à Genève.
Jacobsen (Danemarck.)
Gipps (Etats-Unis).
Grafts   id.
Donders, correspondant de l'Acad. des sciences (Hollande).
Gould,   id.   id.   id.   (République Argentine).
G. Claudin, homme de lettres.
E. Gonzalès,   id.
Dr Idéville,   id.
Laugel,   id.
De Launay,   id.
Fr. Magnard,   id.   du *Figaro*.
Max de Nansouty, id. dir^r de l'observatoire du *Pic du Midi*.
H. de Parville,   id.   rédacteur du *Journal officiel*.
Ch. Richet,   id.
Fr. Sarcey,   id.
G. Tissandier, id.   aéronaute.

MM.

Oscar de Vallée, homme de lettres.
Wyrouboff, id.
A. Bardon, receveur de l'Enregistrement, vice-président de la Société scientifique, à Nimes.
Labbé, inspecteur des forêts, secrétaire général de la Société scientifique et littéraire d'Alais.
Oberkampff, receveur des finances, trésorier de la Société.
Randabel, Ingénieur civil, secrétaire de la Société.
Paul, professeur de physique et de chimie, secrétaire.
Duffès, avoué, secrétaire.
Trouilhas, négociant, secrétaire.
Cazot, sénateur.
Le sous-préfet d'Alais.
Le maire de la ville d'Alais.
E. Pin, conseiller général.
G. Veillon, ingénieur, conseiller général.
Roch, docteur en médecine.
Auphan, id.
Balme, architecte, conseiller d'arrondissement.
Bonnal Joseph, négociant, conseiller municipal.
De Castelnau, ingénieur civil en chef des Mines, à Rodez.
Carrière, ingénieur civil, (chemin de fer du Midi), Bordeaux.
Dadre, avocat.
Destremx Léonce, ancien député.
G. Fabre, inspecteur des eaux et forêts, à Nimes.
P. Francezon, chimiste et filateur.
L. Fraissinet, ingénieur civil.
De Lachadenède, président du Comice agricole.
Malzac, ancien maire.
Mauméjean, professeur au lycée.
Martin, inspecteur des forêts, Nimes.
Péchiney, gérant de la Cie des produits chimiques, à Salindres.
De Place, directeur des mines de Rochebelle.
De Ramel, avocat au Conseil d'Etat, à Paris.
Rigaud, ingénieur en chef des mines.
Roux Ferdinand, directeur honoraire de l'Ecole normale spéciale de Cluny.
De Roux-Larcy, propriétaire.
Varin d'Ainvelle, ex-capitaine d'artillerie.

MM.

Paul Pin, docteur en médecine.

M.-E. Maindron, trésorier des Comités, secrétaire du catalogue à l'Exposition Universelle de 1889.

Laurent de l'Arboussot, directeur du *Bulletin Séricicole Français*.

Félix, 1er adjoint à la mairie d'Alais.

Boissier, vétérinaire.

De Larigues, de la Faculté de Genève.

Le président de l'Association amicale des anciens élèves de l'Ecole Centrale.

Henri Marès, président du Groupe régional de l'Association amicale des anciens élèves de l'Ecole Centrale.

La Société des Agriculteurs de France.

Le Collège de France.

Le général commandant le 15e corps d'armée.

Le général de division d'Avignon.

Le général de brigade de Nimes.

Le général d'artillerie de Nimes.

Le préfet du Gard.

Le président de la Cour d'appel, Nimes.

Mgr Gilly, évêque de Nimes.

Le Recteur d'Académie.

L'Inspecteur d'Académie.

Le Trésorier-payeur général du Gard.

Le Procureur général.

Valéry-Radot, homme de lettres (gendre de M. Pasteur).

Crespon, délégué des mines, fonderies et forges de Tamaris.

Graffin, directeur des mines de la Grand'Combe.

Le directeur de l'Ecole des Beaux-Arts de Nimes.

Le vice-président de l'Instruction publique.

Pech, sculpteur (auteur de la statue).

Delmas, architecte à Paris, collaborateur de M. Pech.

Ausset, proviseur du lycée d'Alais.

Viala, chimiste, à l'Institut Pasteur, natif d'Alais.

Maurice Faure, d'Alais, député de la Drôme.

Durand, d'Alais, sous-chef du personnel au Ministère de la Justice.

René de Lachadenède, ingénieur.

Bardon, directeur des mines de Trélys, à Rochessadoule.

Le baron de Villiers, directeur de la Cie des forges d'Alais.

MM.

Chalmeton, directeur de la Cie houillère de Bessèges.
Marsaut, ingénieur-directeur de la Cie houillère de Bes-
sèges.
Fumat, ingénieur-directeur à la Grand'Combe.
Parran, directeur de la Cie de Mokta-el-Hadid.
Bossard,   id.   la Jasse.
Nagel,   id.   Salles-et-Montalet.
Babilot,   id.   la Vernarède.
Gudin, ingénieur principal de la Vernarède.
De Ladjudie, directeur de la Cie des forges de Bessèges.
Dalverny, ingénieur à la Cie de Rochebelle.
Panse, ingénieur à la Cie des forges de Bessèges.
Revoil, architecte diocésain, à Nimes.
Cormerois, agent-voyer en chef, architecte du département.
De Firmas-Périès, au château de Lacoste.
Gabriel de Ramel, commandant au 130e de ligne.
Colomb, préfet des Hautes-Pyrénées, ancien sous-préfet
    d'Alais.
Bargeton, d'Alais, préfet de Seine-et-Oise.
Dufoux, sous-préfet de Fontainebleau (Seine-et-Marne).
Reboul, d'Alais, préfet de Melun.
Grimanelli, préfet de la Charente-Inférieure (ancien préfet
    du Gard).
De Boisson, conseiller d'arrondissement.
D'Auzon père, et d'Auzon fils élève de l'Ecole centrale.
Baron Joseph D'Hombres, rue d'Avéjan.
De Chapel, père et fils, au château de Cardet.
Comte de Chaponnay, au château de Lascours.
Comte de Bernis, au château de Vézenobres.
Alfred Rivière-Dejean, au château du Cheval-Vert.
Solignac, colonel, ancien directeur de l'Ecole Centrale.
Giannetti, directeur de la Bourse de commerce, à Paris
M. et Mme Ernest Dumas.
Madame Hervé-Mangon.
Le capitaine J.-B. Dumas, et Mme Noël J.-B. Dumas.
Mme et M. J.-B. Dumas, au Muséum.
P. Audouin.
Mme et M. de Sacy, villa des Fontaines.
Paul Brongniart, capitaine d'artillerie.
Pascal, sculpteur, maire de Nimes.

MM.

Emile Trélat, directeur de l'Ecole d'architecture.
Alexandre Ryez, ingénieur des mines (Belgique).
Henri Glépin, professeur à l'Ecole des mines de Mons..
Charles Glépin, docteur en droit, ancien attaché au parquet de la Seine.
Emile Quenot, ingénieur, d'Alais.
Pierre Quenot,   id.   d'Alais.
Jules Quenot, chimiste, d'Alais.
De Seynes, ancien professeur de l'Ecole de médecine de Paris.
Janssen, directeur de l'Observatoire de Meudon.
De Pélerin, ancien magistrat, au château du Colombier.
Perrier, d'Alais, ingénieur des ponts-et-chaussées.
Mgr. Bonnet, évêque de Viviers.
Edmund Stanley, ingénieur, Leicester Houze Gipsep Hill (Londres).
Mme et M. de Zoubaloff, gouverneur de Georgie, à Tifflis (Russie).
Noblemaire, directeur de la Cie P.-L.-M.
Baron du Gabé, ancien préfet, au château du Pont.
De Pélerin Destouches, secrétaire général de la Cie P.-L.-M.
Bénardou, secrétaire général au Ministère de l'Agriculture.
Demay, secrétaire général des cultes, Ministère de la Justice.
Charles Thézillat, ancien sous-préfet d'Alais, directeur du district de Monaco.
Ducreux, président du Conseil d'arrondissement de Marseille.
Frédéric Barrot, ancien député, administrateur de la Cie la *Foncière*, à Paris.

En dehors de cette lettre, des invitations particulières et personnelles furent adressées à M. le Président de la République, à Sa Majesté l'Empereur du Brésil, aux membres du Gouvernement, à Madame veuve Dumas et à sa famille, à l'Institut et aux Sociétés savantes.

A la suite de l'envoi de ces lettres, M. le Maire et M. Balme reçurent des réponses dont nous croyons devoir donner ici quelques extraits.

Monsieur le Président de la République écrit : « Qu'il ne lui sera pas possible, à son grand regret, de se rendre à Alais pour assister aux fêtes données à l'occasion de l'érection de la statue de J.-B. Dumas et de l'inauguration du lycée d'enseignement spécial.

« Mais le Gouvernement se fera représenter à ces fêtes par M. Faye, ministre de l'Agriculture. »

Le Ministre du Brésil s'exprime ainsi :

« Monsieur le Maire,

« J'ai l'honneur de vous annoncer que Sa Majesté l'Empereur du Brésil m'ordonne, par télégraphe, d'aller le représenter le 21 de ce mois, à l'inauguration de la statue J.-B. Dumas, élevée à Alais.

« L'Empereur s'empresse ainsi de répondre à la lettre que vous lui avez adressée le 17 septembre dernier.

« Le choix que mon auguste souverain a daigné faire m'est d'autant plus précieux que je joins à l'honneur de représenter l'Empereur celui de rendre hommage à la France dans la personne d'un de ses plus glorieux enfants.

« Veuillez agréer....
   « Baron d'Estrella ».

Monsieur Faye, ministre de l'Agriculture, écrit :

« Je serai heureux d'assister à l'inauguration de la statue de J.-B. Dumas et de m'associer à l'hommage si mérité que vous rendez à la mémoire de notre illustre compatriote. »

Monsieur de Quatrefages :

« Croyez bien, M. le Maire, que je ferai mon possible pour assister à cette cérémonie et que des raisons très sérieuses pourront seules m'empêcher d'y assister. Ce me serait une très vive peine que de ne pas me trouver au milieu de Cévenols réunis pour célébrer le souvenir de l'un d'eux qui fut une des grandes gloires de notre patrie. »

Monseigneur Gilly, évêque de Nimes :

« Monsieur le Maire,

« Je vous remercie d'avoir bien voulu m'inviter à l'inauguration de la statue de J.-B. Dumas pour le 21 octobre prochain, et j'ai l'honneur de vous informer que j'accepte votre invitation.

« J.-B. Dumas, notre compatriote et l'une de nos gloires nationales, méritait, et comme savant illustre et comme grand chrétien, les honneurs que vous vous proposez de lui rendre. Vous avez compris, M. le Maire, que l'évêque de Nimes, Uzès et Alais éprouverait un vrai bonheur à s'y associer, vous ne vous êtes pas trompé, rien n'est plus cher à mon cœur que de rendre à un tel homme, que j'ai eu le bonheur de connaître, les devoirs et les honneurs que le patriotisme nous impose et que commande la religion. »

Le vice-amiral Paris, membre de l'Institut et du bureau des Longitudes, conservateur du Musée de marine :

« Le souvenir du vénéré M. Dumas n'est point effacé et ne s'effacera pas. Ce n'est pas le secrétaire de la commission de Vénus qui peut l'oublier.

« Mais l'âge a marché en faisant éprouver son influence, et quoiqu'encore d'une bonne santé, la facilité de locomotion a disparu. Aussi je ne quitte plus le Musée de marine et je vous prie de m'excuser de ne pas me rendre à l'honorable invitation que vous avez bien voulu m'adresser. »

Monsieur Pasteur :

« Monsieur le Maire,

« Sans nul doute, à moins d'absolue impossibilité, j'assisterai le 21 octobre à l'inauguration de la statue de celui que vous appelez si justement dans votre aimable lettre d'invitation à la cérémonie, mon « illustre maître », votre immortel compatriote. »

On comprend pourquoi M. Pasteur tenait à assister à la fête d'inauguration de la statue du célèbre chimiste J.-B.

Dumas : C'est que sa vie avait été étroitement liée à celle de l'homme dont on célébrait la mémoire.

Après les succès de la vaccination charbonneuse, les collègues, amis, élèves de M. Pasteur, résolurent d'offrir au maître une médaille en l'honneur de ses admirables découvertes, et J.-B. Dumas fut nommé président du Comité.

Le jour de la cérémonie, en juin 1882, M. Pasteur s'adressa à J.-B. Dumas en ces termes :

« Mon cher Maître,

« Il y a quarante ans que j'ai le bonheur de vous connaître et que vous m'avez appris à aimer la science et la gloire. J'arrivais de la province. Après chacune de vos leçons, je sortais de la Sorbonne transporté, et souvent ému jusqu'aux larmes.

« Dès ce moment, votre talent de professeur, vos immortels travaux, votre noble caractère, m'ont inspiré une admiration qui n'a fait que grandir avec la maturité de mon esprit. Il n'est pas une seule circonstance de ma vie ou de celle de ma famille, circonstance heureuse ou pénible, qui vous ait trouvé absent ou que vous n'ayez en quelque sorte bénie. Voilà qu'aujourd'hui encore vous êtes au premier rang dans l'expression de ces témoignages, bien excessifs, suivant moi, de l'estime de mes maîtres, devenus mes amis.

« Comment vais-je faire désormais ? Jusqu'à présent les grands éloges avaient enflammé mon ardeur et ne m'avaient inspiré que l'idée de m'en rendre digne par de nouveaux efforts ; mais ceux que vous venez de m'adresser, au nom de l'Académie et des sociétés savantes, sont en vérité au-dessus de mon courage. »

Depuis, M. Pasteur s'est encore couvert de gloire. Il entreprit ses travaux sur la rage, du vivant de J.-B. Dumas ; mais J.-B. Dumas n'était plus là le jour du triomphe de son élève. Il était bien juste que ce fût cet élève, illustre entre tous, qui prît, cette fois encore, la parole pour glorifier son maître vénéré.

Les témoignages d'affection et de sympathie de la famille Dumas, pour les Alaisiens, méritent aussi de ne pas être passés sous silence.

La veuve du grand chimiste écrit à M. Balme :

« ... C'est avec un regret douloureux que je me vois empêchée, par l'état de ma santé, d'assister à une cérémonie à laquelle j'attache un si grand prix et dont la pensée me touche profondément. Cet hommage rendu à la mémoire de mon mari, par ses amis, dans sa ville natale, sera cependant pour moi une suprême consolation.

« Tous les membres de ma famille qui pourront voyager à cette époque se rendront à Alais en ce jour qui doit laisser parmi nous un souvenir solennel.... »

Madame Ernest Dumas lui écrit aussi :

« .....Vous avez bien raison de penser que ce sera un grand regret pour mon mari de ne pouvoir assister à l'inauguration de la statue de son père. Il me charge de vous dire qu'il est très fier et très heureux de l'hommage qu'Alais va rendre le mois prochain à la mémoire de celui que nous regrettons tous les jours davantage, et dont vous avez été le promoteur.

« C'est grâce à votre initiative que l'image de notre vénéré père s'élèvera dans la ville où il est né, exemple pour tous ceux auxquels Dieu a donné l'intelligence et l'amour du travail.

« Je n'ai pas besoin d'ajouter que j'aurais eu un extrême désir de me joindre à mon fils, mais malheureusement je ne puis quitter mon mari bien souffrant.... »

Madame Noël J.-B. Dumas, répond à M. Balme :

« .... Ayant été élevé par son grand'père, mon mari conserve une véritable tendresse et un véritable culte pour sa mémoire, dont il est heureux de voir le souvenir si fidèlement gardé par ses compatriotes.

« Notre cher grand'père nous parlait bien souvent d'Alais et nous avait appris à l'aimer, c'est vous dire quelle douce émotion nous aurons à y voir ceux qui, comme vous, Monsieur, il appréciait, dont il recherchait l'amitié.... »

M. Emile Trélat, directeur de l'Ecole spéciale d'architecture, écrit aussi à M. Balme, son ancien élève :

« .... J'ai le grand regret de ne pouvoir me rendre à l'invitation que vous m'avez adressée, et de ne pas assister à l'inauguration de la statue de mon maître Dumas. Je suis nécessairement retenu à Paris pendant toute la fin d'octobre pour le service de notre école.

« Recevez, mon cher monsieur Balme, l'expression de mes sentiments très affectueux.

« Emile Trélat. »

M. Frédéric Barrot, fils de Ferdinand Barrot, l'ancien grand référendaire du Sénat, s'exprime ainsi en s'adressant à son parent, M. Balme :

« .... J'aurais été d'autant plus heureux d'assister à cette solennité que je n'ai pas oublié qu'indépendamment des sentiments d'admiration qu'il partageait avec l'élite du pays, mon père professait une vive sympathie personnelle pour votre illustre compatriote dont il avait été le collègue au ministère, au sénat et au conseil municipal de Paris... »

L'ancien préfet, M. de Thézillat, directeur du district de Monaco, télégraphiait à M. Balme, le jour même de l'inauguration :

« ....Vifs regrets ne pouvoir assister inauguration monument élevé à votre illustre compatriote Dumas. Il m'avait honoré de son amitié, aurais été doublement heureux de rendre hommage à sa glorieuse mémoire et retrouver à Alais le grand savant présidant vos fêtes, que j'ai connu au milieu de vous, travaillant à des merveilleuses recherches sur maladies vers à soie.... »

Enfin, M. le baron de Zoubaloff, gouverneur de la Géorgie, qui avait connu M. Dumas à Paris, et qui professait une profonde vénération pour l'immortel chimiste, écrit à M. Balme :

« Tifflis, le 8 novembre 1889. — .... Cher Monsieur, Je regrette de ne pas avoir répondu jusqu'à présent à votre aimable invitation et au souvenir que vous m'avez gardé pour l'inauguration de la statue Dumas ; mais, malheureusement j'étais avec ma famille, à la campagne, et je n'avais aucun moyen de vous envoyer une dépêche.

« Veuillez, je vous prie, remercier de ma part M. le Maire d'Alais et lui transmettre de même, mes regrets de n'avoir pu assister à cette fête..... »

Voici la liste des personnes qui ont assisté à l'inauguration et accepté la gracieuse hospitalité qu'au nom des Alaisiens, le comité et la municipalité, leur avaient offerte.

MM.

Pasteur, membre de l'Institut.
Faye, ministre de l'Agriculture.
Tisserand, directeur de l'Agriculture au ministère.
Baudoin, chef adjoint du cabinet du Ministre de l'Agriculture.
Daubrée, directeur des forêts au ministère de l'Agriculture.
Le baron d'Estrella, chambellan de S. M. l'Impératrice, délégué de l'empereur du Brésil.
Gauthier, membre de l'Institut, délégué de l'Académie des sciences.
Mme et M. J.-B. Dumas (petit-fils de J.-B. Dumas), capitaine d'état-major, à Nancy.
J. Dumas-Edwards, (petit-fils de J.-B. Dumas), au Muséum, à Paris.
Pech, sculpteur, auteur de la statue.
Delmas, professeur à l'Ecole centrale, architecte, délégué de l'Association polytechnique.
Bischoffshein, député.
Darboux, délégué de l'Institut.
Gayon, professeur à la Faculté des sciences de Bordeaux.
Henry Sicard, doyen de la Faculté des sciences de Lyon.
Becquerel Henri, membre de l'Institut.
Guimet, chimiste.
Boissier Gaston, membre de l'Académie française.
Luzeux, général de brigade, à Nimes.

MM.

Marès, de Montpellier, délégué de l'Association des Elèves de l'Ecole centrale.
Mistral Frédéric, grand poète provençal.
Chauveau, membre de l'Institut.
Brongniart (neveu de J.-B. Dumas), capitaine d'artillerie.
Glaize, professeur à la Faculté de droit.
Vigreux, délégué de l'Ecole centrale de Paris.
Valéry-Radot (gendre de M. Pasteur).
Pieyre, ancien député.
Revoil, architecte.
Chancel, recteur de l'Académie.
Gazagne, ex-sénateur.
Jamais, député.
Desmons, député.
Gaussorgues, député.
Pascal Lucien, maire de Nimes.
Le président de l'Académie de Nimes.
De Rouville, doyen de la Faculté des sciences de Montpellier.
Lentheric, ingénieur en chef des Ponts-et-Chaussées.
Claris, sénateur.
Viala, chimiste de l'Institut Pasteur.
Bargeton, préfet à Versailles.
Spuller, trésorier payeur général de Nimes.
Foez, directeur de l'Ecole d'Agriculture de Montpellier.
Gariel, délégué de l'Association Française.
Le Conservateur des Forêts.
Abauzit, maire d'Uzès.
Bonnefoy-Sibour, député.
Maruéjols, ancien maire de Nimes.
De Dax, délégué de la Société des ingénieurs civils.
Crova, professeur de physique à la Faculté des sciences de Montpellier, correspondant de l'Institut.
Regnaud Pierre, directeur, secrétaire particulier du ministre de l'Agriculture.
Colomb, ancien sous-préfet d'Alais, préfet de Tarbes.

Membres du Comité Dumas, a Alais :

MM.

Auphan, docteur.
Boissier, vétérinaire.
Balme Léopold, architecte.
Bonnal Joseph, ingénieur.
Bezombes, sous-préfet.
Cazot, sénateur.
Carrière, ingénieur.
Duffès, avoué.
Dadre, avocat.
Destremx Léonce, président de la Société d'Agriculture.
Espérandieu, maire.
Francezon Paul, filateur.
Fraissinet Edouard, ingénieur.
Labbé, inspecteur des forêts.
De Lachadenède Paul, ancien président du Comice agricole.
Malzac, notaire.
Maumejean, professeur au Lycée.
Oberkampff, receveur particulier.
Paul, professeur au Lycée.
Péchiney, directeur de l'usine de produits chimiques, à Salindres.
Plantier, docteur.
De Place, directeur des mines de Rochebelle.
Pin Paul, docteur.
Pin Emile, avocat.
Rigaud, ingénieur en chef des mines.
Randabel, chef de section au P.-L.-M.
De Ramel, député, avocat au Conseil d'Etat.
Roux Ferdinand, président d'honneur du Comité et directeur honoraire de l'Ecole normale spéciale de Cluny.
De Roux-Larcy, propriétaire.
Trouilhas, négociant.
Veillon Gustave, ingénieur.
Varin d'Ainvelle, ancien capitaine d'artillerie.

REPRÉSENTANTS DE LA PRESSE :

Agence Havas,	MM. Sarrus.
Le Temps,	De Parville.
L'Officiel,	id.
Le Figaro,	Gancir.
Petit Journal,	Mely.
XIXᵉ Siècle,	Guinard.
Messager du Midi,	A. Banquet.
L'Eclair,	A. Martin.
Journal du Midi,	id.
Petit Marseillais,	G. Lévy.
Le Génie Civil,	P. Paul.
Les Tablettes d'Alais,	Mᵐᵉ H. M.

Parmi les nombreuses réponses flatteuses que le Comité a reçues à propos de la gracieuse hospitalité qu'il a offerte à ses invités, nous pouvons citer celles adressées par M. le baron d'Estrella, à M. Balme :

« …..Monsieur le Conseiller d'arrondissement, je suis extrêmement touché de l'aimable offre que vous voulez bien me faire au nom de Messieurs les membres du Comité de la statue de Dumas et particulièrement au nom de Monsieur le baron de Roux-Larcy, dans votre lettre du 15. J'ai l'honneur de vous informer que j'accepte avec très grand plaisir l'hospitalité que M. le baron de Roux-Larcy veut bien me donner comme représentant de Sa Majesté l'empereur du Brésil à la statue de Dumas… »

Le ministre du Brésil n'arriva que par l'express de 2 h. du matin, le dimanche 20 courant. Outre la délégation du Comité, M. le baron d'Estrella fut reçu officiellement, dans les salles d'attente de la gare, très finement décorées, grâce aux soins de l'aimable chef de gare, M. Renaud, par MM. de Roux-Larcy ; Balme ; Poujet, avocat; Albin Martin, délégué de la presse et la Société des Trouvères d'Alais.

Quant à Mme Hervé-Mangon, qui devait descendre chez M. Ferdinand Roux elle lui écrivit le 17 octobre 1889 :

« Cher Monsieur,

« C'est avec regret et avec la crainte que vous ne pensiez que je suis peu courageuse que je viens vous dire qu'il m'est réellement impossible de me rendre à Alais.

« J'ai fait tout ce que j'ai pu pour trouver assez d'énergie et dominer assez ma douleur, je ne puis aborder la pensée de me trouver au milieu de ces fêtes et d'y tenir ma place ! Mon malheur et le deuil profond que je porte expliqueront assez mon abstention. Je suis cependant pleine de reconnaissance envers la ville d'Alais et envers vous qui avez tant de part dans l'initiative des honneurs que l'on va rendre à mon cher père.

« Je vous remercie de l'hospitalité que vous m'aviez offerte et que j'aurais acceptée, de vous, de grand cœur. J'espère même pouvoir en profiter dans un temps plus calme et aller avec vous voir la chère image que l'on inaugure en ce moment.

« Veuillez offrir à Mme Roux mes souvenirs les plus sympathiques et recevoir, etc.

« H{ie} Hervé-Mangon. »

M. Roux lui répondit le 4 novembre 1889 :

« Madame,

« Il y a aujourd'hui quinze jours que nous inaugurions à Alais, la statue de votre cher et illustre père.

« Un tel monument décerné presque le lendemain de la mort, n'est pas de ceux qui se prodiguent, car, lorsque des compatriotes en conçoivent la pensée, que la ville et le gouvernement l'accueillent, que le sentiment public la ratifie et que tant de grandes intelligences tiennent à s'y associer, il faut y voir si non encore le jugement de la postérité, du moins celui du pays lui-même tout entier.

« Vos neveux et vos parents ont dû vous dire combien a été belle et imposante la manifestation occasionnée par cette inauguration.

« Toutefois, je comprends qu'au dernier moment vous n'ayez pas pu dominer assez votre douleur pour venir assister à ces fêtes et y tenir votre place. Mais ainsi que vous nous le faites espérer, vous nous arriverez dans un temps plus calme et nous irons ensemble contempler cette image si chère de votre père bien aimé.

« Dans cette attente, etc. « Roux. »

Le sympathique membre de l'Institut, M. Gautier, écrivait de Meudon à M. Balme :

« Monsieur, je vous remercie des documents que vous voulez bien m'envoyer sur M. J.-B. Dumas et le Collège d'Alais. Méfions-nous toutefois des articles de journaux, ce n'est pas là qu'il faut aller chercher les traits de cette grande figure. Dans une série de notes additionnelles, que je me propose de joindre à mon discours, anjourd'hui écrit, j'utiliserai avec plaisir les renseignements exacts que vous me donnez et que j'ai aussi recueillis de sa fille, Madame Hervé-Mangon, de M. Roux et de ses amis.

« C'est une personnalité trop glorieuse pour que nous ne négligions rien de ce qui le touche et le dépeint.

« Je vous remercie de m'avoir prévenu que M. de Roux-Larcy veut bien me recevoir chez lui, durant vos fêtes. Je pense arriver dimanche soir. Je lui écris pour l'avertir et lui envoyer mes remerciements. »

Les préparatifs des fêtes étaient devenus une grande préoccupation, non-seulement pour la Municipalité et pour les divers Comités, mais aussi pour toute la population qui s'y associait avec enthousiasme.

Tout le monde rivalisait de zèle pour faire bien et beau ; le grand organisateur était l'infatigable M. Balme, qui, étant obligé de s'absenter pour aller en Corse, recevait le 12 octobre, du maire d'Alais, la dépêche significative suivante : «.....Présence indispensable pour règlement détails des fêtes, arrivez, réponse. — Espérandieu... »

Pendant qu'à la Mairie d'Alais, avec le concours des divers comités, on s'occupait d'envoyer les invitations et de faire les préparatifs des différentes fêtes, les journaux adressaient de leur côté un appel des plus chaleureux au public pour l'engager à venir assister à ces belles fêtes, et citaient à l'appui certains faits particuliers à la vie de J.-B. Dumas, qui montraient combien cet homme était digne des honneurs qu'on s'efforçait de rendre à sa mémoire.

Qu'il nous soit permis de citer ici un de ces faits que M. Pasteur effleure à peine dans son discours et dans lequel J.-B. Dumas se montra homme de cœur autant qu'homme de science perspicace, et qui lui permit ainsi de contribuer à une des plus grandes découvertes de son temps.

C'était en 1833, J.-B. Dumas avait déjà établi sa réputation, et il était professeur à la Faculté des sciences. Se trouvant un matin dans son laboratoire, occupé à étudier les propriétés du chlore et son action sur les composés organiques, pour arriver à déterminer la loi chimique qui porte son nom, on vint lui annoncer qu'une dame demandait instamment à lui parler.

Elle avait insisté à ce point, bien qu'elle ne fût pas connue de J.-B. Dumas, qu'elle fut introduite auprès de lui.

Elle lui avoua le but de sa visite : elle venait réclamer de lui un service peu ordinaire : il s'agissait de faire entendre raison à un inventeur qui s'obstinait dans des études coûteuses, bien qu'il n'arrivât pas à un résultat pratique.

Cet inventeur, c'était son mari. « Vous seul, dit-elle, en raison de votre haute situation, de votre renommée, de votre autorité, vous pourrez lui faire comprendre qu'il poursuit une chimère.

« Hélas ! nous sommes ruinés, mes enfants et moi, par

son déplorable entêtement... Hier, n'a-t-il pas fallu pour qu'il se procurât des produits sacrifier la moitié de nos meubles, puisque nous n'avons plus rien à vendre !... Aucune considération ne l'arrête, le malheureux !... il jure qu'il réussira un jour, et qu'alors ce sera la fortune... Mais ce sont là rêves de fou. En attendant, nous courons à la misère...»

La pauvre femme manifestait de telles inquiétudes que J.-B. Dumas se sentit ému.

« — Allons, dit-il, envoyez-moi demain votre mari, je le sermonerai, s'il y a lieu.

« — Ah ! Monsieur Dumas, quelle obligation je vous aurai !... de grâce, ouvrez-lui les yeux, faites-lui toucher du doigt son erreur, faites qu'il redevienne sensé comme autrefois, avant que des travaux, entrepris avec un de ses amis, mort récemment, lui aient tourné la tête.

« — J'essayerai du moins... Et il s'appelle ?

« — Il s'appelle Daguerre.

« — Le peintre de décors ?

« — Lui-même... Où est le temps où il ne s'occupait que de son art ! »

C'était en effet du collaborateur de Niepce, de l'inventeur de la photographie qu'il était question...

Ses recherches n'avaient pas encore abouti, et on pouvait le traiter de visionnaire. Daguerre arriva chez J.-B. Dumas, qui s'attendait, d'après ce qui lui avait été dit, à voir en lui un utopiste.

Mais à peine Daguerre lui eut-il exposé ses projets, à peine eut-il expliqué sur quelles raisons il se fondait pour croire au succès définitif, que le chimiste l'avait compris et l'encourageait chaudement, loin de le détourner de ses travaux.

Quelques heures après, la femme de l'inventeur venait savoir le résultat de l'entretien.

« — Eh bien ! fit-elle, vous a-t-il écouté docilement ?
« — Certainement.
« — Vous lui avait dit de renoncer à ses idées ?
« — Je lui ai dit qu'il était sur la trace d'une découverte géniale.
« — Comment ! vous, en qui j'avais si grande confiance !..
« — Rassurez-vous, madame, votre mari continuera ses recherches... Mais c'est moi qui, désormais, en supporterai les frais.... Croyez-moi, ne vous opposez plus à ses études ; admirez-le plutôt ? »

A partir de ce jour, en effet, J.-B. Dumas accueillait généreusement Daguerre, prenait pour son compte toutes les dépenses, s'intéressait à son œuvre, lui prodiguait ses conseils.

Et c'est grâce à lui que l'inventeur put enfin arriver à voir ses expériences couronnées de succès.

De son côté, la compagnie des chemins de fer P.-L.-M., à l'occasion des fêtes qui doivent avoir lieu à Alais, les 20 et 21 octobre 1889, décide que les gares qui émettent des billets d'aller et retour pour cette ville, les délivreront sans changement de prix, du 18 au 20 octobre inclusivement, avec coupons du retour valables jusqu'au dernier train de la journée du 22 octobre.

Voici le programme des fêtes :

« *Fêtes d'inauguration de la statue J.-B Dumas, sous la présidence de M. Pasteur, membre de l'Institut ;*
« *Du lycée J.-B. Dumas, sous la présidence des représentants du Gouvernement ;*
« *Et du buste du marquis de La Fare-Alais, sous la présidence de M. Léonce Destremx, ancien député.*

PROGRAMME DES FÊTES :

« *Samedi, 19 octobre* : La Fête sera annoncée à 6 heures du soir par des salves d'artillerie.

« A 8 heures du soir. — Retraite aux Flambeaux avec *Pègouladò* ; Grande Farandole provençale ; Assaut d'armes au Théâtre municipal, sous le patronage de la Société d'escrime, avec le concours de la Musique municipale.

« *Dimanche, 20 octobre* : Cette journée est consacrée à la grande Fête cévenole donnée à la mémoire du marquis de La Fare-Alais, par les Sociétés Félibréenne, Littéraire et Artistique d'Alais.

« A 7 heures du matin. — Salves d'artillerie.

« A 8 heures 1/2. — Distribution de Bons aux malheureux, au secrétariat du Bureau de Bienfaisance.

« A 9 heures. — Réception à la gare par la Municipalité, le Conseil municipal, la Musique municipale et le Comité, des invités des Maintenances de la Provence et du Languedoc.

« A 10 heures. — A la Mairie, Vin d'honneur offert dans la salle des Etats au Capoulié, aux invités et aux Tambourinaires.

« De 10 heures 1/2 à midi. — Aubades des Tambourinaires aux Autorités ; Promenades en ville.

« A 1 heure 1/2. — Réunion des Délégations officielles à la Mairie.

« A 2 heures. — Inauguration du buste du marquis de La Fare, à l'entrée de l'Avenue du Bosquet ; Cantate, de Borel, exécutée par les Sociétés chorales et musicales de la ville, sous la direction de l'auteur.

« A 3 heures 1/2. — Jeux Floraux, dans la cour du Collège des filles ; Distribution des Récompenses aux Lauréats des Concours.

« A 6 heures 1/2. — Grande Félibrejadò ; Banquet.

« Le soir. — Grande Représentation au Théâtre ; Illuminations publiques ; le Bosquet sera illuminé à giorno ; Danses et Farandoles sur la place de la Mairie et dans les principales rues de la ville.

« *Lundi, 21 octobre* : A 9 heures du matin. Réception à la gare des Représentants du Gouvernement, de M. Pasteur, des délégations de l'Institut et autres Sociétés savantes et des invités, par la Municipalité, les Membres du Conseil municipal, les délégués du Comité Dumas.

« A 10 heures. — Arrivée des invités à la Mairie, escortés par les Délégations officielles, la Compagnie des Sapeurs-Pompiers et précédés par la Musique municipale et les Trouvères.

« A 10 heures 1/2. — Inauguration du Lycée Dumas.

« De 9 heures à midi. — Sur l'avenue de la Chaussée, grande course de vélocipèdes. — (Un comité d'amateurs est chargé de l'organisation et de la distribution des récompenses).

« A 1 heure 1/2. — Réunion à la Mairie des invités officiels et des Délégations.

« A 2 heures 1/4. — Inauguration de la statue J.-B. Dumas, sur la place Saint-Sébastien, sous la présidence de M. Pasteur, membre de l'Institut.

« A 4 heures. — Distribution des récompenses des Concours viticole et agricole, dans la grande salle de la Mairie.

« A 4 heures 1/2. — Ascension de ballon, sur la place Saint-Sébastien, monté par un Aéronaute et des Amateurs.

« A 6 heures 1/2 — Grand banquet, donné dans les jardins du Casino de l'Evêché, présidé par M. Pasteur.

« A 9 heures. — Grand Feu d'artifice, tiré sur la promenade de la Prairie, en face de la Chaussée. (Apothéose de Dumas). — Danses et divertissements sur les places de l'Hôtel-de-Ville et de la République.

M. Pasteur qui devait présider le lundi 20 octobre, la cérémonie d'inauguration de la statue de J.-B. Dumas, arriva la veille au soir par le train de 4 heures 49.

La salle d'attente du chemin de fer, transformée en un magnifique salon de verdure par les soins de la Municipalité et du chef de gare, M. Renaud, était disposée pour recevoir et l'illustre savant et le sympathique Ministre de l'agriculture, qui devait arriver quelques heures après.

M. Pasteur était accompagné de Madame Pasteur et de

son gendre, M. Valéry-Radot. Il est reçu à la descente du train par ses amis MM. Roux, de Lachadenède et Balme. L'illustre savant est l'objet d'une manifestation enthousiaste de la part de la population alaisienne.

M. Espérandieu, maire d'Alais, lui souhaite en excellents termes, que nous regrettons de ne pouvoir reproduire, la bienvenue.

M. Laurent de L'Arbousset la lui souhaite à son tour par les paroles qui suivent :

« Cher et illustre Maître,

« Au nom du syndicat des sériciculteurs de France, permettez-moi de vous souhaiter la bienvenue dans notre ville d'Alais, où vous avez commencé vos admirables découvertes, dont les premières, relatives à la sériciculture, ont ramené l'espoir, le bien-être et la prospérité non-seulement dans nos chères Cévennes, mais encore dans tous les pays séricicoles d'Europe et des rives de la Méditerranée. »

M. Darbousse, au nom de la Société d'Agriculture d'Alais salua aussi en quelques phrases émues, le sauveur de la sériciculture.

Enfin, lorsque M. Pasteur, fatigué par un long voyage, exprima le désir de se retirer, on ne put s'empêcher d'éprouver une profonde émotion en voyant toute cette population respectueuse et recueillie s'ouvrir comme par enchantement et faire une large place sans bruit, sans désordre, au grand homme que l'on tenait à honorer.

Dans la même soirée, le Ministre de l'Agriculture est arrivé à 9 heures. Il était accompagné de son chef de cabinet et du Sous-Préfet d'Alais, qui s'était rendu au-devant du Ministre et fut reçu à la gare par la Municipalité de la ville.

V

Inauguration de la statue de J.-B. Dumas.

La cérémomie de l'inauguration de la statue de J.-B. Dumas a commencé à deux heures, sous la présidence de M. Pasteur.

Le cortège des invités s'est formé à la Mairie, précédé de la musique du 55ᵐᵉ d'Infanterie de ligne, et des différentes Sociétés musicales de la ville.

Il s'est rendu, entre une double haie de curieux, sur la place Saint-Sébastien, où a été érigée la statue.

Une foule qu'on peut évaluer à plus de vingt mille personnes se pressait sur la place et entourait la tribune officielle sur laquelle on remarquait :

M. Pasteur, président ; à sa droite, M. Faye, ministre de l'Agriculture ; à sa gauche, le Maire d'Alais.

De chaque côté, au premier rang, M. le baron d'Estrella, chambellan, représentant officiel de S. M. Dom Pedro, empereur du Brésil ; Mgr Gilly, évêque de Nimes ; Ladrat, secrétaire général, pour le préfet en congé ; le général Luzeux ; les sénateurs Cazot et Claris ; les députés Desmons, Jamais, Bonnefoy-Sibour, Gaussorgues, Maurice Faure ; Pech, sculpteur, auteur de la statue ; Delmas, architecte du monument ; Gaston Boissier, de l'Académie Française ; Gauthier, Darboux, Haton de la Goupilière, de l'Académie des sciences ; Tisserand, directeur de l'Agriculture au ministère ; Baudoin et Daubrée, attachés au ministère de l'Agriculture ; le Sous-Préfet d'Alais ; Chancel, recteur de l'Académie ; Chauveau, membre de l'Institut ; Mistral Frédéric, grand poète provençal ; Roumanille, Roumieux, Arnavielle, félibres ; Gazagne, ex-sénateur ; Bischoffsheim, député ; Bargeton, préfet de Versailles ; Colomb, préfet de Tarbes ; Lenthéric, ingénieur en chef des Ponts-et-Chaussées ; Spuller, trésorier-payeur général ; Pascal, maire de Nimes ; Guimet, chimiste ; Marès, de Montpellier ; le Conservateur des forêts ; Foëz, directeur de l'Ecole d'agriculture de Montpellier ; Sicard, doyen de la Faculté des sciences de Lyon ; Gayon, de la Faculté de Bordeaux ; le Conseil municipal d'Alais ; Vigreux, ingénieur délégué de l'Ecole centrale des arts et manufactures, avec un groupe d'anciens élèves ; Gariel, délégué de l'Association française ; Dedax, vice-président de la Société des ingénieurs civils ; les représentants, directeurs et ingénieurs du bassin houiller d'Alais ; la Société d'agriculture d'Alais ; tous les membres du Comité Dumas à Alais. Madame Pasteur, accompagnée de son ami M. de Lachadenède et de son gendre, M. Valéry-Radot. Madame Dumas, entourée du baron et de la baronne D'Hombres, de Madame Avias, née Balme, de Madame Roux et des amis de sa famille, assistaient, sur l'estrade, à l'inauguration. Le capitaine d'état-major J.-B. Dumas et son frère placés à côté de M. Roux, ami de l'illustre savant, et le capitaine d'artillerie Brongniart, neveu, représentaient la famille.

La presse était placée en avant de l'estrade et était représentée par 12 correspondants ou rédacteurs des divers journaux de Paris ou de province.

Le *Figaro* avait donné mission à son correspondant, M.

Gancir, de lui envoyer tout le compte-rendu de l'inauguration par le télégraphe et sans abréviation.

Un service spécial télégraphique avait été organisé, à la poste, grâce à la demande des organisateurs et à l'initiative du directeur, M. Delfieu.

Un inspecteur et six télégraphistes supplémentaires furent installés pendant toute la durée des fêtes, au bureau d'Alais, avec un fil direct pour Paris.

Des dépêches de plus de 4.000 mots ont été expédiées.

Enfin, M. Balme qui avait tant fait pour cette œuvre était chargé de veiller à ce que tout se passât avec la plus parfaite régularité.

Une salve de vingt-et-un coups de canon a annoncé l'ouverture de la cérémonie, et le voile de la remarquable statue de M. Pech est tombé aux acclamations frénétiques de la foule et aux sons de toutes les musiques.

Cette statue, qui mesure deux mètres quatre-vingts centimètres, représente J.-B. Dumas debout, le bras droit à moitié levé, la main fermée ; seul l'index est ouvert et paraît indiquer à l'auditoire la démonstration de l'expérience scientifique. C'était le geste favori de J.-B. Dumas.

L'ensemble du monument rappelle la Renaissance.

Le bronze est dressé sur un vaste piédestal quadrangulaire qui porte sur ses quatre faces les inscriptions suivantes :

J.-B. DUMAS

Chimiste

NÉ A ALAIS, LE 14 JUILLET 1800

DÉCÉDÉ A CANNES

Le 11 Avril 1884.

Secrétaire perpétuel de l'Académie des Sciences,
membre de l'Académie Française,
un des Fondateurs
de l'École centrale des Arts et Manufactures.

MONUMENT J.-B. DUMAS

Sur la face latérale de droite, nous relevons l'inscription suivante :

Ancien Ministre,
Ancien Président du Conseil Municipal de Paris,
Président de la Société d'encouragement
et des amis de la science.

Sur la face latérale de gauche :

La Science et ses concitoyens reconnaissants.
(Souscription publique)

Enfin, sur la face de derrière on y lit :

Inaugurée le 21 octobre 1883.
sous la présidence de M. Pasteur.

Chacune des trois inscriptions précédentes est surmontée d'un bas-relief en bronze, bas-reliefs admirablement fouillés et qui rappellent les trois grandes phases de la vie du savant :

Dumas à la Sorbonne.
La fondation de l'École centrale des Arts et Manufactures.
Dumas dans son Laboratoire.

Un critique d'art, très connu, d'un des principaux journaux de la capitale, a analysé la statue Dumas dans ces quelques lignes :

« Ce monument, œuvre à la fois sculpturale et d'architecture, se compose d'une statue en bronze, reposant sur un piédestal en pierre de taille dans lequel sont incrustés trois bas-reliefs en bronze.

« L'ensemble, d'un caractère sévère et coloré rappelle cette belle époque de la Renaissance. La statue par son attitude noble et hardie a une tournure de grandeur et de dignité que l'on n'est pas habitué à trouver dans celles qui sont revêtues du costume moderne, qui prête si peu à la sculpture. Dumas, dans un mouvement franc et vigoureux semble appuyer du geste une démonstration commencée.

« La ressemblance et la vie se dégagent de cette œuvre avec une grande sérénité.

« M. Pech a su vaincre l'écueil du costume moderne et nous donne une œuvre nouvelle qui marquera dans sa carrière d'artiste, pouvant compter parmi les meilleures statues de nos grands maîtres.

« Les bas-reliefs, traités avec ampleur dans une note élevée, représentent trois des épisodes les plus saillants de la vie de Dumas :

« La leçon à la Sorbonne ; la fondation de l'Ecole centrale ; et le laboratoire des recherches, qui nous a valu les plus belles découvertes des temps modernes.

« Le socle, étudié dans le style renaissance, est en pierre blanche de Lens, pour la partie proprement dite du fut ; en pierre grise et froide de Ruoms pour la plinthe et le premier socle ; enfin, en pierre noire des Mages, pour le soubassement. Ces trois colorations, un peu crues pour l'instant, s'harmoniseront bientôt avec le temps.

« Le soubassement constitue un pourtour du dé du piédestal sur une surface de quelques mètres permettant une circulation facile pour l'examen des bas-reliefs. A chacun des quatre angles, quatre portions de grilles en fonte ornée, entre lesquelles des marches permettent de gagner le sol, aisément, par des allées droites, ménagées en pente, au milieu de pelouses vertes ou plantées de corbeilles de fleurs. Enfin, l'ensemble de tout ce monument, dans un carré de 13 mètres de côté est entouré d'une deuxième grille, de 1 m. 50 de hauteur, avec quatre lampadaires aux angles.

« Ainsi compris, le monument sort des données ordinaires, qui consistent à placer une statue sur un simple socle cubique, sans art ni études architecturales.

« Nous souhaitons que le square projeté pour la place Saint-Sébastien, au centre de laquelle repose la statue, soit réalisé au plus tôt. Avec ses bandes gazonnées, ses allées sablées et ses banquettes et rampes en balustres de pierre pour le pourtour de la place et la descente de l'escalier de la Maréchale, l'on compléterait par cet embellissement prévu et nécessaire, l'édification du monument à la mémoire de Dumas, qui pourra compter, quoique sans prétention, comme la première œuvre d'art que possède le nouvel Alais.... »

Après quelques minutes consacrées à admirer la statue, par un beau rayon de soleil qui vient de paraître, M. Pasteur a donné la parole à M. Rigaud, président du Comité, qui s'exprime ainsi :

Discours de M. RIGAUD.

« Messieurs,

« Dans de pompeuses fêtes religieuses, les peuples de l'antiquité érigeaient de somptueux monuments à leurs illustrations nationales. Ces symboles de la gloire et de l'admiration publique furent d'abord réservés aux manifestations du courage et de la force, puis un sentiment de haute justice né du progrès des lumières, les étendit aux bienfaits de l'humanité, et les statues des Lycurgue, des Solon, se dressèrent auprès de celles des Hercule et des Thésée. Les Grecs de Périclès auraient mis Dumas au rang des héros pour ses mémorables découvertes ; ils eussent élevé des Temples à Pasteur, placé comme un demi-dieu à côté d'Esculape.

« Nous ne songeons plus aujourd'hui à diviniser nos grands hommes ; nous ne prétendons pas leur donner l'immortalité : ils en ont acquis leur part en pénétrant dans les vérités éternelles. Mais nous nous associons à leur gloire en témoignant notre admiration pour leurs merveilleux travaux : nous voulons prouver notre reconnaissance à tous ceux dont les efforts profitent à l'humanité, intellectuellement, moralement, matériellement même, car tous font faire un pas au progrès.

« Dans Dumas, nous n'honorons pas seulement l'auteur des découvertes éclatantes, mais le patient travailleur qui a inscrit ses recherches dans d'innombrables mémoires, le clair écrivain du traité de chimie, le brillant professeur qui a donné à ses élèves le goût de l'étude consciencieuse ;

nous admirons le maître éminent qui a soutenu de ses conseils et de son exemple des générations de jeunes travailleurs tandis que les applications de ses études enfantaient des industries nouvelles, donnaient du travail à des milliers d'ouvriers, créaient des richesses ajoutées à la puissance de la patrie française.

« Cet élan spontané qui nous réunit autour d'une illustre mémoire développe en nous les idées de patrie et d'immortalité, le sens du beau et du vrai, toutes les plus hautes inspirations. Il fait naître aussi un sentiment plus humain, moins élevé peut-être, mais précieux dans ses effets; l'amour de la gloire, le plus actif stimulant de tous les efforts, de tous les travaux, de tous les dévouements. L'intime satisfaction du devoir accompli est une récompense suffisante pour quelques esprits supérieurs, mais ce sont là des exceptions : l'homme est faible parfois et pour soutenir son courage, il lui faut le rêve de l'immortalité.

« Un grand manieur d'hommes qui a su créer autour de lui de fanatiques dévouements a rigoureusement exprimé cette pensée dans une phrase incorrecte mais vive et colorée, recueillie par Madame de Rémusa :

« L'orgueil humain se crée le public qu'il souhaite dans
« ce monde idéal qu'il appelle la postérité. Qu'il vienne à
« penser que dans cent ans un beau vers rappellera quel-
« que grande action, un tableau en conservera le souvenir,
« alors l'imagination se monte, le champ de bataille n'a
« plus de dangers, le canon gronde en vain ; il ne paraît
« plus que le son qui va porter dans mille ans le nom d'un
« brave à nos arrières-neveux. »

« Notre studieuse jeunesse, en passant auprès de ce monument, se rappellera que Dumas, après les débuts les plus modestes, soutenu par sa seule énergie dans un travail incessant, a conquis le respect de la postérité. Nous pouvons sans scrupule pousser les jeunes générations vers ces gloires pures, issues de services rendus à la civilisation ; aucune conquête n'est sans mérite dans la marche du progrès, suivant le mot de Rousseau, « l'exercice continu des petites vertus représente une valeur plus grande et plus précieuse qu'une belle action. » L'héroïsme des Décius et des Régulus frappe notre admiration, mais mieux vaut donner à la jeunesse des modèles de travail et de vertu que d'encenser toujours des conquérants dont la gloire s'élève sur des larmes, des désastres et des ruines...

« Et si la France est prodigue de monuments et de statues plus qu'aucune nation ancienne ou moderne, c'est qu'elle possède, plus que tout autre, des hommes dévoués au bonheur général. Elle doit cette fortune au régime de paix et de liberté dont une république sage et modérée est la plus haute expression. Le temps des grands cataclysmes soucieux est passé pour la France ; dans la paix et la sécurité du lendemain, le citoyen peut travailler, élever son esprit et consacrer tous ses efforts à rendre la patrie plus forte et plus respectée.

« Montrer à tous que le travail porte avec lui sa récompense, développer l'émulation, l'amour, la gloire, le goût du beau, exprimer sa reconnaissance pour le grand chimiste dont les découvertes ont enrichi le patrimoine national, tel était le but multiple du comité Dumas que j'ai l'honneur de représenter. J'exprime ici sa gratitude aux éminents artistes qui l'ont aidé dans sa tâche et j'accomplis ma mission en remettant la statue de l'illustre savant aux mains de M. le Maire d'Alais, gardien des souvenirs de la Cité. »

M. le Maire d'Alais remercie en ces termes :

Discours de M. ESPÉRANDIEU, maire d'Alais.

« Illustre Président,
« Monsieur le Ministre,
« Messieurs,

« La ville d'Alais célèbre en ce moment une fête dont elle gardera éternellement le souvenir. Je suis heureux et fier d'avoir été appelé par mes fonctions à prendre possession, en son nom, de ce magnifique monument destiné à perpétuer la gloire de celui qui a été le plus illustre de ses enfants.

« Il est un devoir bien doux pour moi et je le remplis avec le plus vif plaisir : c'est celui de remercier tous ceux qui de près ou de loin, ont collaboré à cette œuvre. Qu'il me soit permis d'adresser, d'une façon toute spéciale, de chaleureux et de sincères remerciements à la *Société scientifique et littéraire* de votre ville et à son président, aux deux comités de Paris et d'Alais, et particulièrement à leurs délégués qui ont joué un rôle des plus actifs ; au gouvernement de la République pour la marque de sympathie qu'il nous a donnée en déléguant l'un de ses membres à cette solennité ; aux auteurs du projet ; aux représentants éminents de la science et de la littérature française, et, surtout, à l'illustre savant qui préside cette belle cérémonie, et qui a bien voulu patronner de son nom vénéré et si populaire cette entreprise vraiment nationale.

« Il ne m'appartient pas de vous dire ce qu'a été Dumas et d'analyser une carrière si vaste, si longue et si noblement remplie. Ses collègues, ses amis, ses disciples, ses élèves, vous diront, avec l'autorité qui s'attache à leurs hautes situations, les services qu'a rendus à son pays, qu'il aimait avec une ardeur exemplaire, notre grand compatriote.

« Ils vous le représenteront tour à tour comme physiologiste distingué, comme grand chimiste, comme écrivain remarquable et comme professeur éminent ; car, doué d'une énergie sans égale, d'une grande puissance de travail, de facultés variées, il a pu tout faire marcher de front. Aussi son œuvre est-elle immense, et son influence sur la science et l'industrie appliquée, énorme.

« Il a occupé une des premières places au milieu de cette pléiade de grands écrivains, de savants illustres, de cette élite de grands hommes que la France du XIXe siècle peut être fière de montrer à ses émules.

« Il possédait à un haut degré les brillantes qualités qui distinguent le savant de grande race.

« Professeur, il savait captiver les auditoires les plus différents, et tous restaient sous le charme de cette parole claire et abondante, de cette lucidité de raisonnement et de cette extrême habileté d'expérimentation qui le distinguaient, et je trouve, pour ma part, que l'artiste qui a reproduit les traits de notre illustre compatriote l'a fait avec un rare bonheur en le représentant, exposant devant un auditoire d'élite, avec le geste que ses disciples et ses élèves connaissaient bien, quelque brillante découverte.

« Et maintenant que cette image sera constamment sous nos yeux, qu'elle nous inspire et qu'elle nous serve d'exemple. Il n'en existe pas de plus noble ni de plus élevé à suivre.

« Cette brillante carrière nous montre ce que peuvent le travail, l'étude et la constance des efforts pour atteindre aux situations les plus hautes et les plus enviées, et ces idées doivent d'autant plus nous inspirer que, grâce aux libéralités du gouvernement de la République en matière d'instruction, des facilités réellement exceptionnelles sont aujourd'hui données à tous.

« M. Rigaud faisait un appel à la jeunesse studieuse ; à mon tour j'ajoute : lorsque vous voudrez, jeunes gens, contempler cette noble et sereine figure, méditez ces belles paroles que Dumas adressait à l'un de mes prédécesseurs en lui envoyant pour la Bibliothèque un abonnement perpétuel au *Bulletin de la société d'encouragement* :

« Je suis convaincu, disait-il, et j'aime à le consigner
« ici, que la faculté qui m'a été accordée dans ma jeunes-
« se de mettre à profit la Bibliothèque d'Alais et d'y pas-
« ser mes heures de loisir a décidé de ma vie ! C'est par
« une fréquentation assidue de nos grands écrivains que
« j'ai pu, grâce à ce secours, compléter mon éducation litté-
« raire, ébaucher mon éducation scientifique, élargir le
« cercle de mes idées et comprendre la loi de la vie, qui
« est le travail ».

Après lui, M. Pasteur, aux applaudissements de l'assistance entière, retrace de la manière suivante le caractère de son professeur et ami, dans tout ce qu'il avait de bienveillance et de bonté.

Discours de M. PASTEUR,
membre de l'Académie française,
Secrétaire perpétuel honoraire de l'Académie des sciences,
président de la Cérémonie d'inauguration.

« Messieurs,

« La France a eu, depuis dix-neuf ans, un sentiment de gratitude infinie pour ceux qui l'ont consolée et relevée.

« Que ce fût un vieillard qui, après avoir accompli sa destinée glorieuse, descendît dans la tombe, ou que ce fût un homme frappé en pleine force, emportant avec lui nos regrets et nos espoirs lointains, tous également aimés et pleurés ont reçu à leur mort l'hommage d'une douleur publique. Ces pieuses funérailles n'ont pas suffi à la reconnaissance d'un peuple. Les noms acclamés qui représentaient ou l'intelligence, ou le courage, ou la bonté — parfois tout cela ensemble — on a voulu qu'ils fussent impérissables. Alors, dans la plupart des villes, des statues se sont dressées. Tout un groupe de morts est ainsi debout au milieu des vivants.

« Peu d'hommes ont autant mérité que J.-B. Dumas les honneurs d'un long souvenir. Peu d'existences ont été aussi noblement utiles. Tant de beaux travaux, tant de découvertes fécondes, tant de services rendus vous seront rappelés tout à l'heure. Je ne veux et je ne puis en ce moment que vous adresser quelques mots, moins comme le président de votre Comité que comme le disciple et l'ami de celui qui revit devant nous dans son éloquente et sereine attitude. C'est bien là, non seulement le professeur incomparable que nous avons connu, mais l'homme apte à toutes les tâches et dominant toutes les fonctions.

« Parmi les hommes supérieurs, il en est qui, s'isolant dans leurs études, ont pour le tumulte des idées une pitié dédaigneuse ou une indulgente ironie. Ne s'inquiétant pas de l'opinion générale, — que dans leur esprit trop délicat ils confondent volontiers avec l'opinion du vulgaire, — ils ne visent qu'à exercer une influence directe sur un cercle de privilégiés. Si cette élite leur échappait, ils trouveraient encore dans l'activité et le spectacle de leur propre intelligence un intérêt vif et prolongé.

« D'autres, emportés au contraire par le besoin de faire triompher leurs idées, se jettent dans les batailles de la vie publique.

« Il est enfin un petit nombre d'hommes aussi bien faits pour le travail silencieux que pour les débats des grandes Assemblées. En dehors des études personnelles qui leur assurent dans la postérité une place à part, ils ont l'esprit attentif à toutes les idées générales et le cœur ouvert à tous les sentiments généreux. Ces hommes là sont les esprits tutélaires d'une nation.

« M. Dumas en fut, dès sa jeunesse, un type souverain. S'agissait-il d'une grande école à fonder comme l'Ecole Centrale, ou d'un inventeur à encourager comme Daguerre, par exemple, plus que méconnu dans les premiers temps, M. Dumas était toujours là. Ses avis, pleins d'une douce gravité, pesaient comme des oracles. Outre cette pénétration immédiate qui lui faisait démêler en toute idée neuve ce qui était praticable et durable, il avait pour chaque personne et dans chaque cas particulier le don de conseil. Aussi, entreprendre un travail qu'il n'eût pas approuvé nous eût semblé, à nous, ses élèves, une tentative téméraire et comme un manque de respect.

« Pour moi, Messieurs, je puis dire que pendant quarante ans je n'ai cessé de travailler en ayant devant l'esprit cette figure vénérée dont un mot encourageant d'abord, puis mieux, puis plus que je n'osais espérer, étaient une récompense et un honneur qui dépassaient tous les autres. Son enseignement avait ébloui ma jeunesse ; j'ai été le disciple des enthousiasmes qu'il m'avait inspirés. Son autorité, son pouvoir d'âme étaient si grands que, quand il me demanda, en 1865, le plus dur des sacrifices, celui d'interrompre mes recherches sur les fermentations pour venir dans votre pays étudier, sans que rien m'y eût préparé, le fléau qui ruinait la sériciculture, je lui répondis ce simple mot : « Disposez de moi. — Ah ! me dit-il alors, avec une intonation où éclatait tout son cœur d'enfant d'Alais, ah ! partez ! La misère dépasse tout ce que vous pouvez imaginer ! »

« Ce qu'il me fallut d'efforts durant cinq années pour triompher de cette maladie des vers à soie qui désolait vos magnaneries, je n'ai pas à le rappeler. Mais dans l'expression de votre reconnaissance dont je suis si profondément touché, n'oubliez pas la part d'initiative qui revient à M. Dumas.

« Je vous remercie, Messieurs, de m'avoir permis de dire une fois de plus, en m'appelant au milieu de vous, le culte que je garde à ce grand homme de science et de bien. »

Ont pris ensuite successivement la parole : le Ministre, le Baron d'Estrella, chambellan et représentant l'empereur du Brésil ; Messieurs Gaston Boissier, pour l'Académie Française ; Gauthier, pour l'Académie des Sciences ; Darboux, pour la Sorbonne ; Vigreux, pour l'Ecole centrale des arts et manufactures ; Haton de la Goupilière, au nom de la Société d'encouragement pour l'industrie nationale.

Tous ces orateurs ont rendu justice au génie de Dumas et ont fait ressortir ses divers mérites comme chimiste, écrivain, orateur et homme de cœur. Nous sommes heureux de pouvoir les reproduire ici intégralement :

Discours de M. FAYE, ministre de l'Agriculture.

« Messieurs,

« Vous vous demandez, peut-être, en me voyant aujourd'hui au milieu de vous, à quel titre le ministre de l'agriculture assiste à cette fête et à l'inauguration de ce bronze élevé à la mémoire de votre illustre compatriote ?

« La place de mon honorable collègue et ami, M. le Ministre de l'Instruction publique, était naturellement marquée à cette solennité. Il avait le vif désir de venir l'occuper lui-même. Son absence, que nul ne regrette plus que moi, mais que justifient des raisons trop légitimes, me vaut seul un honneur dont je sens à la fois le prix et la charge.

« Ce serait d'ailleurs une erreur de croire que J.-B. Dumas fut seulement un grand savant, un éminent chimiste ; qu'il n'a consacré les riches dons de sa vaste intelligence qu'à l'étude et à la solution des problèmes les plus ardus d'une science, dont il eut l'insigne honneur d'agrandir le domaine et de reculer les frontières.

« Son œuvre si vaste et si lumineuse n'est pas confinée tout entière dans ses remarquables travaux sur la chimie, dans son enseignement à l'École centrale des arts et manufactures, dont il fut un des principaux fondateurs, — au

Collège de France, à la Faculté des sciences, à la Faculté de médecine de Paris.

« Sans doute, dans ces hautes situations il fut un maître incomparable ; sans doute, partout où il passa il laissa la vigoureuse empreinte de son génie, de son puissant esprit de recherche et traça dans le champ scientifique le sillon le plus large et le plus profond.

« Mais pour moi, Messieurs, et c'est l'excuse de ma présence en cette solennité, je viens apporter au nom du gouvernement, à la mémoire de J.-B. Dumas, l'expression de la gratitude de l'Agriculture, au service de laquelle, pendant plus d'un demi-siècle, l'illustre savant a consacré sans relâche, les trésors de son savoir, les encouragements et les conseils de sa longue expérience.

« L'agriculture, en effet, fut jusqu'aux derniers jours de sa vie l'objet de sa sollicitude constante et dévouée.

« Quand on parcourt d'un regard attentif la nomenclature de ses œuvres, de 1819 à 1884, durant 65 ans, on reste confondu devant la prodigieuse fécondité de cet esprit d'élite, de ce puissant travailleur, de ce chercheur aussi ingénieux qu'infatigable. Dans cet immense bagage scientifique, qui ne comprend pas moins de 870 ouvrages divers, monographies, traités, mémoires, discours dans lesquels le charme le dispute à la profondeur des idées, quelle large part est faite à l'agriculture : Etude de ses besoins, recherches des remèdes aux maux dont elle souffre, réalisation des progrès scientifiques qui lui sont indispensables, rien n'échappe à l'activité de ce robuste lutteur.

« Et quand il parle d'elle, comme on sent qu'il l'aime. Avec quelle finesse d'expression parfois ironique, avec quelle délicatesse de sentiment il sait peindre le rude labeur de l'agriculteur, gourmander paternellement sa coupable indolence et surtout relever sa dignité.

« Je relisais ces temps derniers un de ses plus charmants discours qu'il a prononcé à la Société nationale d'agriculture, qu'il présida longtemps avec tant d'éclat et de distinction.

« Dans ces admirables pages pleines d'une grâce ineffable le grand savant donne aux agriculteurs quelques leçons utiles ; il leur enseigne notamment le rôle nouveau que la science est appelée à jouer dans la rénovation de l'industrie agricole.

« Après leur avoir rappelé que le laboureur, plus que tout autre artisan, a besoin d'activité, de prudence et de prévoyance, de ténacité, de pratique et de science, il a raconté cet ingénieux et spirituel apologue :

« Certain voyageur rencontre près d'un puits un enfant
« tout en larmes et criant la soif ; surpris de voir entre
« ses mains une cruche vide, munie de sa corde : Pourquoi
« ne cherches-tu pas à remplir ta cruche, lui dit-il ? le puits
« serait-il à sec ? — Il y a de l'eau dans le puits, mais il est
« trop profond. — C'est que ta corde est trop courte, ni-
« gaud ! Cherches-en une plus longue et tu boiras à ton gré. »

« Et l'illustre savant ajoute : — il me semble le voir sourire en prononçant ces paroles :

« Au temps de ma jeunesse, le puits de la science agri-
« cole semblait aussi trop profond et plus d'un pleurait
« auprès de sa cruche vide. Dès qu'on se fut avisé que
« c'était la corde qui était trop courte, on s'employa de
« toute part pour l'allonger. Tous les jours on l'allonge
« encore et ces cruches qui demeuraient vides autrefois,
« se remplissent maintenant d'une eau limpide et saine,
« puisée aux sources même de la vérité, c'est-à-dire de la
« science ».

« Qui plus et mieux que lui, Messieurs, a contribué à rendre ces sources abondantes et fécondes.

« Rien n'échappe à ses investigations savantes ; il cherche le secret des choses — remonte des faits à la cause. — Il vérifie les phénomènes, et après les avoir constatés, il en fixe les principes avec une inexorable logique et une magistrale autorité.

« Entendez-le défendre la circulation éternelle de la matière dans la vie des plantes et des animaux.

« Quelle savante poésie et quelle profondeur de vues :

« Tout ce que l'air, dit-il, donne aux plantes, les plan-
« tes le cèdent aux animaux, les animaux le rendent à
« l'air.

« Cercle éternel dans lequel la vie s'agite et se manifeste,
« mais où la matière ne fait que changer de place ».

« Vous voyez, Messieurs, quelle est la conséquence logique de ces vérités démontrées, c'est le retour à la terre épuisée par les récoltes, du principe nutritif dont celles-ci l'ont appauvrie, la nécessité de l'engrais réparateur.

« Si je devais suivre pas à pas l'illustre savant au cours de sa laborieuse carrière, je lasserais certainement votre patience sans épuiser le sujet.

« Il ne peut cependant m'être permis d'oublier l'immense labeur accompli par Dumas, durant son trop court passage au ministère du commerce et de l'agriculture. Quand il prit possession du pouvoir, dans une situation exceptionnellement difficile, l'agriculture était soumise aux plus cruelles épreuves. Tout était à faire ; surtout il fallait faire vite. Dumas seul pouvait être à la hauteur de cette tâche.

« Il ne démentit point la confiance que l'on avait placée en lui. Il sut, en effet, imprimer par la fermeté de ses décisions, une impulsion des plus heureuses à son département ministériel.

« Développer en l'encourageant l'élevage du bétail, régler le commerce des grains et de la boucherie, régulariser les prestations des communes, organiser le Crédit Foncier, les secours mutuels, les irrigations et le drainage, constituer enfin le principe de l'enseignement agricole dont il a été donné d'assurer plus tard à tous les degrés le complet développement,

« Voilà, Messieurs, le Dumas que l'agriculture revendique, et quand j'aurai ajouté que le concours éclairé de sa science et de son dévouement ne lui a jamais fait défaut dans les questions séricicoles et viticoles, qui ont, à juste titre, préoccupé depuis 20 ans le monde agricole, vous comprendrez sans peine que je ne fais aujourd'hui que payer à sa mémoire une bien faible partie de la dette que l'agriculture a contractée vis-à-vis de lui.

« Messieurs, la France s'honore en honorant les grands citoyens qui ont augmenté son patrimoine matériel, intellectuel, moral, artistique, scientifique.

« Elle fait revivre avec orgueil pour la postérité, dans le marbre ou dans le bronze, les guerriers, les poètes, les artistes, les savants, qui ont contribué par l'éclat de leurs services, les inspirations de leur génie, à la gloire de la patrie française.

« La ville d'Alais a voulu, et je l'en félicite, continuer cette noble tradition, en élevant à la mémoire de J.-B. Dumas, avec le concours de ses élèves, de ses amis et de ses admirateurs, un monument digne d'elle et digne de lui. »

Discours de M. le Baron d'ESTRELLA, ambassadeur de S. M. l'empereur du Brésil.

« Monsieur le Président,
« Messieurs,

« L'honneur qui m'incombe est trop grand pour que je ne consulte pas mes forces et que je ne m'avoue pas au-dessous de ma tâche ; mais j'obéis à un ordre.

« Sa Majesté l'empereur du Brésil, mon souverain, m'a ordonné de venir le représenter parmi vous, dans cette ville d'Alais, le jour de l'inauguration de la statue de J.-B. Dumas.

« Le prince philosophe, le protecteur des lettres et des sciences, n'a pas voulu rester oublié, aujourd'hui, dans cette fête en l'honneur de la science. Lorsque tout ce qui est grand, noble et puissant dans la patrie française se réunissait autour de ce monument pour rendre hommage au savant Dumas, le souverain qui appartient aussi à votre illustre famille de l'Institut, a tenu à honorer avec vous son maître vénéré, son confrère, dont il était fier d'être le confrère. Oui, Messieurs, son maître vénéré, son confrère, dont il était fier d'être le confrère. Ce sont les termes dont s'est servi Sa Majesté dans la dépêche télégraphique que j'ai reçue, m'ordonnant d'assister à cette cérémonie.

« L'empereur connaissait de longue date le savant, mais c'est seulement en 1872, lors de son premier voyage à Paris, qu'il put apprécier l'homme. Ces deux esprits supérieurs, ces deux intelligences robustes et éclairées étaient préparées pour se comprendre et, dès lors, tous deux aimaient à se rencontrer, à deviser ensemble, à se compléter peut-être, l'un par l'autre. Tous deux avaient des curiosités à satisfaire.

« Le souverain se délassait de la politique, à laquelle il est rivé depuis presque un demi-siècle, en écoutant, recueilli, le verbe disert et précis de celui qui, ayant arraché les secrets aux corps bruts et inertes, lui enseignait leurs lois inconnues jusqu'alors. Le savant épris de l'intérêt de la chose publique, se plaisait aussi à apprendre de la bouche de ce grand conducteur d'hommes, comment on gouverne une nation, comment on se fait aimer de son peuple, comment il faut respecter la liberté.

« C'est en souvenir de ces longs entretiens, c'est en honneur d'une admiration bien méritée, c'est au nom d'une amitié dont vous étiez digne, que je vous apporte, ô maître! un dernier témoignage d'un élève, d'un confrère, d'un prince grand et généreux. S. M. l'empereur Dom Pedro, salue Jean-Baptiste Dumas et, avec son souverain, le Brésil salue la science française, gloire et orgueil de notre commune race latine. »

Discours de M. Gaston BOISSIER, membre de l'Académie Française et de l'Académie des Inscriptions et Belles-Lettres, prononcé au nom de l'Académie Française.

« Messieurs,

« L'Académie française, appelée à prendre la parole la première, dans cette cérémonie, ne la gardera pas longtemps. Elle est fière sans doute d'avoir compté M. Dumas parmi ses membres, mais elle n'oublie pas qu'il appartenait encore plus à l'Académie des sciences, qui l'a possédé avant les autres, et l'a gardé cinquante-deux ans. C'est donc à celui qui la représente ici qu'il convient surtout de parler de lui et de nous dire ce qu'il a fait.

« La réputation de M. Dumas était répandue dans toute l'Europe, quand l'Académie française l'alla chercher pour se l'associer. En le faisant, elle était fidèle à ses traditions: c'est une règle pour elle de se recruter sans scrupule parmi les autres Académies et de leur emprunter ce qui fait leur gloire pour accroître la sienne. Rien, Messieurs, n'est plus juste et plus naturel.

« Les lettres ne sont pas un territoire étroit et fermé dont on ne franchit les frontières que si l'on est pourvu d'un certain bagage de prose ou de vers. Les grands savants, les grands politiques, les grands inventeurs, les grands artistes y ont accès aussi. En ouvrant à la pensée des voies nouvelles, en fournissant à ceux qui écrivent des idées et des couleurs, en étendant le domaine de l'imagination et de l'esprit, ils servent les lettres à leur manière, et il est juste que les lettres les en récompensent.

« C'est ainsi que les sciences, pour ne parler que d'elles, ont donné à l'Académie française les Buffon, les d'Alembert, les Condorcet, et, de nos jours, Cuvier, Biot, Flourens, Claude Bernard. Si je parlais des vivants, vous savez bien quel nom j'ajouterais à cette liste. Je n'ai pas besoin de le prononcer ; vous l'avez tous sur les lèvres. Il est de ceux dont la gloire console un pays de beaucoup de misères, et lui fait attendre un meilleur avenir.

« Quand l'Académie française perdit M. Guizot, n'espérant guère lui trouver parmi les historiens et les politiques un successeur qui fût à sa taille, elle alla le chercher ailleurs, et prit M. Dumas. Le jour où M. Dumas vint chez nous occuper la place de M. Guizot, celui de nos confrères qui fut chargé de le recevoir exprimait d'une manière frappante la raison qui l'avait fait choisir, lorsqu'il lui disait : « Il était le premier de son ordre ; vous êtes le premier du vôtre. »

« Du reste, l'Académie avait eu de toute façon la main heureuse en le choisissant. Ce chimiste illustre, par lequel elle remplaçait un grand homme d'Etat, se trouvait être par surcroît un homme de goût, qui parlait fort agréablement et savait très bien tenir une plume. Personne n'ignore qu'il fut, dans sa jeunesse, un professeur incomparable. Il ne m'a pas été donné de l'entendre, mais je crois qu'on peut se figurer ce que devait être son enseignement en relisant les leçons sur la Philosophie chimique qu'il professait au Collège de France, il y a cinquante ans. C'est bien ainsi qu'il devait parler, égayant les questions les plus graves d'anecdotes charmantes, habile à présenter les grandes expériences comme une sorte de drame dont on suivait les incidents avec un intérêt passionné, mêlant adroitement les petits faits et les grandes vues, et, pour tenir ses auditeurs en haleine, après une discussion un peu aride, entr'ouvrant devant eux d'une main discrète le voile qui couvre les grands horizons de la nature. En le lisant, je crois l'entendre ; je me le représente comme il était, avec son attitude un peu solennelle, son geste grave, sa voix lente et ferme, qu'il savait à l'occasion si habilement nuancer. Ajoutez-y, ce qui n'est pas fait, je crois, pour vous choquer, cette légère pointe d'accent méridional, qu'il a toujours gardé, comme Thiers, comme Mignet, et qui donnait plus de relief et de piquant à sa parole, et vous vous rendrez compte aisément de l'effet qu'il produisait sur le public. M. d'Haussonville, qui l'entendit vers cette époque, disait sur sa tombe : « Il nous tenait tous suspendus à ses lèvres ». Son auditoire était surtout charmé par la façon simple et claire dont il lui présentait les théories les plus difficiles. C'était un vulgarisateur merveilleux, mais il avait la seule manière de vulgariser qui soit bonne : il n'abaissait pas la science au niveau des ignorants ; il relevait les ignorants à la hauteur de la science.

« Depuis Fontenelle, l'éloge académique est devenu une branche importante de notre littérature. Ceux qu'a prononcés M. Dumas jouissent en ce genre d'une réputation méritée. Toutes ses qualités se retrouvent dans la manière dont il expose les théories scientifiques ou raconte les découvertes ; mais ce qu'on y remarque surtout, c'est qu'après nous avoir fait connaître le savant, il n'oublie pas l'homme. Ceux dont il nous entretient étaient ses amis ; il les avait longuement connus et pratiqués pendant leur vie. Il sait sur eux de ces anecdotes qui peignent l'homme au vif ; il a la mémoire pleine des mots qu'il leur a entendu dire et qu'il place dans son récit, avec un à-propos rare. « Je le vois encore, nous dit-il de Cuvier, discutant avec un jeune naturaliste un point d'anatomie. Comme son interlocuteur répétait à chaque parole : « Monsieur le baron, Monsieur le baron, » — « Il n'y a point de baron ici, répondit Cuvier ; il y a deux savants cherchant la vérité et ne s'inclinant que devant elle. » Ailleurs il nous raconte que, lorsque Cuvier mourut, il entendit son noble rival, Geoffroy Saint-Hilaire, qui avait soutenu avec lui ces luttes mémorables auxquelles le monde était attentif, prononcer ces belles paroles : « Je perds la moitié de moi-même et la meilleure. » C'est par ces traits frappants qu'il fait revivre devant nous les grands savants de son époque, Pelouze, La Rive, Geoffroy Saint-Hilaire, Brongniart,

Balard, Regnault, Faraday surtout, qu'il avait beaucoup aimé et dont il nous a laissé un portrait touchant. A la fin de l'éloge qu'il lui a consacré et qui a laissé un grand souvenir dans l'Académie des Sciences, il prend plaisir à le comparer avec Ampère. Jamais hommes en apparence ne se ressemblèrent moins. Il nous montre Ampère grand, mélancolique, gauche dans ses mouvements, lent dans ses allures, maladroit de ses mains au point de n'avoir jamais pu tracer correctement un cercle ou un carré, incapable de supporter une occupation régulière et forcée; Faraday, au contraire, vif, gai, l'œil alerte, le mouvement prompt et sûr, d'une adresse incroyable dans l'art d'expérimenter, exact, précis; tout à ses devoirs, entrant le matin dans son laboratoire pour en sortir le soir, toujours aux mêmes heures, comme un négociant qui passe sa journée dans ses bureaux. Mais les différences ne sont qu'à la surface : par les qualités essentielles Faraday et Ampère se ressemblaient. « Ils avaient l'un et l'autre, nous dit M. Dumas, le cœur ouvert et l'âme haute ; ils ignoraient la jalousie ; toute lumière les remplissait de joie, qu'elle jaillit de leur cerveau ou de celui d'un émule ; tout succès les rendait heureux ; ils aimaient l'humanité et sa grandeur ; ils se considéraient comme les instruments d'une volonté suprême à laquelle ils obéissaient avec respect ; et si, pour ceux qui ne connaissent que leurs œuvres, ils comptent parmi les génies qui sont l'orgueil des fils des hommes, pour ceux qui ont connu leur personne, ils se placent parmi les plus humbles et les plus soumises créatures de Dieu. »

« J'ai tenu, en finissant, à citer ces quelques lignes parce qu'il me semble que, dans ce portrait qu'il trace de ses deux amis, M. Dumas s'est peint lui-même. Plusieurs des traits dont il les a représentés lui conviennent. Non seulement il leur est égal par le génie, mais par le cœur aussi il leur ressemble. C'est ce qui explique l'immense popularité dont il a joui pendant un demi-siècle ; et voilà pourquoi la France, qu'il a grandement servie et honorée, s'associe aujourd'hui à l'hommage que lui rend sa ville natale. »

Discours prononcé au nom de l'Académie des sciences par M. Armand GAUTIER, membre de l'Académie.

« La nature, qui sait former et conserver les races, sait aussi les instruire et ennoblir. Du sein des multitudes qu'agitent les mille besoins de la vie, elle fait surgir, lorsqu'il lui convient, des hommes d'une intelligence rare, d'une passion pondérée, qui, bientôt sûrs d'eux-mêmes et de leur destinée, apportent au pays qui les a vus naître la grandeur de leurs exemples et la force de leur génie.

« Jean-Baptiste-André Dumas fut un de ces hommes. Esprit lumineux, il s'est élevé dès ses débuts aux plus hautes conceptions de la science pure, il a brillamment éclairé les problèmes les plus secrets de la vie. Écrivain limpide, tour à tour ému et charmant, il a consacré sa plume à la défense des grands initiateurs : Patriote ardent, il a doté notre nation d'institutions auxquelles elle doit une partie de son lustre et de sa force. Homme public, il a consacré son temps et sa science au bien de l'État.

« Le génie a pour caractère la puissance. Ce que nul n'a vu, il le voit ; il réalise ce que personne n'a su exécuter. S'il se répand, tout semble lui venir en aide et concourir à ses fins. C'est ainsi que Dumas s'est à la fois révélé grand chimiste, émouvant écrivain, habile administrateur ; avide de justice autant que de vérité ; respectueux des autres nations, mais passionné pour son pays, sa gloire et sa prospérité.

« Il était né dans la ville d'Alais, le 14 juillet 1800, d'une famille honorable, mais nombreuse et sans fortune. Son père, peintre et dessinateur distingué, après avoir habité Paris quelques années (1), de retour dans sa ville natale, fut heureux d'accepter les fonctions modestes de secrétaire de l'Hospice civil. Sa femme, Madeleine Bastide, lui avait

---

(1) Le père de J.-B. Dumas était venu à Paris comme secrétaire particulier du marquis de Calvières. Il avait accepté cette position dans le but de continuer ses études artistiques. Mais il n'en fut pas longtemps satisfait et rentra bientôt dans son pays.

donné cinq enfants : quatre garçons et une fille (1). Le cadet, Jean-Baptiste, fut mis au collège d'Alais vers 1808. Il y reçut l'éducation littéraire, teintée d'un peu de sciences qu'on recevait généralement à cette époque. Mon père qui entrait comme écolier dans le même établissement, un peu après Dumas, me racontait autrefois le renom que son condisciple y avait laissé et l'espoir qu'on fondait déjà sur lui (2). Mais, vers sa seizième année, discontinuant l'étude des langues mortes et de l'antiquité, le jeune Jean-Baptiste préoccupé des charges de sa famille, dut songer à gagner son pain (3). La vue des industries du pays : verreries, travail de l'argile, exploitation de quelques veines super-

---

(1) La mère de J.-B. Dumas, Marie-Madeleine Bastide, sortait aussi d'une famille d'Alais. C'était une femme d'apparences un peu communes, mais pleine d'énergie et de calme, fort intelligente. Plus tard, elle vint à Paris avec son fils, et y vécut jusqu'en 1848. Plusieurs de ses enfants, frères de Dumas, étaient morts jeunes. Jean-Baptiste-André était le second. Il survécut à tous ses frères. Le dernier, dirigeait une teinturerie à Paris et fut tué dans sa fabrique, par une explosion de machine à vapeur.

(2) J.-B. Dumas avait été remarqué au collège, surtout comme littérateur. Un de ses discours : *Discours au Roi à l'occasion de sa rentrée en France* (1815), avait tellement frappé ses maitres qu'il resta longtemps affiché dans le salon d'honneur du collège d'Alais. Dumas faisait vite sa besogne, souvent aussi celle de ses camarades qui l'aimaient beaucoup. L'un d'eux fut le célèbre prestidigitateur Philippe, qui depuis fit fortune à Paris.

Du collège d'Alais sont sortis des hommes remarquables ou fort distingués. Nous citerons entre autres : le mathématicien Monge ; le ministre de la Restauration, de Villèle ; Vauvenargues ; le marquis de La Fare, célèbre par ses poésies cévenoles ; Mgr Maret, ancien doyen de la Faculté de théologie à la Sorbonne, etc...

(3) Les études classiques de Dumas ne furent pas terminées. Les écoliers avaient un jour profité de l'absence momentanée du maitre pour faire du tumulte en classe. Dumas, pensif et absorbé, suivait sur la carte de France la marche des armées romaines, les *Commentaires de César* à la main, lorsque, attiré par le bruit, le principal du collège arriva effaré, et saisissant le premier élève qu'il rencontra, le seul qui fût debout, le frappa violemment à la tête de son trousseau de clefs. C'était Dumas. Blessé au sang et innocent, il sortit aussitôt du collège et refusa d'y entrer, malgré les supplications et les excuses qui furent faites par le directeur au père et à l'enfant.

Puisqu'il est ici question des études et succès littéraires de

ficielles de houille, traitement des minerais de fer et de plomb, etc., commençait à éveiller ses instincts scientifiques. Mais, cherchant sa voie, en attendant mieux, le jeune homme était devenu, grâce aux facilités que lui donnait la situation de son père, l'hôte assidu et solitaire de la bibliothèque de la Ville, de tous abandonnée, même de son gardien. Là, blotti dans l'embrasure d'une fenêtre dont il n'ose ouvrir les volets de peur d'attirer l'attention du dehors, à la demi-clarté d'un rayon filtrant entre les deux ais, curieux et pensif, avide de tout savoir, il entre tour à tour en communion avec les philosophes, les poètes et les savants du siècle dernier, et reçoit, encore inconscient de l'avenir, la précieuse semence qui devait s'épanouir un jour en une si belle et si puissante floraison.

« Il fallait cependant prendre un parti, et le père, préoccupé de l'avenir matériel de l'enfant, recourut à l'expérience d'un sien parent, Etienne Bérard, de Montpellier. Il occupait dans cette ville une haute position. Son fils, Auguste Bérard, officier de marine déjà distingué, devenu plus

---

Dumas, on apprendra sans doute avec surprise (il l'a caché toute sa vie) que Dumas fut poète comme Humphry Davy. Faire des vers était pour lui un besoin, un repos nécessaire à certaines heures. Il jetait ces poésies dans un vieux meuble et les brûlait régulièrement chaque cinq ou six ans. On n'a conservé qu'une pièce de cent à cent cinquante vers qui fut faite dans les circonstances suivantes. Dumas avait l'habitude de se délasser en lisant à haute voix, en famille, les productions littéraires nouvelles. Un soir, dans son salon, il faisait ainsi aux siens la lecture du poème de *Jocelyn*, de Lamartine, qui venait de paraitre. Chacun donnait tour à tour son avis ; les dames surtout de s'exclamer sur la beauté, la grâce poétique de l'œuvre. Dumas alors, analysant chaque vers, faisait ses réserves, trouvait quelquefois une comparaison forcée, une image excessive, une pensée douteuse, un mot impropre... Comme on ne paraissait pas ce soir-là de son avis, il ferme le livre et sort. Une heure après il était de retour et reprenait la lecture de *Jocelyn*. Bientôt de nouvelles exclamations sur la beauté de l'œuvre venaient encore l'interrompre : « C'était sublime, admirable ! Comme c'était bien là le cachet de la véritable inspiration poétique ! » Dumas alors, souriant un peu, ferma son livre et fit passer à son auditoire la feuille de papier qu'il avait griffonnée et sur laquelle il venait de lire ces beaux vers qu'il avait composés durant sa courte absence et qu'on admirait tant.

Le frère ainé de Dumas avait aussi montré une grande aptitude aux œuvres poétiques.

tard correspondant de l'Institut, avait essayé de faire partager à son cousin Jean-Baptiste l'attrait que lui inspirait sa carrière. La vive imagination du jeune Dumas s'était un instant complu à l'idée des voyages lointains : une section du collège d'Alais préparait d'ailleurs spécialement à l'Ecole navale. Mais le père Bérard, savant industriel, ami de Chaptal, fit observer que les goûts du jeune homme semblaient pencher vers les sciences ; il déconseillait toutefois de trop philosopher, car avant tout il fallait vivre. Que ne le faites-vous, disait-il, entrer dans une pharmacie ? C'est une position honnête, quelquefois lucrative. Elle éveille et entretient les instincts scientifiques. On a même vu des chimistes distingués sortir des officines, etc.

« Entre les deux avis, le parti fut bientôt pris. Jean-Baptiste entra comme élève dans une pharmacie d'Alais, rue Peyrolerie.

« Elève ou garçon de laboratoire : distinguait-on bien alors ? Dès le matin, Dumas ouvrait la boutique ; donnait un coup de plumeau ou de balai ; pulvérisait sa rhubarbe.. Plus de trêve, plus de bibliothèque. Le jeune homme avait d'autres aspirations : il sentait l'impérieux besoin de compléter son éducation imparfaite. Aux vitres du laboratoire ses amis de collège souriaient un peu de leur brillant camarade maintenant apprenti apothicaire. Il voulait bien étudier la pharmacie, mais non avoir uniquement la charge des travaux mécaniques de l'officine (1).

---

(1) Tous ces faits sont authentiques. Je les tiens soit de Dumas lui-même, soi d'hommes qui ont vécu dans son intimité, tels que M. Ferdinand Roux, d'Alais, ancien directeur de l'école de Cluny ; Wurtz; P. Bérard, ancien préparateur de Dumas, petit-fils d'Etienne Bérard dont il est plus haut question, qui eut lui-même pour fils le contre-amiral Auguste Bérard et Jacques-Etienne Bérard, ancien doyen de la Faculté de Montpellier, collaborateur de Delaroche et préparateur de Berthollet à la Société d'Arcueil. Alors que j'étais moi-même préparateur de J.-Etienne Bérard, à Montpellier, il m'a raconté une partie de ce que je reproduis ici, entre autres que J.-B. Dumas pilait, lavait les vitres et balayait la pharmacie Bourgogne, rue Peyrolerie, à Alais, où il entra d'abord comme apprenti. Dumas fait du reste une charmante allusion à ses humbles débuts au cours de son *Éloge de Balard*.

Dumas n'avait jamais sérieusement songé à l'École navale. Une section spéciale du collège d'Alais préparait d'ailleurs com-

« On en référa au cousin de Montpellier. Bérard avait à ce moment à Genève un compatriote, un ami, M. Le Royer. Emigré en 93, Le Royer avait fait de la pharmacie pour vivre : il avait réussi. Plus tard, entré en aimables relations avec les savants de sa ville adoptive, il s'y était définitivement fixé. Bérard proposa le jeune homme à Le Royer et quelques mois après, Dumas quittait sa ville natale, sa chère famille, riche d'espoir et de jeunesse, léger d'argent, le sac au dos. Il partait à pied pour Genève, fort de quelques lettres de recommandation pour Théodore de Saussure, Gaspard de la Rive et P. De Candolle (1). Ce mot qu'il avait sur lui, écrit de la main de son père, lui servait de viatique : « Mon fils cadet partit d'Alais pour « Genève le 26 avril 1817. Je le recommande à Dieu, sou-« verain protecteur des voyageurs. »

« Dur voyage. Partout les tristes vestiges de vingt années de guerre ; la famine dans les campagnes, et par surcroît, des pluies continuelles. Mais le voici dans l'hospitalière maison de Le Royer : il y trouve des figures aimables, une direction intelligente, un laboratoire, des livres. Il se fait vite apprécier de son patron, « son noble maître », comme il l'appelle (2). Et pendant qu'il essaie, tout en

---

plètement aux examens du *Borda*. Une École de marine existait même dans cette maison avant la Révolution. A l'époque de Dumas, elle était dirigée successivement ou simultanément par des prêtres et des laïques.

(1) Ces lettres de recommandation lui avaient été données par Étienne Bérard, président de la Chambre de commerce de Montpellier, et par M. le baron d'Hombres-Firmas, alors maire d'Alais. C'est à lui que peu de temps après, l'illustre botaniste Pyrame De Candolle écrivait : « Votre jeune protégé nous donne les plus grandes espérances. »

(2) Le nom de Le Royer est digne d'être ici conservé. C'est à cet excellent homme que Dumas dut, en partie, ses premiers succès, la possibilité de terminer son éducation littéraire et le temps de faire son éducation scientifique, la facilité de commencer ses recherches personnelles dans le laboratoire assez bien outillé de sa pharmacie. C'était là que Tingry avait, fort peu de temps avant Dumas, travaillé et préparé ses leçons. Dans une lettre de Genève, datée de 1820, Dumas parle ainsi de M. le Royer :

« Heureusement que les liens d'amitié qui m'unissent à M. Le étudiant la pharmacie, de compléter courageusement son éducation première, comment occupe-t-il au dehors ses rares loisirs ? Les élèves en pharmacie se réunissent les mardis dans un petit local qui, largement payé, leur coûte dit Dumas, trois francs par mois. Mais que faire pour occuper le temps ? On parle de goûters fins, de châtaignes et de vin blanc. « A mon tour, écrit Dumas à son père, « je parlai de travail. On se révolta. J'en présentai les « avantages. Bientôt j'eus la majorité et, soit honte, soit « conviction, tout le monde consentit à s'y livrer entière- « ment durant la soirée. Me voilà membre de la *Société* « *française*... Nous faisons bon feu, et nous lisons par « tour un mémoire de notre composition. C'est là l'objet « de nos discussions, qui sont toujours paisibles par la « conviction que chacun a de sa faiblesse (1). »

« Voici donc Dumas secrétaire perpétuel de la *Société française de pharmacie*. En deux ans il possède tous les secrets pratiques de son art. La générosité de Le Royer lui laisse tous les jours plus de loisirs. Les œuvres de Lavoisier, la *Statique chimique* de Berthollet, les beaux mémoires de Humphry Davy, Berzélius, Gay-Lussac, Thénard, qui paraissent successivement, les *Séances* et *Lectures* de l'Académie de Genève, ses conversations avec

---

« Royer, mon noble maître, me permettent de mettre à profit tous
« les instants de liberté que me laisse le travail de la pharma-
« cie, et de faire usage des instruments du laboratoire, sans gê-
« ne ni contrainte. Nous partageons nos travaux, nos plaisirs et
« nos peines avec la plus parfaite égalité... S'il me convient de
« faire une absence, il me remplace dans tous les détails de la
« vie. Au sein de sa famille, je trouve une amitié douce et pré-
« venante... Je ne connais dans le monde qu'un seul asyle où je
« pourrais me flatter d'une existence plus heureuse, et cet asyle,
« vous savez où j'irai le chercher, mon père ! »

(1) La lettre d'où nous extrayons ce passage est écrite à son père en 1817. Dumas continue plus loin :

« Voilà l'état de mes facultés intellectuelles. Quant à la partie
« animale de mon être, elle va mieux que jamais, soutenue par
« un renfort de pommes de terre dont on mange ici raisonnable-
« ment. C'est la nourriture la plus légère qu'on puisse imaginer ;
« la digestion en est facile, et trois livres par jour nous suffisent
« pour remplacer le pain. Je m'engraisse, dit-on, ce n'est pour-
« tant pas faute de soucis ; jamais je n'en eus tant. »

les savants auxquels il a été recommandé et qui l'ont hospitalièrement reçu, tout concourt à former et exciter sa pensée. Il étudie les mathématiques dans Bezout, la *Physique* de Biot qui vient de paraître, la *Théorie élémentaire de la Botanique* de Pyrame de Candolle. Il prépare même un petit Traité des plantes : il écrit une monographie des Gentianées. Il sent enfin se dissiper peu à peu ce serrement de cœur qu'à son arrivée en Suisse lui causa l'écroulement de l'édifice étroit de son éducation de collège (1). « A cette première impression de découragement et de tristesse, dit-il, succéda bientôt une émulation ardente qui ne m'a plus abandonné. Elle m'a fait supporter des veilles forcées, de pénibles études... Ah ! s'il était possible que je perdisse un jour cette avidité de voir et de connaitre, cette soif de science que rien ne saurait éteindre, la vie ne m'offrirait plus aucune douceur. »

« Celui qui parlait ainsi, ce jeune homme de dix-neuf ans, va se révéler tout à coup philosophe puissant et grand expérimentateur. Il débute par des recherches sur l'eau de cristallisation des sels et reconnaît pour son compte, après Proust il est vrai, qu'elle obéit aux lois des *Proportions définies*. Il perfectionne les méthodes qui servent à prendre les densités des solides, et, comme il le raconte, il construit pour ses recherches, avec l'aide d'un artiste habile, une balance qui permet d'apprécier le 20e de grain.

---

(1) La lettre de Dumas à son père que nous citons ici est du 8 novembre 1818.... Voici les quelques lignes qui précèdent celles que nous transcrivons :

« Mon bon père.... Pendant la première époque de ma vie, « pendant cette époque de bonheur que j'ai passée près de vous, « la littérature seule m'occupait, elle embellissait mes jours et « ne me laissait pas même soupçonner l'existence des hautes « sciences auxquelles je me livre aujourd'hui avec un enthou- « siasme sans bornes. Combien j'étais loin de soupçonner, lors « de mon départ, qu'un horizon aussi vaste déploierait à mes « yeux toute sa magnificence ! Quel serrement de cœur j'éprouvai « lorsque je sentis toute ma nullité ; lorsque je vis en un seul « instant s'écrouler l'édifice étroit et borné de mon éducation de « collège ! etc. » — Il continue ensuite comme dans le texte. Et il ajoute : « Quelles voluptés, quelles douceurs « accompagnent le plein exercice de nos facultés intellectuelles ! « Il en est sans doute du savoir comme de la puissance : c'est le « banquet des Dieux. »

Puis, par une envolée de son génie naissant, l'étude des densités le conduit à la conception des volumes atomiques et moléculaires. Il devance ainsi de bien des années les travaux de Hermann Kopp sur le même sujet, et fonde, à vingt ans, l'une des bases sur lesquelles reposent nos connaissances modernes relatives à la constitution intime des corps et à l'affinité.

« Ces premiers travaux l'entraînèrent bientôt à étudier plus spécialement les densités et la dilatation des liquides, cas particulier où n'interviennent pas les frottements moléculaires, et Dumas choisit les éthers pour essayer de relier leurs volumes spécifiques et leur dilatation à ceux de leurs composants.

« C'est ainsi qu'il fut indirectement conduit à s'occuper de cette famille de corps, et qu'en préparant tous ceux que l'on connaissait alors, il entrevit et annonça dès cette époque, comme très probable, la loi qui préside à leur formation, loi fondamentale qu'il devait définitivement établir sept ans plus tard.

« A ce moment, nous voyons Dumas se répandre en tous sens. Tout l'attire et l'intéresse à la fois. Il se préoccupe d'hybridité et de géographie botanique ; il **projette** un voyage en Prusse pour comparer la flore alpine à celle des pays du Nord et dégager l'influence de l'altitude. Mais son père désire son retour ; il espère le voir s'établir à Montpellier. Dumas demande Paris (1). Là, pharmacien

---

(1) Lettre du 3 novembre 1819. Dumas écrit à son père :

« D'un autre côté je me demandais s'il ne serait point possible
« de trouver dans mes études elles-mêmes des ressources qui,
« sans me mettre à la charge de personne, me permettraient de
« continuer les mathématiques, la physique, la chimie et la bota-
« nique. Car, enfin que vous ne soyez pas surpris de me voir
« attacher autant d'importance à ces sciences, je vais m'expli-
« quer à leur égard : On ne peut être pharmacien sans être
« chimiste, sans connaître l'ensemble des sciences naturelles,
« et sans avoir étudié la marche générale de la médecine. — Et,
« je vous prie, serait-ce en roulant des pilules que je pourrais
« parvenir à ces connaissances ?.... Je devrais donc faire en sorte
« de me placer à Paris, dans un hôpital où mes occupations,
« resserrées dans un court espace de temps, me permissent de
« livrer une partie de la journée à suivre les leçons publiques.

« C'est à cela que je tends, et pour y parvenir d'une façon plus

dans un hôpital, sa besogne faite, il pourra suivre les cours et les laboratoires. Le père doute encore de sa vocation scientifique et son fils lui écrit : « Si je pouvais livrer un « peu plus de temps à mes études..., je réponds sur ma « tête qu'avant qu'une année se fût écoulée, ma réputation serait établie (1). »

« Dumas va faire honneur à cette parole. Il venait de se lier avec le docteur Prévost, parent de Le Royer (2). La

---

« sûre, je cherche à me recommander par quelque travail utile. « Un petit ouvrage de botanique m'aurait paru très propre à « remplir ce but, aussi m'y suis-je livré si vivement que, dans le « courant de l'été prochain, il sera prêt à paraître. Comme cet « écrit concerne des végétaux qui ne croissent que dans les « régions septentrionales ou alpines, je projetais un voyage à « Berlin qui m'aurait fourni les moyens de comparer la végéta-« tion de nos glaciers avec celle d'une contrée beaucoup plus « rapprochée du pôle. »

(1) Lettre à son père datée de 1820 :

« Il est bien facile de concevoir que, pour atteindre une cer-« taine supériorité dans notre art (la pharmacie), il faut se livrer « à l'étude de la chimie et à celle de l'histoire naturelle. L'expé-« rience est parfaitement conforme au raisonnement, et tous les « pharmaciens qui ont su parvenir à la fortune par des moyens « honnêtes ont acquis dans les sciences une réputation méritée... « Vauquelin, Pelletier, Planche, Boullay, Bouillon-Lagrange de « nos jours ; Cadet, Baumé, Rouelle, Darcet, plus anciennement « ont tous primé dans Paris. La chimie seule leur avait valu « cette supériorité, etc. »

. . . .

« Je suis à Genève dans une position extrêmement flatteuse « pour mon âge et mon éducation. Si je pouvais livrer un peu « plus de temps à mes études, il me serait facile d'entrer en rela-« tions avec tous les savants de cette ville et de suivre les im-« portants travaux qui s'y exécutent. Dans ce cas, je réponds sur « ma tête qu'avant qu'une année se fût écoulée, ma réputation « serait établie. Soyez sûrs, mes bons parents, que la science est « le seul chemin qui puisse conduire un pharmacien à la fortune. « Notre réputation est le seul élément de gain que nous possé-« dions, et soit qu'on regarde le savoir comme but, soit qu'on le « regarde comme le moyen, il est toujours indispensable. »

(2) Lettre du 3 novembre 1819 à son père :

« Mais il est un point sur lequel j'insiste d'une manière très » particulière : je demande avec insistance que vous m'accordiez « une liberté entière pour des études que je me propose de faire « (ses travaux avec Prévost) et que, sous aucun prétexte, on ne

grande fortune de son ami lui permettait d'entreprendre des travaux considérables, et Dumas nous apprend qu'il prolonge son séjour à Genève pour avoir l'avantage de travailler avec Prévost à des expériences auxquelles ils attachent de l'intérêt.

« Ces recherches entreprises en amicale collaboration allaient à jamais unir et illustrer les noms de ces deux jeunes hommes. Ils commencent par l'étude comparée du sang des animaux. Ils transforment ou créent les méthodes classiques d'analyse de ce liquide de tous le plus importante et le plus complexe. Ils trouvent la solution pratique de la transfusion, et font cette remarque importante que l'on ne saurait sans grave danger injecter le sang d'une espèce à l'autre.

« Ce n'est pas tout. Avec des précautions infinies, à l'abri des regards indiscrets (car Genève possède déjà sa ligue des antivivisectionnistes), à l'heure où les âmes trop sensibles jouissent encore du paisible sommeil de leur conscience tranquille, les deux amis entraînent de pauvres chiens vers un corps de garde abandonné des anciennes fortifications de la ville. Ils lient les malheureux animaux, ils étouffent leurs cris, ils les néphrotomisent. Les reins extirpés, la plaie fermée, les précieuses bêtes soignées comme des enfants, bien enveloppées, bien chauffées, sont nourries de bon lait. Il s'agit de les conserver quelque temps encore, car elles sont désormais devenues les acteurs d'un drame bien autrement émouvant qui s'agite dans

---

« me gêne dans la direction que je prétends leur donner. Il est
« peu de jeunes gens qui sentent aussi vivement que moi l'impor-
« tance des sciences exactes dans la pratique de la médecine,
« aussi en est-il peu qui leur donnent le même soin et le même
« intérêt. Depuis que j'étudie, je n'ai rencontré qu'une personne
« de l'art dont les idées fussent dirigées dans le même sens. C'est
« le Dr Prévost, jeune et savant médecin qui vient de parcourir la
« France et l'Allemagne, après avoir fait de brillants examens à
« Edimbourg, Dublin et Londres. Sa fortune lui permet d'entre-
« prendre des travaux considérables en rapport avec les vastes
« connaissances qu'il possède et je puis vous citer comme une
« des principales raisons qui m'ont porté à prolonger mon séjour
« à Genève le plaisir et l'avantage de travailler avec lui à des
« expériences physiologiques qu'il poursuit depuis quelques an-
« nées. Il est parent de M. Le Royer et d'un caractère si commu-
« nicatif que son savoir m'a déjà souvent été d'un grand secours. »

le cerveau des deux observateurs. La matière vivante, la substance de notre chair et de notre sang, après avoir accompli ses fonctions, s'écoule au dehors, inutile désormais et inerte, sous forme d'urée, d'eau et d'acide carbonique. Celui-ci s'échappe par le poumon ; l'urée et l'eau, surtout par les reins. Mais les glandes sont-elles les artisans de leurs produits ? En particulier, les reins fabriquent-ils l'urée ? Ou bien partout formée dans l'économie là où se passe un acte vital, cette urée serait-elle la marque, la preuve des oxydations intimes des tissus et du sang, et les glandes rénales ne joueraient-elles que le rôle de filtres purificateurs ? L'expérience a été bien conçue, bien conduite, elle va répondre : si les reins forment l'urée, on ne doit plus retrouver cette substance dans le sang des chiens néphrotomisés. Avec des précautions infinies on conserve ces animaux quelques jours encore, enfin on analyse leur sang. L'urée y apparaît certaine, abondante, cristallisée ! Elle est donc le témoin, le résidu de la désassimilation moléculaire des tissus, et les reins ne jouent plus désormais qu'un rôle secondaire.

« Dans ce corps de garde solitaire, l'une des grandes découvertes de la physiologie moderne venait ainsi de s'accomplir (1).

« Comprenez maintenant la profonde émotion, le sentiment de piété filiale aussi, de Dumas écrivant au même instant à son père qui veut lui voir ouvrir boutique de pharmacien à Montpellier :

« La nature m'a doué d'une activité d'esprit qui ne sau-
« rait se restreindre aux manipulations de la pharmacie.
« Est-ce un bien, est-ce un mal ?... Quoi qu'il en soit,
« comptez sur mon obéissance aveugle à vos volontés,
« quand même je me trouverais porté à improuver les dis-
« positions que vous trouveriez convenables... Mais vous
« savez que je n'ai pas beaucoup de temps à perdre, etc... »

« Certes ! il ne le perd point. — L'origine de la vie, la fécondation, quel mystère ! Prévost et Dumas répètent d'abord

---

(1) Genève, 16 novembre 1821. Lettre de J.-B. Dumas à son père :
« J'ai lu hier à la Société de physique un mémoire dans lequel
« nous avons établi la découverte des principes de l'urine dans
« le sang indépendamment de l'action des reins. »

les expériences de l'abbé Spallanzani sur la fécondation chez les reptiles. Ils retrouvent la segmentation du vitellus de l'œuf des batraciens entrevue par le grand physiologiste italien ; mais surtout ils découvrent que ce phénomène est le point de départ du développement de l'embryon. Ils annoncent que le cœur bat avant l'apparition du globule rouge du sang. Quelques années après (1824), poursuivant à Paris ces premières études, ils observent dans l'ovaire un petit corps sphérique opaque, analogue pour la forme et la grandeur à la vésicule hyaline qu'ils ont vue passer dans les trompes à certaines époques, et qu'ils reconnaissent être l'œuf du mammifère. Ils établissent que l'évolution embryonnaire de cet œuf ne commence qu'au contact du liquide fécondant. Ils remarquent que la cellule spécifique mâle pénètre dans l'ovule, vérité aujourd'hui démontrée ; et leur imagination ardente aidant, ils admettent qu'elle y forme l'axe cérébro-spinal du nouvel être.

« C'est ainsi que Prévost et Dumas découvrent l'ovulation chez les mammifères et deviennent ainsi les précurseurs des beaux travaux de Von Baer, de Coste, de Remack, de Barry et de Serres, sur cette grande question (1).

« Les deux jeunes physiologistes étudiaient en même temps la digestion ; ils cherchaient à pénétrer le méca-

---

(1) La découverte de l'ovulation chez les mammifères est si importante que j'ai voulu m'entourer de toutes les preuves avant de l'attribuer à Prévost et Dumas. D'une part, j'ai interrogé directement à ce sujet W.-A. Hofmann qui, dans sa biographie si complète et si intéressante de J.-B. Dumas, publiée en 1880, attribue aussi au savant français et à son collaborateur Prévost cette belle découverte. Hofmann m'a assuré n'avoir avancé cette affirmation qu'après enquête et particulièrement sur l'autorité de son compatriote, le physiologiste Du Bois-Reymond. — D'autre part, j'ai consulté sur ce même point l'homme le plus compétent, je pense, en Europe, M. Balbiani, qui a bien voulu me répondre à ce sujet une intéressante lettre dont j'extrais le passage suivant :

« Il est certain que, dans les recherches que Dumas a faites
« avec Prévost (de Genève), ces deux observateurs ont vu, les
« premiers, l'ovule dans l'intérieur des vésicules de Graaf, chez
« la chienne. Ils le décrivent comme un petit corps sphérique
« d'un millimètre de diamètre ; mais ils n'osèrent pas affirmer
« définitivement que ce corps fût l'ovule, parce qu'il différait des
« ovules qu'ils avaient observés dans les trompes, par sa trans-
« parence qui était beaucoup moindre. Il serait donc nécessaire,

nisme de la contraction musculaire ; ils examinaient l'influence de l'électricité sur la dissolution des calculs. Associé au Dʳ Coïndet, Dumas découvrait enfin l'iode dans les éponges marines, et créait avec lui la médication iodurée moderne (1).

« Ces découvertes successives avaient appelé sur Dumas l'attention des savants. Sa réputation s'était répandue à l'étranger. W.-A. Hofmann a déjà publié l'anecdote à laquelle paraît se rattacher sa résolution définitive d'aller vivre à Paris. Dans sa chambre d'étudiant, Dumas en manches de chemise est occupé à dessiner une préparation microscopique. On frappe doucement à sa porte ; distrait, il ne répond point. On ouvre, c'est un inconnu : manteau noisette, habit bleu barbeau, boutons de métal, culottes

---

« disent-ils, de rechercher avec soin le rapport qui existe entre
« les vésicules de l'ovaire et les ovules des cornes. (IIIᵉ mémoire
« sur la *Génération, Annales des sciences naturelles*, 1825.)
 « Deux ans après, en 1827, Von Baer réussit à isoler ces vési-
« cules sur la chienne, mais il ne se laissa pas arrêter par le
« défaut de transparence, pour y voir l'œuf véritable, parce qu'il
« avait observé dans les oviductes des ovules plus jeunes que
« ceux aperçus par Prévost et Dumas et qui avaient encore leur
« opacité. M. Coste n'hésite pas à considérer Prévost et Dumas
« comme les véritables auteurs de cette découverte. » (*Embriogénie comparée*, 1837, p. 58.)
 « Mais si l'on peut discuter sur la priorité de Dumas relative-
« ment à la découverte de l'ovule *dans la vésicule de Graaf*, sa
« part et celle de son collaborateur Prévost reste tout entière
« dans la démonstration de la nécessité du contact direct des
« spermatozoïdes avec l'œuf pour que la fécondation ait lieu.
« C'est à eux également que revient, sans conteste, l'honneur de
« la grande découverte de la segmentation du vitellus, faite dès
« 1824, sur la grenouille. » (*Annales des sciences naturelles*, t.
II ; Paris, 1824.) *Balbiani.*
 En parlant des recherches de Prévost et Dumas, Serres écrit :
« Ce travail, dans lequel *tant d'embryogénistes modernes ont
« puisé sans le citer*, eût rendu de plus grands services encore,
« si son achèvement n'eût été empêché par des circonstances
« indépendantes de la volonté des deux physiologistes. » (*Comptes rendus de l'Académie des sciences*, t. XVI, p. 718).

(1) Lettre de J.-B. Dumas à son père. Genève 1820 : «...Nous
« avons mis (avec le docteur Coindet), dans le *Journal helvétique*, un article sur notre remède contre le goitre. *C'est la première chose que j'imprime sous mon nom.* »

nankin, bottes à revers ; évidemment un étranger de distinction. Dumas s'empresse, s'excuse, offre la chaise qu'il possède... « Point d'autre dérangement, je vous prie, dit l'arrivant ; je traversais Genève et n'ai pas voulu passer sans voir vos expériences et vous complimenter. Je suis M. Alexandre de Humboldt. »

« Il allait au congrès de Vérone. Durant quelques jours Dumas devint son guide, un peu son confident. A son départ, Genève parut vide au jeune physiologiste. Il avait été frappé de ce que l'illustre voyageur lui avait dit de la vie parisienne, de ses facilités de travail, de l'heureuse collaboration des hommes de science. Son départ pour Paris fut résolu.

« Il y arriva vers la fin de 1822, précédé de sa réputation naissante. S'il avait caressé l'ardent désir de puiser aux sources vives de science et de travail qui, jaillissant de la grande cité, vont autour d'elle porter au loin comme une onde bienfaisante de civilisation et de progrès, certes son espérance fut satisfaite. Nous le voyons, dès ses débuts, accueilli par Alexandre Brongniart, Arago, Laplace, Geoffroy Saint-Hilaire, Thénard. Il fait ses amis du zoologiste Victor Audouin, d'Adolphe Brongniart, le botaniste, de H. Milne-Edwards, qui devait plus tard lui dédier son célèbre ouvrage de Physiologie et d'Anatomie comparées. Dès la fin de 1823, Ampère le fait nommer à la chaire de chimie de l'Athénée royal, et l'année d'après, sur la présentation d'Arago, le Conseil de l'Ecole Polytechnique lui donne la place de répétiteur du cours de Thénard.

«Dumas possède enfin un laboratoire personnel, une chaire publique. Il va reprendre la suite de ses découvertes, et durant soixante années étonner le monde savant de ses idées, éblouir ses contemporains et les convaincre, transformer la science, mettre au service de son pays l'activité de sa vaste intelligence et son infatigable énergie.

« Au moment où Dumas allait recommencer ses travaux, la chimie générale venait de s'établir à peine sur les solides bases que lui avait forgées le génie des Lavoisier, des Dalton et des Proust. Depuis un quart de siècle environ on distinguait les *éléments*. Scheele avait découvert le chlore, Priestley l'oxygène. On connaissait la nature de l'air, de l'eau et du feu. A la suite d'un long et mémorable débat avec Berthollet, Proust avait enfin établi que les espèces chimiques résultent de l'union des corps simples ou composés en proportions invariables. La constitution des gaz ou vapeurs et la notion des *poids moléculaires* venait d'être éclairée grâce aux profondes conceptions d'Avogrado et d'Ampère. Gay-Lussac avait découvert, vers 1808, les lois qui président à l'union des gaz entre eux. Il avait fait connaître les combinaisons de l'iode, et terminait ses recherches sur le cyanogène. On commençait à prévoir, à la suite des patientes recherches de Berthollet, les doubles décompositions et les réactions qu'exercent les différentes substances sur les sels. Humphry Davy avait, depuis moins de dix années, décomposé les alcalis et les terres par la pile et extrait leurs curieux radicaux métalliques. Berzélius venait de séparer définitivement les métalloïdes électronégatifs des métaux électropositifs. Depuis Scheele et Fourcroy, un grand nombre d'acides et de corps neutres organiques étaient connus ; Chevreul terminait ses beaux travaux sur les corps gras ; Sertuerner découvrait la morphine et l'existence des alcaloïdes ; Pelletier et Caventou avaient extrait la quinine des quinquinas. Mais, quoiqu'on eût déjà péniblement collectionné nombre de faits, en chimie organique on ne connaissait aucune famille, aucune série naturelle, aucune des lois qui régissent les tranformations des corps.

« A cette époque, deux hommes jouissaient parmi les chimistes de ce temps d'une autorité universellement reconnue : en Suède, Berzélius ; Gay-Lussac, en France. Le premier avait passé déjà vingt années à vérifier ou établir les différents poids atomiques des éléments alors connus. Il admettait que leurs grandeurs relatives sont proportionnelles aux densités de ces corps pris à l'état gazeux. Mais, dès 1825, Dumas, avec une perspicacité admirable, observe que ce système est fondé sur une fausse conception des fluides aériformes ; que les densités gazeuses donnent les grandeurs moléculaires seulement, et non les poids relatifs des atomes ; qu'une molécule est un édifice d'atomes identiques ou dissemblables entre eux, dont rien *a priori* ne fait connaître le nombre ; qu'en un mot les poids dits atomiques et le système de Berzélius reposent sur une base factice. Dumas écrit pour la première fois dans ce beau mémoire sa méthode classique pour prendre les densités de vapeur. Il fait remarquer que « la formule d'un composé doit toujours représenter ce qui entre dans un volume de ce corps pris à l'état gazeux ». Il découvre les densités anomales du phosphore, de l'arsenic et du mercure, etc. Mais la pensée dominante de cet important travail, c'est la complexité des édifices moléculaires des gaz simples ou composés : elle n'a été bien comprise que dans ces derniers temps. L'école atomique moderne a longtemps partagé l'illusion de Berzélius (1).

« L'année d'après, Dumas publie, avec son collaborateur Boullay, ses *Recherches sur l'éthérification*. Contrairement encore aux hypothèses du grand chimiste suédois qui croyait que les éthers composés résultent de l'union de l'alcool à l'acide anhydre, il établit que le phénomène de l'éthérification consiste dans la combinaison de l'alcool à l'acide *l'un et l'autre simultanément déshydratés*, et poursuivant les conséquences de cette conception mémorable, il va nous conduire de découvertes en découvertes.

« Si, dit-il, les éthers composés sont construits et formés à la façon des sels, on doit pouvoir par les alcalis en chasser la base, qui n'est autre que *l'éther ordinaire* (l'oxyde d'éthyle moderne). S'il se fait de l'alcool, c'est que les alcalis hydratent cet éther, cet oxyde, qui tend à se former. Dumas est donc conduit à s'adresser au gaz ammoniac, gaz *alcalin* et *anhydre*, pour déplacer la base des éthers composés. Il essaie d'abord avec l'éther oxalique, découvre l'oxamide, généralise cette réaction, et crée la famille des *Amides*. Plus tard il reconnaîtra que les sels ammoniacaux sont aptes à former ces mêmes corps par leur déshydratation, et par une extension inattendue de ces premières conceptions, déshydratant ces amides à leur tour, il obtiendra la famille des *Nitriles*, nouveau type de corps qu'il identifie bientôt avec les éthers qu'on prépare en distillant les sulfalcoolates en présence des cyanures alcalins.

---

(1) Voir le mémoire de Dumas : *Sur quelques points de la théorie atomistique* (Annales de chimie et de physique); 2ᵉ série ; t. XXXIII, p. 338 et 339. Voir aussi sa *Philosophie chimique*, 2ᵉ édition, p. 285, 287 et 315.

« De si beaux travaux avaient, dès 1832, ouvert à Dumas les portes de l'Académie des sciences. Il y remplaçait Sérullas. Son ardeur n'avait fait que s'accroître. De 1832 à 1834, nous le voyons publier 30 mémoires ou rapports sur les sujets les plus variés. Mais voici poindre l'aurore de découvertes plus éclatantes encore.

« Depuis Rhasès et les Arabes, avant eux peut-être, on connaissait l'*esprit-de-vin*, l'*alcool*. Dix siècles s'étaient depuis écoulés, et l'on n'eût même pas soupçonné qu'il pût exister des substances alcooliques semblables à cette liqueur qui produit l'ivresse. En 1834, Dumas, aidé de Peligot, son élève, démontre que l'*esprit pyroxylique*, l'esprit-de-bois, est essentiellement formé d'un nouvel alcool ; qu'il donne un oxyde éthérifiable, des éthers composés, un *vinaigre* qui n'est autre que l'acide des fourmis... Puis avec une perspicacité admirable, dans le *blanc de baleine*, si éloigné en apparence de tout ce qui rappelle les éthers alors connus, il va découvrir un troisième alcool. Il engage enfin son préparateur Cahours à examiner à ce point de vue l'huile de pomme de terre, dont ce jeune chimiste retire bientôt un quatrième terme, l'alcool amylique.

« Et comme si ces grandes choses n'étaient que les aliments de sa flamme, à mesure qu'elles éclatent, de nouvelles lueurs indiquent déjà qu'un jour plus rayonnant encore va se lever. Le 13 janvier 1835, date mémorable dans l'histoire de la chimie organique, Dumas lit à l'Académie des sciences un mémoire où il démontre que « le chlore
« possède le pouvoir singulier de s'emparer de l'oxygène
« et de le remplacer atome par atome » ; et il pose la règle suivante : « Quand un corps hydrogéné est soumis à l'ac-
« tion déshydrogénante du chlore, du brome, de l'iode, de
« l'oxygène, etc., pour chaque atome d'hydrogène qu'il
« perd, il gagne un atome de chlore ou de brome ou un
« demi-atome d'oxygène. » Admirable conception d'un phénomène que tant d'autres avaient vu sans le comprendre !... La loi des substitutions était désormais connue. Dumas publiera un peu plus tard ses recherches sur les dérivés chlorés de l'acide acétique et du gaz des marais et prononcera ce mot, alors si hardi, d'acide *chloracétique*. Il nous apprend que c'est après dix années de tâtonnements et de réflexions qu'il est enfin parvenu à bien sai-

sir la constitution et la composition de cet acide. Il ose annoncer seulement alors que les éléments électronégatifs de Berzélius peuvent, dans les molécules organiques, remplacer un ou plusieurs atomes d'hydrogène sans rien changer au *type*, à *la texture* de la molécule ; que les propriétés des corps tiennent moins à leur composition qu'à l'arrangement réciproque de leurs éléments ; enfin que, dans l'édifice d'une molécule organique, chaque atome subit de chacun des autres une modification qui vient altérer partiellement ses propriétés fondamentales, tel l'exemple des substitutions chlorées où le chlore perd toutes ses réactions caractéristiques.

« C'en était trop pour Berzélius. Voici qu'après avoir corrigé son système des poids atomiques, ébranlé, puis démontré l'erreur de ses hypothèses sur la formation des éthers composés, le *jeune chimiste français*, comme il l'appelle, vient battre en brèche, par cette hypothèse des substitutions, sa théorie de la constitution des molécules organiques. Pour Berzélius, tout composé, qu'il soit minéral ou organique, est formé de deux parts douées chacune d'électricités de noms contraires qui s'attirent et se saturent. Qu'un métalloïde s'unisse à un métal, un acide à un sel, l'électricité négative du premier fait équilibre à la positive du second. Dans un édifice organique, l'électricité négative de l'oxygène, ou des éléments analogues, balance et tient en échec la positive de la partie radicale ou spécifique du reste de la molécule. C'est la conception dualistique de Lavoisier, laborieusement généralisée, appliquée par Berzélius aux corps organiques, et savamment reliée par lui aux larges vues de Humphry Davy sur les propriétés électriques fondamentales des éléments, que Dumas prétend remplacer par son système des substitutions, et c'est au plus électronégatif des éléments, le chlore, qu'il voudrait faire jouer le rôle de l'hydrogène !

« Je ne vous décrirai point les mémorables débats qui suivirent ce dissentiment : Berzélius, fort de sa haute situation, de l'autorité des grands noms de ses prédécesseurs, luttant avec sa sourde et rude énergie ; Dumas, plein de clarté, de modération, de génie, seul d'abord contre tous. Berzélius, toujours plus obscur, accumulant un Pélion sur Ossa d'hypothèses, improductif ; Dumas, multipliant ses preuves et ses découvertes, excitant les travaux de ses élèves, de ses émules : V. Regnault, Malagutti, Laurent... Bientôt Liebig se rangea du côté du chimiste français ; et peu à peu délaissé, convaincu malgré lui, l'illustre secrétaire perpétuel de l'Académie des sciences de Stockholm, acceptant les faits et leur dure logique, sut faire enfin les concessions nécessaires. Il fit mieux, il tendit généreusement la main au jeune victorieux. De ces grandes discussions, il ne restait plus désormais que l'ineffaçable souvenir et la brillante vérité définitivement conquise.

« C'était la gloire pour Dumas, mais non le repos. La découverte des alcools lui avait déjà fait clairement distinguer les rapports de propriétés et de composition qui relient ces divers corps entre eux. Leur oxydation et le rapprochement inattendu des acides qui en résultent avec ces autres acides que Chevreul venait d'extraire des graisses et des huiles, provoqua dans l'esprit de Dumas la première conception des classes ou familles naturelles. En 1843, il prononce pour la première fois le nom de *Série,* et distingue la *série des acides gras* ou *série aliphatique*. Il remarque qu'entre l'acide formique et le margarique se placent régulièrement quinze termes dont neuf sont connus. Il fait observer enfin qu'ils diffèrent les uns des autres par un nombre constant d'atomes de carbone et d'hydrogène. C'était la découverte de la loi fondamentale des classifications en chimie organique, et Gerhardt, généralisant peu d'années après cette idée géniale, n'aura plus qu'à prononcer le nom d'*homologie* (1).

« En chimie minérale, Dumas classe, vers la même époque, les métalloïdes en cinq groupes naturels. Il prévoit ainsi, prépare et devance de vingt années la découverte de l'atomicité. Mais ce qui l'agite surtout, ce dont il parle pourtant le moins, c'est la grande hypothèse de l'unité de la matière. La prétendue loi de Thomson et de Proust, qui veut que tous les poids atomiques constituent les termes d'une série arithmétique et soient des multiples

---

(1) Voir les *Comptes rendus de l'Académie des sciences*, t. XV, p. 934.

du plus petit, celui de l'hydrogène, tourmente sa pensée (1). Esprit prudent et clair, bien différent de ces rêveurs qui vaguent dans le pays des susceptibilités et des ombres, Dumas aborde ce grave problème la balance à la main. Avec son illustre élève Stas, il avait déjà vers 1840 établi le véritable poids atomique du carbone dans un travail mémorable qui servira longtemps de modèle de perfection expérimentale et de critique. Il avait déterminé très exactement le poids équivalent de l'oxygène dans son beau mémoire sur la composition de l'eau. Il entreprit longtemps après une série de recherches analytiques de haute précision pour fixer les vrais poids atomiques d'un grand nombre d'autres éléments. Il établit que ces poids ne sont certainement pas tous des multiples exacts de ceux de l'hydrogène, mais qu'il est certain que beaucoup s'en rapprochent infiniment, ou sont des multiples du demi-poids atomique de ce corps. Puis, comme s'il était dit qu'il ne touchera pas aux sujets, même les plus obscurs, sans en faire jaillir une lumière nouvelle, il montre que des rapports simples existent entre les poids des équivalents des corps appartenant à certaines familles, et que ces mêmes rapports se retrouvent entre les termes successifs de familles éloignées que rien n'avait rapprochées jusque-là. Il fait ainsi, en 1859, les premières observations de *séries périodiques*, et il introduit dans la science cette notion que devait développer plus tard si largement Mendeleeff, et qui nous ouvre un jour mystérieux sur la constitution intime de la matière.

« Pourrais-je oublier de citer encore l'analyse de l'air faite par Dumas avec son ami Boussingault, ce travail mémorable où les deux grands chimistes établissent avec une perfection inconnue jusque-là, non seulement la composition exacte de notre atmosphère, mais son invariabilité avec les lieux, les saisons, l'altitude ? C'est ainsi qu'étudiant le mécanisme par lequel la nature transforme la matière sans interruption, et la fait passer de l'état miné-

---

(1) Voir sur l'hypothèse qu'on attribue généralement à Proust, la *Chimie appliquée aux Arts* de Dumas, t. I, Introduction, p. XLVIII.

ral à l'état organique pour la rendre ensuite à la terre ou à l'atmosphère, Dumas enrichissait nos connaissances de la composition classique de l'air ; ou bien, qu'à propos d'autres travaux, il transformait les méthodes, perfectionnait l'analyse organique ; créait son procédé de dosage de l'azote organique, le seul qui soit encore général et précis, et donnait enfin une série de moyens nouveaux pour doser exactement plusieurs corps simples.

« A peine puis-je citer ici en passant ses autres recherches sur les chlorures de soufre, de titane, d'arsenic, de bore, de carbone ; le gaz chloroxycarbonique ; les phosphures ; les sulfocarbonates ; l'acide benzoïque, l'essence de cannelle, les huiles essentielles, l'orcine, la naphtaline, l'acide hippurique, le chloral, l'indigo, le camphre, l'urée, l'isomérie..., l'or fulminant, le gaz d'éclairage, le verre, le bronze monétaire, etc... On a relevé ses publications : elles s'élèvent au nombre de 854 ! Il faut bien s'arrêter et renoncer même à citer des travaux qui suffiraient à illustrer un homme.

« A mesure qu'il découvrait ces terres inconnues de la science, l'ardent pionnier formait la génération de ceux qui devaient poursuivre ses conquêtes. Et quels noms ! Malagutti, Peligot, Melsens, Piria, Favre, Cahours, Henri Sainte-Claire Deville, Victor Regnault, Wurtz, notre Pasteur, et tant d'autres ! C'est dans son laboratoire privé de la rue Cuvier, laboratoire entretenu durant plus de quinze années de ses propres deniers, qu'il a élevé ces hommes, la gloire de la science et de leur pays. C'est par eux qu'il a partout répandu les idées et l'amour de la patrie française. C'est ce sanctuaire du travail qui devint le premier modèle de ces laboratoires des Hautes Etudes, créés par un Ministre ami du grand homme, plus encore ami du bien public et des progrès de notre haute civilisation (1).

« Professeur à la Sorbonne, dont il était doyen, au Collège

---

(1) Ce laboratoire particulier était rue Cuvier, 24. La puissance de travail de Dumas, son urbanité, son imperturbable égalité de caractère, sa générosité à répandre ses idées et à livrer ses propres travaux à ses élèves en faisaient un maître, un chef d'école incomparable. Dumas ne travaillait jamais qu'avec des appareils

de France, à l'Ecole Polytechnique, à l'Ecole Centrale, à l'Ecole de médecine (1). Dumas occupa successivement ou simultanément les plus grandes chaires de Paris. Partout il a laissé la tradition d'un talent d'exposition inimitable. Au milieu d'un amphithéâtre envahi, débordant jusque dans ses approches d'une jeunesse avide d'idées et de spectacle, Dumas arrivait, irréprochable de tenue, maître de son émotion, un peu solennel. Le tumulte se figeait aussitôt sur place. Il commençait à voix basse,

élégants, montés avec un soin extrême, et dans un milieu d'une propreté irréprochable. Son habileté expérimentale extraordinaire n'avait d'égale que sa conscience. En voici une preuve que je tiens de M. Stas lui-même. Lorsqu'en 1881 l'étalon type, le kilogramme international fut terminé, M. Stas fut chargé par la commission internationale du mètre de la tâche délicate d'en préciser le poids exact, dans le vide, au centième de milligramme. Après bien des études et des calculs, ce poids fut définitivement fixé par lui. Mais Dumas, qui présidait la commission, avant de prendre la responsabilité complète de cette donnée fondamentale et de viser de sa signature le travail si consciencieux de l'homme qu'il considérait depuis longtemps déjà comme le chimiste le plus précis de l'Europe, voulut répéter lui-même les mesures. Il le fit (et son collègue et illustre ami a conservé le carnet de ces expériences), il le fit avec une telle dextérité, une telle habileté que M. Stas en restait émerveillé. L'exactitude des déterminations de Dumas fut si parfaite que, tous calculs faits, le nombre qui résultait de ses pesées concorda exactement avec celui de M. Stas au centième de milligramme. Qu'on songe que Dumas avait alors quatre-vingt-un ans !

Dumas, satisfait de la création des laboratoires de recherches, dont celui de Wurtz, son élève le plus illustre, fut après le sien l'éclatante copie, heureux de voir enfin s'élever après trente années d'attente ces laboratoires des Hautes Etudes fondés par M. Duruy et dont il avait donné, en France, le premier modèle, s'en explique ainsi dans son *Eloge de Pelouze* : « C'est « un fait actuellement reconnu : les laboratoires où les chimistes « vont s'instruire sont dignes des encouragements de l'Etat. *Les* « *écoles mutuelles de chimie où professeurs et élèves interro-* « *gent la nature de concert, ont accompli en cinquante années* « *l'œuvre de plusieurs siècles*, etc. »

(1) Dumas fut nommé professeur à la Sorbonne en 1832 ; il y succédait à Gay-Lussac, démissionnaire. Il fut remplacé en 1868 par H. Sainte-Claire Deville, qui le suppléait déjà depuis longtemps. Il fit ses leçons à l'Athénée dès 1823 ; à l'Ecole Centrale, à partir de la création, 1829 ; à l'Ecole Polytechnique et au Collège de France, en 1835 ; à l'Ecole de Médecine, de 1838 à 1850.

très basse, et de son auditoire silencieux l'ardente attention montait et s'élevait lentement avec la pensée du Maître. Peu à peu sa voix grandissait ; sa parole prenait la couleur et l'éclat ; sa période se déroulait plus large, plus pressante, puis dans un merveilleux tableau portait tout à coup jusqu'au fond des esprits la vision intérieure d'une vérité nouvelle. L'amphithéâtre éclatait en applaudissements. A cette ardeur de la jeunesse, Dumas, s'il l'eût fallu, eût réchauffé la sienne ; mais maître de sa flamme comme de son sujet, brûlant de sa passion contenue, à mesure qu'il parlait les choses s'animaient, se remplissaient de l'émotion, des doutes, du triomphe de chaque inventeur. L'auditoire suivait le drame, attentif, préoccupé et, triomphant à son tour, faisait résonner ses bravos. Qu'une déduction abstraite fût nécessaire, Dumas l'exposait de telle sorte que la solution naissait et se développait peu à peu dans chaque esprit, chacun finissant sa pensée, heureux de l'illusion d'avoir inventé à son tour. Fallait-il une démonstration par les yeux, une expérience élégante ou superbe venait charmer ou convaincre. La brillante leçon se poursuivait ainsi vivante, mesurée, ne développant que l'indispensable, reliant tous les faits à la pensée doctrinale qui en était l'âme, et laissant aux esprits la pleine satisfaction d'une conquête faite. On se donnait rendez-vous à la leçon prochaine ; on voulait savoir la suite et la fin. Mais où est la fin de l'éternelle vérité ? C'était l'histoire de Schéerazade ! — Écoutez cette anecdote bien authentique. Un jeune officier de marine, mort depuis contre-amiral, traverse Paris allant en congé. Le hasard, la curiosité peut-être, le font entrer à l'École de médecine où Dumas faisait sa leçon. Il écoute ; il sort sous le charme ; la suite qu'il veut connaître lui fait remettre son départ au surlendemain. Il revient en effet, revient encore, oublie ses premiers projets, et reste à Paris jusques au bout de ces leçons qui le captivent et l'enchaînent (1).

---

(1) C'est le contre-amiral Salmon, dont il est ici question. — On raconte volontiers dans la famille de l'illustre chimiste l'histoire d'un ami qui, invité un soir à dîner chez Dumas, passe l'habit noir, et ne trouve rien de mieux à faire, en attendant, que d'entrer à la Sorbonne pour l'entendre et l'accompagner à sa sortie. Mais, pris dans la mêlée, venu en frac, il sortit en veste. Les basques de l'habit noir étaient restées aux mains des admirateurs trop ardents de l'éloquent professeur.

« Ah ! la belle tradition que l'on garde dans notre Faculté de Médecine de ce puissant enseignement ! C'est là que de 1838 à 1850, devant un auditoire enthousiaste, il a magistralement développé les lois qui lient les fonctions de la vie aux phénomènes moléculaires primitifs qu'étudie la chimie pure. C'est là qu'il a présenté ces éblouissants tableaux où l'esprit suit de cycle en cycle la matière qui, dans le moule de l'organisation, s'anime, passe d'un règne à l'autre, et revient à l'état de poussière brute pour recommencer ainsi sans arrêt ni fin. Qu'il parle des immortels travaux de Lavoisier sur la respiration et la chaleur animales ; de ses études personnelles autrefois entreprises avec son ami Prévost sur l'origine de l'urée, l'assimilation et la dénutrition, la contraction musculaire, la fécondation ou bien de ses recherches plus récentes sur l'air et sur l'eau ; qu'il expose le grand travail qu'il a fait avec Cahours sur la comparaison des matières albuminoïdes dans les deux règnes ; ses expériences en collaboration avec Payen Boussingault, puis Milne Edwards, sur l'origine des graisses chez les animaux ; qu'il développe ses recherches sur le sang, le lait, la respiration, l'incubation ; ou bien qu'il fasse cet admirable exposé de la Statique chimique des êtres vivants, traduit depuis dans toutes les langues.. Dumas, dans ses leçons à l'École de Médecine, ne saurait aborder un sujet sans citer ses propres découvertes. Digne continuateur de son noble modèle, Lavoisier, précurseur immédiat des Claude Bernard et des Pasteur, il prépare le règne d'une médecine expérimentale nouvelle. Chacune de ces leçons devient une révélation pour l'ardente jeunesse qui ne sait qu'admirer le plus du physiologiste illustre en train de changer ainsi la face de la médecine, ou du grand chimiste auquel la science générale doit un si puissant développement (1).

---

(1) Dumas, depuis longtemps déjà membre de l'Institut et l'un des chimistes les plus illustres de l'Europe, avait concouru publiquement pour la chaire de chimie organique de la Faculté de médecine de Paris. Son concours fut un véritable triomphe.

L'on peut dire que c'est surtout à la Faculté de médecine qu'à la fois porté sur les ailes de la chimie et de la physiologie générales, Dumas est arrivé à donner à sa pensée toute sa hauteur et sa plénitude, à sa parole toute son éloquence. La grandeur des

« Ce n'est point tout. Ses découvertes, ses leçons, ses livres ont entraîné à sa suite un monde d'industriels, de capitalistes, d'inventeurs (1). Dès ses débuts, Dumas a mesuré tout l'avantage des applications de la science à la production et à la prospérité nationales. Avec ses amis, Théodore Olivier, Eugène Peclet, puis Martin Lavallée, il fonde en 1829 une École d'ingénieurs civils : « Un peu plus d'un demi-siècle s'est écoulé, les élèves de l'*École Centrale* l'ont rendue célèbre. De grands travaux exécutés sur leurs

---

sujets échauffait le professeur d'une flamme intérieure et son enthousiasme contenu éclatait dans son auditoire profondément remué par ses grandes vues d'ensemble. C'est là peut-être que Dumas professa le mieux. Faisant sans doute allusion à ces belles leçons et aux sentiments de cette période de sa vie, il nous dira plus tard : « Quiconque s'est vu entouré d'une jeunesse attentive « s'enflammant aux accents du maître, vibrant à ses émotions, « s'élançant pleine de foi vers les conquêtes signalées à son « ardeur, celui-là, croyez-le bien, a connu les plus nobles jouis-« sances de l'âme humaine. »
Dumas avait depuis des années modifié sa première manière un peu lente, un peu trop solennelle. Au cours de ses leçons de début à l'Athénée royal de la rue de Valois, Dumas écrit à son ami Prévost de Genève pour lui faire part de ses impressions. Il lui demande conseil, il craint d'avoir *ennuyé* son auditoire, et Prévost lui répond comme il suit :
« A. J.-B. Dumas. — Genève, 1er janvier 1824. Je suis bien aise « que vous ayez un peu ennuyé votre auditoire, puisque cela « vous a fait apercevoir que votre débit est réellement ennuyeux. « Lorsque nous discutions ensemble, vous mettiez sur le compte « de mon impatience d'écouter ce qui n'était dû qu'à votre len-« teur à émettre vos idées. *Maintenant vous vous corrigerez et* « *deviendrez un très habile professeur...* En conservant l'abon-« dance méridionale, gardez-vous de la verbosité du pays, etc...»

(1) En 1824, déjà Dumas fondait, avec ses amis V. Audouin et A. Brongniart, les *Annales des sciences naturelles*. — En 1828, il fait paraître le premier volume de son grand *Traité de chimie appliquée aux arts* qui ne fut complété qu'en 1846. — Ses brillantes *Leçons de philosophie chimique* furent données en 1836. — Son *Précis de l'Art de la teinture*, en 1846. — Durant quarante-cinq années, Dumas est resté rédacteur et collaborateur des *Annales de chimie et de physique* qui, fondées en 1790, sont peut-être le seul recueil scientifique qui ait à cette heure cent années d'existence consécutives. Les Discours, Eloges, Rapports de Dumas ne peuvent être ici même cités ; ils sont trop nombreux. On consultera utilement à ce sujet la brochure de M. Maindron : *L'Œuvre de J.-B. Dumas*, Paris, 1886.

plans leur ont mérité l'estime universelle ; d'innombrables usines fondées de leurs mains ou perfectionnées par leurs soins, occupent les premiers rangs de l'industrie nationale (1) ». Grâce à Dumas et à ses collaborateurs, plus de cinq mille ingénieurs ont honoré et enrichi leur pays. Ils ont répandu dans le Monde civilisé le respect de la science française et l'influence pacifique de notre nation.

« Vers 1848, Dumas était à l'apogée de sa gloire scientifique. Toutes les grandes Compagnies savantes des deux mondes s'étaient empressées de l'inscrire sur leurs listes. L'Académie de Médecine, qui veut qu'aujourd'hui j'élève aussi la voix en son nom, l'Académie de Médecine était fière de le posséder depuis 1843. Bientôt l'Académie française allait lui ouvrir ses portes... La révolution de Février éclate, les anciennes institutions disparaissent ou sont ébranlées ; mille questions économiques surgissent et demandent des solutions pratiques ; le pays, inquiet d'une suite de récoltes désastreuses, crie à l'aide. Dumas accepte, en 1849, la députation de Valenciennes à l'Assemblée législative, et la même année le Prince-Président lui demande de diriger le Ministère de l'Agriculture et du Commerce.

« C'est ainsi qu'il entra dans la vie politique. Député, ministre, sénateur, puis président de la Commission municipale de la ville de Paris, dans toutes ces hautes situations il sut rendre d'éminents services. Mais qui se demandera ce qu'aurait produit son génie durant les trente-cinq années que devait l'épargner encore la faux du Temps s'il n'eût donné à son activité insatiable cette nouvelle direction ? Au soir de la vie, Dumas jette en arrière un regard mélancolique et répond ainsi lui-même : « Ma vie s'est
« partagée entre le service de la science et celui de mon
« pays. J'aurais préféré demeurer le serviteur de la science
« seule ; mais sorti des rangs obscurs de la démocratie, j'ai
« pensé que mon pays avait tant fait pour moi que je ne
« pouvais lui refuser aucun service. Si je me suis trompé,
« la science ne m'en tiendra pas pour coupable. En me

---

(1) Citation presque textuelle de Dumas dans son discours à l'École Centrale lors de la célébration du *Cinquantenaire* de la fondation de cette célèbre école, le 21 juin 1878.

« bornant à des recherches scientifiques, j'aurais été plus
« heureux, ma vie eût été moins anxieuse, et peut-être
« aurais-je embrassé une vue plus large de la vérité. »

« Mais s'il abandonne pour longtemps ses recherches de laboratoire, quel administrateur il va faire ! Sa haute culture scientifique, ses relations avec tout ce qu'il y a d'éminent en Europe, son infatigable ardeur, tout va lui permettre de rendre à son pays d'importants services.

« Député, il défend l'industrie sucrière ; il étudie et discute les méthodes de l'enseignement public. Ministre de l'Agriculture, il règle le commerce des grains, de la boucherie, des engrais ; il favorise l'élève du bétail ; il encourage et vulgarise les pratiques de l'irrigation et du drainage ; il fonde l'enseignement public de l'agriculture ; il organise le Crédit foncier, etc. Sénateur, il lit de savants Rapports sur l'assainissement des pays marécageux ; la loi des brevets d'invention et marques de fabrique ; l'exploitation des forêts ; celle des eaux minérales. Il organise l'instruction primaire et supérieure ; celle de la médecine et de la pharmacie ; il éclaire les discussions publiques sur les routes forestières, le reboisement des montagnes, la télégraphie, la refonte des monnaies de cuivre et d'argent. Vice-président et président du Conseil municipal, il contribue à toutes les améliorations de la voirie parisienne ; il transforme l'hygiène de la ville, son système d'égouts, son éclairage. Il dote Paris d'eaux de source abondantes. Résultat surprenant ! car Dumas avait contre lui le Conseil presque entier, tous les ingénieurs de la ville, sauf Belgrand ; plus que cela, la tradition ! La nymphe de la Seine plaisait aux Parisiens. Ils oubliaient complaisamment que, sous les ponts de la Cité, elle recevait volontiers de compromettantes visites. Dumas montrait bien, chiffres en main, que chaque trente mètres cubes d'eau du fleuve en recevait un d'égout ; on pérorait, on pointillait, on hésitait, on invoquait l'usage immémorial. C'est alors que Dumas eut l'idée d'une démonstration topique. Il fait remplir deux grands flacons semblables de dix litres d'eau du fleuve et de dix d'eau de la Dhuis, les fait sceller et mettre sous clef. Un mois après, il déposait ces deux témoins sur la table des délibérations du Conseil. L'eau de Seine était devenue verdâtre, marécageuse, puante. C'est ce que l'on proposait de boire aux Parisiens. L'eau de source était restée claire, limpide, agréable. La Commission municipale comprit enfin cette leçon de chimie à sa portée, le projet Belgrand fut accepté, et la vie de milliers d'hommes épargnée grâce à cette heureuse inspiration.

» En 1868, Dumas avait été nommé Secrétaire perpétuel de l'Académie des Sciences. Cette haute situation, la renommée universelle de ses grandes découvertes, l'autorité de son caractère, l'urbanité de ses manières, sa modération et son tact exquis dans les discussions, son aptitude aux travaux de l'esprit les plus variés, tout avait contribué à faire de lui comme le représentant et le chef des savants du monde entier. Ils ne tenaient pas en Europe d'assises solennelles que Dumas ne fût appelé, acclamé, à la présidence.

« C'est ainsi qu'il dirige successivement les travaux de la Commission pour l'unification des monnaies ; qu'il préside le Congrès des électriciens et fait adopter les nouvelles unités modernes. En 1878, il est nommé rapporteur de la Commission internationale diplomatique du mètre, et fait accepter par dix-neuf Etats sur vingt le principe du mètre et du kilogramme français. Il devient l'âme de l'expédition que la France envoie sur divers points du globe, pour observer, en 1874, le passage de Vénus et rectifier ainsi la grande unité de mesure astronomique, la distance de la Terre au Soleil. Partout Dumas paraît nécessaire ; partout on s'incline devant son autorité. Lorsqu'en 1862 les chimistes venus des divers points du monde se réunirent à Carlsruhe en un important congrès de près de deux cents membres pour essayer d'établir les bases d'une nomenclature universelle et de poids atomiques communs, les séances plénières se tenaient au Palais grand-ducal, et jeune, à mes débuts alors, j'écoutais ces brillantes discussions auxquelles prenaient part les plus illustres savants de cette époque, lorsqu'un jour, en plein discours, une porte s'ouvre sur le côté de l'estrade présidentielle. Un homme paraît : sa taille, sa mise, son silence, rien ne semble devoir appeler sur lui l'attention. Tout à coup l'orateur s'arrête, un murmure, un nom court de bouche en bouche ; l'assemblée tout entière se lève respectueusement ; le président quitte son fauteuil, s'incline, et l'offre à Dumas qui simplement remercie d'un geste et d'un sourire, s'assied et prend la direction des débats.

« Cette royauté, cette grandeur scientifique, Dumas la met au service de son pays, de sa prospérité, de ses gloires nationales. Il fait connaître hebdomadairement les travaux qui se publient à l'Académie des Sciences et signale les hommes nouveaux. Avec le même cœur il défend la mémoire de Lavoisier, les inventions de Leblanc, les découvertes de Daguerre ; il plaide aussi la cause des petits, des imprévoyants et, par la *Société des Amis des sciences*, il vient à leur aide. « Ces talents trahis par le sort, » s'écrie-t-il, « ces inventeurs imprudents, ces génies impré-
« voyants, tous ces généreux insensés qui s'oubliant eux-
« mêmes, n'ont pensé qu'à la grandeur et à la prospérité
« de leur pays, ont droit à notre protection.... Ne répudions
« point ce devoir sacré. »

«Mais en même temps sa prudente pensée reste préoccupée de la puissance de sa patrie, de ses forces, de ses ressources agricoles. Il fait commencer une analyse générale et détaillée du sol de la France parallèlement aux travaux de la Carte géologique. Poursuivant le grand projet qu'il a su réaliser autrefois de l'étude des eaux potable de notre pays, il en fait analyser toutes les eaux minérales, et dresse ainsi à la Science un monument nouveau, dont mieux que personne il mesure la portée et l'intérêt à venir (1). Il s'inquiète des sources de la richesse nationale qui semblent se tarir, et dans les désastres publics, seul quelquefois, il ne sait pas désespérer, car il se souvient de ce mot aussi vrai que superbe, qu'il a dit un jour : *La Science ne recule jamais.*

« Pourrais-je, dans ce pays du ver à soie et de la vigne, oublier de parler de ce qu'il fit pour nous préserver des deux terribles fléaux qui menaçaient notre agriculture ? Les *Comptes rendus de l'Académie des Sciences* témoignent des inquiétudes de Dumas relativement à la produc-

---

(1) Le grand travail de l'Analyse générale des eaux minérales de la France a été exécuté avec un soin rigoureux et une conscience au-dessus de tout éloge, par M. Wilm, aujourd'hui professeur à la Faculté des sciences de Lille, ancien préparateur de Dumas et de Wurtz.

tion de la soie. En 1857, ses études, ses rapports se succèdent (1). Mais on sait peut-être moins que c'est sur l'insistance touchante de son ami, que M. Pasteur voulut bien examiner de près nos vers malades de la pébrine et de la flacherie, et que, prête à périr, cette belle industrie dut son salut à l'union patriotique de leurs communes préoccupations.

« Un nouvel ennemi nous arrivait un peu après du fond de l'Amérique du Nord, un imperceptible insecte, dont les légions innombrables se cachent, foisonnent sous le sol, et dévorent les racines de nos vignes françaises. Le précieux arbuste a bientôt disparu de Vaucluse. Le Gard et l'Hérault sont atteints ; vingt autres départements menacés. Les régions viticoles, le pays tout entier voit apparaître le fantôme de la ruine ; c'est près de douze cents millions qu'il en coûterait chaque année à la France si les ravages de cet infime animalcule, qui pullule et se défend mystérieusement dans les profondeurs du terrain, ne sont pas enrayés à temps.

« Mesurant la portée de ce nouveau fléau national, Dumas se met à l'œuvre. A l'Académie des sciences, une commission scientifique permanente est nommée. Il envoie dans les départements envahis de savants délégués qui, sous sa haute direction, étudient sur place la nouvelle maladie. Il réussit à faire voter par l'État et les grandes Compagnies les fonds nécessaires pour les premiers essais de défense. Bientôt, du haut de la tribune académique, il proclame la valeur de la méthode de la submersion et fait récompenser son auteur. Enfin, comme on ne peut tout submerger, il préconise le sulfure de carbone signalé par P. Thénard ; il découvre l'action des sulfocarbonates, et crée l'industrie de la fabrication de ces sels qui ont sauvé ou longtemps conservé nos vignes partout où la submersion est impraticable.

---

(1) Voyez ses rapports *sur l'amélioration des graines de vers à soie et le Mémoire d'André Jean. — Sur la maladie des vers à soie. — Sur l'analyse de l'air des magnaneries*, etc., dans les *Comptes rendus de l'Académie des sciences*, tome XLIV, p. 132 et 807 ; t. XLV, p. 281. Voir aussi son Rapport au Sénat sur *l'industrie séricicole* (séance du 9 juin 1865).

« Tant que nos *Comptes rendus de l'Académie* seront consultés, les cent volumes qui constituent les Annales de la science française de 1834 à 1884 témoigneront de l'activité infatigable de ce grand homme. Il y expose ses idées, ses travaux, ceux de ses élèves et des élèves de ses élèves, aujourd'hui légion. Il y défend les droits des savants oubliés ou méconnus. Ou bien, partant des Notes soumises chaque lundi au jugement de l'Académie, il improvise de brillants développements qui nous font assister au mouvement scientifique ou industriel de cette époque. Du haut de son fauteuil de Secrétaire perpétuel, il exerce une véritable magistrature, bienveillante, discrète, acceptée des savants du monde entier, grande de la noble préoccupation du bien public ; car, ainsi que l'a dit l'homme illustre qui nous préside aujourd'hui, « derrière les individus, il voit toujours la France et sa véritable grandeur (1) ».

« Dans l'histoire scientifique de notre nation, nul autre que Lavoisier ne laissera un souvenir plus haut, une trace

---

(1) Dans cet Éloge historique de J-B. Dumas, nous n'avons eu à parler de l'écrivain que très sommairement. Il est jugé à ce point de vue dans le discours prononcé à la même solennité, au nom de l'Académie française, par M. Gaston Boissier. Mais si l'on veut se rendre directement compte des qualités de son style, et de la forme qu'il sait donner à sa pensée, toujours élevée, souvent charmante ou dramatique, il faut lire ses *Leçons de philosophie chimique* et ses *Discours et éloges académiques* (Paris, Gauthier-Villars éditeur, 1885). Partout, dans ses moindres discours à la Chambre, au Sénat, aux distributions de prix, dans ses Rapports à l'Académie, à la Société centrale d'agriculture, dans ses lettres intimes, etc., Dumas garde toujours ses qualités : la limpidité, la sobriété, souvent l'éloquence.

Il sera peut-être intéressant pour le lecteur, de connaître les opinions philosophiques et religieuses de Dumas. Elles éclatent un peu partout dans ses Œuvres et ses Éloges. Il était spiritualiste. Je me bornerai ici à une citation, extraite de son *Eloge de Guizot* (Discours de réception à l'Académie française, 1er juin 1876). Ces quelques lignes donneront aussi une idée de son style.

« L'homme, s'étudiant lui-même, reconnut bientôt qu'au delà
« des organes il y a une volonté ; au delà des sens, un esprit ;
« au-dessus de l'argile dont son corps est pétri, une âme dont il
« ignore la nature, l'origine et la destinée. Quand le matérialisme
« déclare qu'il n'y a rien dans l'intelligence qui n'ait été d'abord
« dans la sensation, Leibnitz peut lui répondre : *Si ce n'est*
« *l'intelligence elle-même, source unique de la puissance*. Dès

plus large, une figure plus sereine. Presque aussi propre que lui à tout éclairer de son génie, on dirait que Dumas a pris ce grand esprit pour modèle, qu'il hante continûment sa pensée. Il devient son panégyriste, son apôtre. Il élève à sa mémoire le beau monument de ses *Œuvres complètes*, ce livre que la mort, la mort violente avait, encore inachevé, arraché des mains de la grande victime. Comme Lavoisier, Dumas fait deux parts de sa vie ; savant, il marche de découvertes en découvertes ; administrateur, il éclaire les plus importantes questions économiques de son temps. Tous les deux, jeunes encore, sont amenés à reconstruire l'édifice scientifique de leur époque, à combattre les hommes qui détiennent la tradition et l'autorité ; tous les deux convainquent lentement leurs contemporains, et tous les deux imposent à l'étranger les idées françaises. Comme Lavoisier, Dumas dans ses multiples travaux sait aborder tantôt la chimie pure et ses lois, tantôt la chimie appliquée aux arts industriels ; tantôt il devient comme lui l'un des

---

« que l'homme pense, le sentiment de l'infini lui est révélé, et
« l'infini se montrant inaccessible, sa pensée s'arrête au bord
« du gouffre de l'inconnu.....
    « L'espace, le temps, le mouvement, la force, la manière, la créa-
« tion de la nature brute, demeurent autant de notions primor-
« diales dont la conception nous échappe. La physiologie ne sait
« rien de la nature et de l'origine de cette vie qui se transmet
« mystérieusement de génération en génération, depuis son
« apparition sur la terre. D'où elle vient ? la science l'ignore ;
« où va la vie ? la science ne le sait pas, et quand on affirme le
« contraire en son nom, on lui prête un langage qu'elle a le devoir
« de désavouer.
    « ...Naitre sans droits, vivre sans but, mourir sans espérance,
« telle serait notre destinée, suffisante peut-être à la satisfaction
« de ces rares esprits qui traversent le monde, soutenus par la
« curiosité ou la satisfaction de la difficulté vaincue, par l'or-
« gueil peut-être, mais dont l'ensemble des hommes ne se con-
« tente plus.
    « La religion, la morale, la civilisation reposent sur la base
« ferme du droit de tous les hommes à la justice, à la sympathie,
« à la liberté, œuvre du christianisme. Ceux qui possèdent ces
« grands biens les conserveront, ceux qui en sont encore privés
« en seront dotés à leur tour par le vrai progrès de la politique.
« En même temps la fièvre passagère de la pensée scientifique,
« en travail d'enfantement, qui menace ces fortes doctrines et
« qui n'a rien pour en tenir lieu, s'apaisera comme elle s'est
« apaisée en des temps éloignés. »

plus grands physiologistes de son temps. Comme son noble modèle, Dumas, en nous dévoilant les phénomènes les plus secrets de l'organisation, aime à faire parcourir à notre esprit ce cycle éternel suivant lequel la matière brute passe de la plante à l'animal, et par lui revient à l'état de matière brute, suivant un harmonieux balancement que la nature arrêta d'avance. Comme Lavoisier, écrivain clair et pathétique, Dumas devient le défenseur du petit, de l'imprévoyant, de l'inventeur méconnu. Comme à lui, les grandes questions d'intérêt public inspirent d'admirables études. Comme Lavoisier, Dumas a vu l'étranger fondre sur la patrie, l'ennemi à nos portes ou dans nos provinces, la France diminuée, menacée de décadence, et comme lui a pu douter un instant de l'avenir. Mais, plus heureux que Lavoisier, Dumas s'est vu épargner par les révolutions de son pays : sa mort n'a pas tâché d'une marque sanglante, ineffaçable, les pages du livre qu'il avait reçu mission d'entr'ouvrir. Vous élevez aujourd'hui à son génie un monument que la mémoire de Lavoisier attend encore !

« Puisse cette statue perpétuer le souvenir glorieux de celui que je viens de louer ! « Honorons, » vous dirai-je avec lui, « honorons nos grands hommes. Gardons avec un soin « religieux la tradition des services rendus par « nos prédécesseurs, par nos ancêtres. Toute nation « manquant à ce devoir prépare sa ruine intellectuelle et matérielle. » Mais ne comptons point sur ces grandes ombres pour nous glorifier et nous défendre. Les générations qui passent poussent partout celles qui ont passé. La souveraineté de la grandeur et de la force présentes pèse seule dans la balance des peuples. Pressés de vivre, ils regardent vers l'avenir. Pour assurer leur continuité et sauvegarder leur puissance, ils pressentent qu'ils ne sauraient attendre de ceux qui ne sont plus que cet héritage d'habitudes morales, et d'aptitude au travail et aux œuvres de l'intelligence que leur transmettent la tradition, les mœurs et le sang. Que ces caractères des fortes races lentement conquis par le temps viennent à disparaître, rien ne sera plus que médiocrité, impuissance et bassesse.

« Sachons donc conserver ces qualités qui font les nations puissantes et préparent les génies qui défendent leur prospérité. Forts des grands exemples qu'ils nous ont donnés, laissons à nos enfants cette religion qu'ils ont tous servie : le culte de la vérité, la grandeur morale, l'amour de la patrie. »

Discours de M. DARBOUX,
membre de l'Académie des sciences,
prononcé au nom de la Faculté des sciences.

« Messieurs,

« Au cours de sa brillante carrière, Jean-Baptiste Dumas a appartenu à la plupart de nos établissements d'enseignement supérieur. Sans parler de l'Ecole Centrale, dont il a été un des fondateurs et que nul ne s'étonnera de voir représenter à cette cérémonie, il a été successivement appelé à l'Ecole Polytechnique, au Collège de France, à la Faculté de Médecine. Mais aucun de ces établissements n'a eu, comme le nôtre, la bonne fortune de le garder à des titres divers, pendant trente-cinq ans, de 1832 à 1867. C'est à la Sorbonne qu'il a fait entendre, pendant dix-sept années consécutives, de 1832 à 1849, ces admirables leçons qui ont exercé une influence si directe et si incontestée sur le développement de la chimie moderne ; c'est là, que sont venus se grouper autour de sa chaire, les élèves de plus en plus nombreux qu'attirait de toutes parts l'éclat de ses travaux et de son enseignement.

« Notre Faculté des sciences, éprouvée par des pertes cruelles, compte aujourd'hui peu de professeurs ayant entendu les leçons de Dumas ; mais l'impression que nous ont transmise nos maîtres, ses élèves et ses héritiers directs, est grande et demeurera ineffaçable dans notre esprit comme dans le leur : Dumas fut un professeur incomparable ; il est, sans doute, le plus parfait modèle que l'on puisse proposer à tous nos maîtres du haut enseignement.

« Si les souvenirs personnels nous font défaut, il reste pourtant dans notre vieille Sorbonne, quelque chose qui rappellerai le nom de Dumas à ceux d'entre nous qui seraient tentés de l'oublier ; c'est une salle humide et malsaine où il travaillait quelquefois et où il a fait une de ses plus belles découvertes, celle de l'acide chloracétique. Grâce à la générosité des pouvoirs publics une nouvelle Sorbonne s'élève qui fera oublier les misères de l'ancienne. Bientôt, sans doute, nous verrons disparaître ce qui fut un moment le laboratoire de Dumas ; mais nous conserverons toujours notre reconnaissance aux hommes qui ont su, comme lui, faire des grandes choses avec des ressources modestes ; et, si j'ose le dire, cette reconnaissance empruntera quelque chose de plus touchant et de plus humain à l'insuffisance même des moyens dont ils ont pu disposer.

« Messieurs, la Faculté des sciences s'associe de cœur à l'hommage que vous rendez aujourd'hui à celui qui fut son doyen pendant huit ans et qu'elle comptera toujours au nombre des professeurs qui l'ont le plus honorée. Elle sera heureuse d'apprendre que l'artiste distingué auquel nous devons ce monument vraiment digne de Dumas, a voulu perpétuer, dans un des bas-reliefs qui ornent le piédestal, le souvenir des leçons que l'illustre chimiste a données à la Sorbonne.

« Au nom de tous mes collègues, au nom de notre jeune école de la Faculté des sciences, honneur et gloire à Dumas. »

Discours de M. VIGREUX,
prononcé
au nom de l'Ecole centrale des Arts et Manufactures.

« Messieurs,

« C'est au nom de la Direction et du Conseil de perfectionnement de l'Ecole centrale des Arts et Manufactures que je suis venu apporter ici mon modeste tribut d'admiration pour la mémoire du grand savant, de l'homme de bien à qui sa ville natale rend aujourd'hui un hommage si imposant et si mérité.

« En 1829, quatre jeunes hommes, Lavallée, assisté de Dumas, d'Olivier et de Péclet, ouvraient, à la jeunesse intelligente et laborieuse, les portes d'un établissement qu'ils fondaient sous le nom d'École centrale des Arts et Manufactures, où devaient s'instruire et se former des ingénieurs pour toutes les branches des arts industriels. A cette date, où l'industrie française débutait dans les transformations et les développements qu'elle a subis, les applications de la science ne faisaient l'objet d'aucun enseignement général, didactique et coordonné ; les ingénieurs civils, peu nombreux alors, se formaient par la tradition et l'expérience, mais ils ne possédaient pas, sauf quelques rares exceptions, les connaissances générales qui sont le fond d'instruction solide sans lequel il n'est pas de véritable ingénieur.

« L'Ecole Centrale arrivait à point pour combler cette lacune et les succès constants qu'elle a remportés depuis, par les ingénieurs qui en sont sortis, prouvent que la pensée de ses fondateurs était juste car elle a été féconde.

« Ces succès, elle les doit, sans aucun doute, à la forte organisation des études, à l'élévation et à la valeur technique de son enseignement, à la liberté, réglée par la nécessité du travail, dont jouissent ses élèves et de laquelle naît et se développe chez eux le sentiment de la responsabilité.

« Toutes ces choses étaient éclairées d'une vraie lumière dans l'esprit des fondateurs de l'Ecole Centrale, dont le plus illustre fut Jean-Baptiste Dumas.

« Aujourd'hui encore, après soixante années d'existence, les programmes de l'enseignement ont été modifiés et les méthodes perfectionnées en raison des progrès accomplis dans les sciences appliquées, mais l'organisation première n'a pas été changée dans ses grandes lignes.

« Jusqu'à sa mort, c'est-à-dire pendant cinquante-cinq ans, Dumas présida aux délibérations des Conseils de l'Ecole Centrale, en apportant, dans l'étude des questions qui leur étaient soumises, les facultés généralisatrices et le charme de sa vaste intelligence.

« Il y a dix ans, il était le héros des fêtes par lesquelles nous avons célébré le cinquantenaire de la fondation de notre école et nous étions tous heureux de la joie qu'il ressentait alors.

« A cette époque, il avait l'assurance que le gouvernement de la République, soucieux des intérêts du développement de l'industrie publique dans toutes ses branches, donnerait son concours indispensable à la construction d'un vaste édifice mis en rapport avec les développements de l'Ecole. Il a vu commencer la mise en exécution des projets adoptés, mais, comme le législateur antique, il ne put qu'entrevoir la terre promise : l'impitoyable mort l'empêcha d'y pénétrer et d'y jouir d'un triomphe légitime et qui pourtant lui était bien dû !

« O maître cher et vénéré, ton esprit vivifiant est toujours parmi nous ; tu nous guides encore comme tu guideras nos successeurs dans la voie du progrès.

« Tes élèves n'ont pas démérité de toi ; la preuve en est dans la part exceptionnelle qu'ils ont prise à la construction, à l'organisation et au succès de l'Exposition de 1889, cette apothéose magnifique de la paix et du travail universels.

« L'un d'eux n'a-t-il pas fixé le drapeau de la France au sommet d'une tour gigantesque, conçue et exécutée par lui ? Et n'est-ce pas à un autre de tes élèves qu'est échu le grand honneur d'ériger ce monument sur lequel se dresse la statue qui consacre ton immortalité ?

« Qu'il me soit donc permis, devant ce bronze qui transmettra tes traits à la postérité, de proclamer que la fondation de l'Ecole centrale des Arts et Manufactures est l'un de tes beaux titres à la reconnaissance du pays. »

Discours de M. HATON DE LA GOUPILIÈRE,
membre de l'Institut,
au nom de la Société d'encouragement
pour l'Industrie nationale.

« Messieurs,

« Une grande dette restait en souffrance, si la Société d'Encouragement pour l'Industrie nationale n'apportait au pied de cette statue l'expression de sa reconnaissance pour celui qui a présidé si longtemps à ses destinées, et ne venait se mêler avec bonheur au triomphe que reçoit aujourd'hui ce grand homme, en ce lieu qu'il eût certainement préféré à tout autre.

« Quand la moisson est aussi abondante, l'orateur doit se limiter. Après les éloquentes paroles que vous venez d'entendre, il ne me reste plus qu'à vous dire quel rôle fécond et tutélaire Dumas a su, pendant le cours d'une vie si glorieuse, remplir à l'égard de la Société d'Encouragement.

« Il a appartenu à notre Compagnie de 1829 jusqu'à sa mort, c'est-à-dire pendant cinquante-cinq ans. D'abord membre adjoint de son conseil d'administration, il en devenait membre titulaire en 1837, vice-président en 1841, président en 1845. Il a occupé, pendant quarante-quatre années consécutives ce fauteuil dans lequel il n'avait eu que deux prédécesseurs : Chaptal de 1801 à 1832, et Thénard depuis lors.

« Ces deux hommes illustres avaient contribué à asseoir sur de fortes bases la Société. Dumas mit la dernière main à l'œuvre. Son jugement droit et pénétrant, son caractère bienveillant, plein de tact et de charme, imprimèrent aux délibérations un esprit de suite et de mesure auquel ont unanimement rendu justice plusieurs générations de collègues. Il aimait la Société d'Encouragement ; il lui était profondément dévoué et lui donnait une grande part de lui-même. La Société rendait à son Président un sentiment profond de respect, de confiance et d'affection.

« Avec une admirable clarté, il résumait les questions et précisait les discussions difficiles. Son universelle érudition ajoutait d'intéressants compléments aux communications présentées dans nos soirées par des savants ou des industriels. Son esprit pratique, ses relations si étendues dans les ateliers contribuaient puissamment à fournir des aliments à nos travaux.

« Au moment opportun, Dumas a su provoquer et mener à bien une importante réforme du statut qui nous régit. Sous son inspiration, le principe de la nomination à vie des membres du Conseil a communiqué à ce puissant régulateur de la Société d'Encouragement une stabilité et un esprit de tradition bien nécessaires pour une institution appelée à jouer un grand rôle national, et à répandre autour d'elle, au mieux de l'encouragement de l'industrie, les capitaux importants qui lui ont été confiés par de généreux donateurs en vue de cette destination si élevée.

« C'est donc, Messieurs, avec une légitime fierté d'avoir, à un tel point, incarné en elle une existence aussi glorieuse, que la Société d'Encouragement vient apporter ici l'hommage de son admiration et de sa reconnaissance envers cet enfant d'Alais qui a su se faire de si grandes destinées. »

VI

DISTRIBUTION DES RÉCOMPENSES AUX LAURÉATS DES
CONCOURS VITICOLE ET AGRICOLE.
OBJET OFFERT A M. PASTEUR PAR LA SOCIÉTÉ D'AGRICULTURE.
RUE PASTEUR.

—

A cinq heures, la cérémonie de l'inauguration de la statue J.-B. Dumas a été terminée, et le cortège s'est rendu à la Mairie où devait avoir lieu la distribution des récompenses aux lauréats des concours viticole et agricole, sous la présidence de M. le ministre d'agriculture.

La Société d'agriculture d'Alais a saisi cette occasion pour offrir à M. Pasteur un bien modeste témoignage de la reconnaissance des sériciculteurs. C'est un objet d'art consistant en une branche de bruyère en argent, sur laquelle sont placés quelques cocons en or ; le tout fixé sur une plaque de marbre d'un très bel effet.

M. Darbousse, président de la Société d'agriculture d'Alais, a lu à M. Pasteur l'adresse suivante au moment où le bureau de cette Société lui remettait ce précieux objet :

« La ville d'Alais aujourd'hui, élève une statue à Dumas, un de ses plus illustres enfants ; elle tresse des couronnes sur la tête de La Fare, son poète ; et nous, agriculteurs, associant le nom de Pasteur à deux noms glorieux, nous venons lui offrir un hommage de vive reconnaissance et de respectueuse affection.

« Nous n'avons point oublié que vous fûtes notre hôte, et qu'ici même, à Alais, vous avez trouvé le remède au fléau qui ruinait nos campagnes.

« C'est au sauveur de la sériciculture que nous offrons ce rameau de bruyère et les cocons qui y sont attachés. Ce rameau d'argent n'est que le modeste souvenir d'un grand bienfait, mais il est offert par le peuple et par des milliers de souscripteurs ; la Société d'agriculture n'en est ici que l'interprète.

« Les agriculteurs cévenols reconnaissants saluent en M. Pasteur un des bienfaiteurs de l'humanité.

« Le *Bureau* : Président d'honneur, Léonce Destremx ; président, A. Darbousse ; vice-président, L. Chabaud ; secrétaire général, Laurent de l'Arbousset ; trésorier, Ollier de Marichard ; secrétaires, E. Boissier, J. Bonnal, G. Pouget ; archiviste, Louis de Laroque. »

Après cette remise, M. Espérandieu, maire d'Alais, a lu une pétition dont il avait pris l'initiative, et signée par quinze conseillers municipaux, proposant de donner à la rue du Collège, le nom de *rue Pasteur*.

L'illustre savant s'est montré très touché de ce double témoignage de sympathie, et, en remerciant M. le Maire et MM. les membres du bureau de la Société d'agriculture :

« Je regrette, a-t-il dit, que ma voix trop faible ne me permette pas de vous exprimer à tous mes sentiments de gratitude, mais je vous charge de dire combien je suis ému et charmé des témoignages d'affection que vous venez de me donner. »

M. Pasteur, qui se trouvait déjà très fatigué du discours qu'il venait de prononcer à l'inauguration de la statue de J.-B. Dumas, a manifesté le désir de se retirer. Il a donc quitté la séance, salué non par des acclamations bruyantes, mais par ce murmure respectueux qui, bien mieux que des cris et des démonstrations tumultueuses, démontre le respect et l'affection du peuple.

M. le Ministre de l'agriculture a bien voulu ensuite présider la distribution des récompenses accordées par la Société d'agriculture et le Comité du phylloxera.

Après une allocution fort goûtée de l'auditoire, il a remis la décoration de chevalier du Mérite agricole à M. Ernest Boissier, secrétaire de la Société d'agriculture.

Voici la délibération du conseil municipal d'Alais qui fut adressée quelques jours après à M. Pasteur, avec la lettre qu'il envoya en réponse à M. le maire de la ville.

« *Extrait du registre des délibérations du conseil municipal.* — Séance du 29 octobre 1889. — Présents : MM. Espérandieu, maire, président ; Félix, adjoint ; Pin, Maurin, Arbousset, Pagès, Laurent de l'Arbousset, André Auguste, André César, Chauvet, Gascou, Robert, Gueidan, Combes, Gouyon et Monteils. « M. Maurin est élu secrétaire. Le Président donne lecture de la proposition suivante :

« Messieurs,

« Le Conseil municipal, dans une discussion récente et à propos de la dénomination des rues de la Ville, s'était montré divisé et hésitant pour accorder un semblable hommage à des hommes politiques vivants, en faisant remarquer que la postérité, seul juge réellement impartial, ne ratifiait pas toujours les décisions. Mais d'un autre côté, nous pouvons le dire avec une certaine fierté, l'assemblée communale n'hésita pas à proclamer dans cette même séance, qu'il y avait des cas exceptionnels et des services éminents qui pouvaient justifier ce mode de glorification.

« Ce cas se présente aujourd'hui ; malgré son âge, ses fatigues et, hélas ! aussi malgré son état de santé, un homme illustre entre tous, est venu présider l'inauguration de la statue de notre compatriote J.-B. Dumas, et donner par sa présence un éclat incomparable à cette fête.

« Cet homme a rendu à notre pays d'immenses services. Il a fait dans notre ville ses belles expériences séricicoles qui ont eu pour résultat de ramener la richesse dans notre région. De plus, par ses travaux d'un autre ordre, il sera considéré par la postérité comme un des bienfaiteurs de l'humanité.

« Nous venons vous proposer, Messieurs, au nom de la Municipalité, de consacrer le souvenir de cette fête, et la présence dans nos murs du glorieux savant, en prenant la délibération suivante :

« Le Conseil municipal délibère :

« La rue du Collège portera à l'avenir le nom de « Rue Pasteur ».

« Sans discussion et à l'unanimité, le Conseil vote la proposition de la Municipalité.

« Et ont les membres présents signé au registre. »

Réponse de M. Pasteur :

« Monsieur le Maire,

« Je ne saurais dire jusqu'à quel point j'ai été touché de la délibération du conseil municipal d'Alais, en date du 29 octobre dernier, que vous avez eu l'obligeance de me faire parvenir par votre lettre du 8 novembre courant.

« Que de souvenirs précieux pour moi dans cette délibération et qui me vont au plus profond de mon cœur ; la reconnaissance de la ville d'Alais, pays natal de l'un des plus illustres savants de la France, mon maître vénéré, pour les études qu'il m'avait demandées au nom de sa grande attention pour ses compatriotes, dont les récoltes étaient livrées à une épidémie sans cesse renaissante, la joie d'avoir cédé à ses bienveillantes instances, le bonheur de penser que les résultats de mes études ont été et sont encore utiles à une grande industrie, toutes ces circonstances, M. le Maire, m'émeuvent extrêmement.

« Permettez que j'y joigne l'expression de ma vive gratitude envers vous, M. le Maire, et envers MM. les membres du conseil municipal d'Alais, auprès de qui je vous prie d'être l'interprète de tous mes sentiments. Ma famille et moi nous garderons toujours le souvenir des belles fêtes organisées par la ville d'Alais, à l'occasion de l'inauguration de la statue de M. Dumas, et dont le remarquable succès fait tant d'honneur, à vous, M. le Maire, au Conseil municipal d'Alais et à la population de votre cité.

« Recevez, etc. »

VII

Le Banquet J.-B. Dumas.

Une table de 200 couverts était dressée dans la salle du Casino de l'Evêché. Le banquet était ordonné par le restaurateur Vacher.

A 7 heures, les convives prennent place autour des tables, toutes disposées en parallèle perpendiculairement à la table d'honneur, sous la présidence de M. Faye, ministre de l'Agriculture.

Le menu était ainsi composé :

HORS-D'ŒUVRE
Petits vole-au-vent Montglas.

RELEVÉ
Saumon sauce mayonnaise. (Vin de Saint-Georges.)

ENTRÉE
*Filet champignons ;
Chaud-froid de perdreaux ;
Pâtés de Strasbourg.*

LÉGUMES
*Cèpes bordelaises ;
Salade russe. (Vin Chambolle-Mussigny).*

ROTI
Faisans de Bohême.

ENTREMETS
Bombes sultanes

DESSERT
(Vin Moët-Chandon).

Au dessert, commence la série des toasts.

M. Bezombes, sous-préfet d'Alais, prend le premier la parole et s'exprime en ces termes :

« Monsieur le Ministre,
« Messieurs,

« M. le Préfet du Gard, que son état de santé retient, malheureusement, loin de nous, m'a délégué l'honneur de vous exprimer ses profonds regrets de ne pouvoir assister aux fêtes alaisiennes. Mais, si le premier magistrat du département est absent, sa pensée et son cœur sont au milieu de nous et il s'associe pleinement à nos réjouissances. (Très bien).

« En effet, Messieurs, les fêtes qui ont pour objet la consécration de la mémoire des hommes illustres dont le génie, les vertus et les éclatants services ont ajouté une gloire nouvelle aux gloires de l'Etat, sont des fêtes essentiellement républicaines, car la République a une affinité éprouvée avec le beau, le vrai et le bien, et elle s'honore de puiser grandement à cette noble et pure source du bonheur social. N'a-t-elle pas aujourd'hui même rendu hommage à la puissance du travail en donnant la présidence de cette solennité à l'un des princes de la science ! (Applaudissements prolongés).

« J'aurais désiré qu'une voix, plus autorisée que la mienne, développât ces sentiments. Mais je suis sûr d'être d'accord avec tous et d'aller au-devant de votre pensée, en vous proposant un toast à la santé de l'élu de nos élus, au chef vénéré de l'Etat qui travaille, lui aussi, si ardemment et si efficacement, à la grandeur et à la prospérité de notre chère Patrie.

« Je bois, Messieurs, à M. Carnot, président de la République Française. »

Ce toast est accueilli par les applaudissements unanimes de l'assemblée.

M. Espérandieu, maire d'Alais, excuse M. le baron d'Estrella, empêché par la mort du roi du Portugal ; il dit que M. d'Estrella aurait bu à la ville d'Alais et à la France. M. le Maire boit ensuite à la République et au Ministre de l'Agriculture.

Discours de M. FAYE, ministre de l'Agriculture.

M. Faye, ministre de l'Agriculture, a répondu à ces deux toasts. Il a promis de transmettre à M. Carnot les sentiments qui venaient d'être exprimés. « Je suis persuadé, a-t-il ajouté, qu'il en sera reconnaissant. »

M. Faye, après un brillant éloge du président Carnot, a abordé l'examen de la situation politique.

« L'année 1889, a-t-il dit, a été marquée doublement au point de vue des évènements. Deux grandes manifestations se sont, en effet, produites. D'abord, cette grande manifestation pacifique du travail, intéressante à tous les points de vue. L'Exposition universelle a fait plus pour les grandeurs de notre pays que vingt batailles gagnées, car, dans le champ scientifique et industriel, la cause servie a été non-seulement la cause de la France, mais la cause de l'humanité.

« La seconde manifestation a été celle des élections ; le pays souffrait depuis longtemps d'un mal latent ; il y avait, je ne dirai pas du mécontentement, de l'irritation, de la colère, mais un sentiment vague qui, pour n'être pas bien défini, n'en était que plus dangereux ; le phénomène a failli avoir des conséquences pénibles.

« Des syndicats de mécontents s'étaient formés, traînant à leur remorque les défenseurs de toutes les causes les moins avouables, et les représentants des partis les plus discrédités ; ils menaçaient même de devenir un danger. Un jour, cependant, nous nous sommes réveillés au bord d'un précipice couvert de fleurs ; alors la France a vu le piège qui lui était tendu et l'a repoussé du pied ; vous savez avec quel dédain.

« Aujourd'hui, elle peut parcourir sans crainte sa route ; mais faut-il qu'elle reste inactive dans cette voie ? Faut-il qu'elle renonce à se préserver du retour de pareils évènements ? Une semblable conduite serait dangereuse et peu sage.

« Une patriotique prudence commande de veiller, non pas en pratiquant une politique de persécution, mais, au contraire, en inaugurant une politique sage et prévoyante.

« La République doit être obéie parce qu'elle est le gouvernement légal du pays sanctionné à diverses reprises par les suffrages des citoyens, et chacun doit la respecter.

« Au surplus, nous n'avons plus à faire de la politique: assez de politique, des affaires. Nous n'avons plus à craindre du côté des partis vaincus. Quand l'ennemi frappe à nos portes, tout le monde se lève et se dispose à aller défendre le sol de la patrie ; mais en temps de paix, il faut faire ses affaires et celles du pays. Quelques-unes me tiennent au cœur et ne sont pas, à mon avis, des moins importantes ; parmi elles, une appartient à la politique économique ; l'autre, à la politique intérieure.

« En examinant la première, on remarque que nous sommes actuellement dans une situation telle que nous devons avant peu, nous prononcer entre deux systèmes, l'un ouvrant nos barrières à toutes les productions. C'est l'invasion, en France, des produits de tous les pays, c'est le libre échange. Cette politique a eu du succès il y a de longues années ; mais aujourd'hui, j'estime, qu'elle a fait son temps. Nous ne devons pas nous payer de statistiques remontant à vingt ans, nous devons nous placer en présence de la situation des faits qui nous sont imposés, examiner la question dans le moment présent. Tous les pays voisins se protègent et il est étrange de voir une nation voisine se plaindre qu'on lui applique des tarifs qui n'ont rien d'exceptionnel et qu'après une déclaration de guerre on repousse une agression par une agression semblable.

« Il faut que cette question soit étudiée sérieusement, qu'on envisage bien la situation qui est faite en ce moment au commerce, à l'industrie et à l'agriculture, non pas comme il y a vingt ans, mais comme les choses se passent aujourd'hui.

« Au point de vue politique, il y avait, avant les élections, une sorte de mal latent, il y avait un sentiment d'inquiétude qui est aujourd'hui dissipé.

« Je sais qu'il y a ici des adversaires politiques ; j'en suis heureux et c'est à eux que je m'adresse. S'ils sont honnêtes, ils seront écœurés, comme moi, du dévergondage d'une certaine presse qui s'efforçait, je ne dirai pas de salir, car la probité ne se salit pas, mais d'attaquer lâchement les chefs de tous les partis.

« Il y a nécessité de purifier cette presse, dans l'intérêt même de cette institution, noble entre toutes et respectée quand elle est loyale et respectable. Je sais bien, Messieurs, que les ministres ne sont que des oiseaux de passage. Demain, peut-être, je serai rendu à la vie privée. En tout cas, les opinions que j'exprime me sont absolument personnelles, et n'engagent personne autre que moi. »

Le Ministre termine en buvant à la ville d'Alais, à la municipalité et au Comité des Fêtes.

Ce discours est accueilli par une longue salve d'applaudissements.

M. J.-B. Dumas se lève ensuite pour boire à la santé de la ville d'Alais.

Toast de M. J.-B. DUMAS, petit-fils de J.-B. Dumas.

« Messieurs,

« Au nom de la famille de votre illustre compatriote dont vous voulez bien perpétuer la mémoire parmi vous et que je suis fier de représenter ici, je vous remercie.

« Permettez au petit-fils de Dumas, avec toute l'émotion qu'il éprouve, après des démonstrations si enthousiastes et si sympathiques pour celui qui a illustré mon nom, de vous témoigner pour toute ma famille et pour moi, ma plus vive reconnaissance.

« Sincèrement, merci, Messieurs, au promoteur si persévérant de cette fête, aux membres si zélés des Comités d'Alais et de Paris, et à la municipalité si hospitalière de la cité d'Alais.

« Je bois à la Ville d'Alais !..... »

M. de Place parlant au nom des Ingénieurs civils de France, s'exprime ainsi :

Allocution de M. DE PLACE, au nom de la Société des Ingénieurs Civils de France.

« Messieurs,

« Au nom de la Société des Ingénieurs civils de France et par délégation spéciale du président, M. Eiffel, et de son Comité, je viens, à mon tour, apporter un juste tribut de reconnaissance filiale, de respectueux souvenirs et d'impérissable admiration à l'immortel savant dont nous fêtons aujourd'hui la mémoire, à J.-B. Dumas qui, par un rare privilège du génie associé à la puissance du travail, devint, par son œuvre à la fois scientifique et littéraire, l'une des illustrations les plus pures et les plus complètes de notre pays.

« Les voix les plus autorisées viennent de vous rappeler la vie, les découvertes fécondes, la célébrité précoce, les talents oratoires et administratifs et les vertus de notre illustre maître qui semble avoir été l'incarnation du génie universel ; mon rôle se borne à vous parler de ses relations avec notre Société d'Ingénieurs.

« Et d'abord, ne pouvons-nous pas dire qu'il appartenait à la grande corporation des ingénieurs français comme un père appartient à sa famille ?

« N'était-il point, en effet, l'un des principaux et des plus vénérés fondateurs de cette grande pépinière d'ingénieurs, l'Ecole Centrale, qui a si largement contribué à porter, avec la civilisation industrielle, le nom de l'éminent professeur jusque dans les contrées les plus lointaines ?

« Ce sont les anciens élèves de Dumas qui fondèrent, en 1848, la libre et puissante société dont j'ai l'honneur d'être aujourd'hui l'organe, société qui fut bientôt largement ouverte aux ingénieurs civils de toute origine et de toute nationalité et à laquelle M. Carnot, ingénieur, Président de la République française, rendait hommage il y a peu de jours, dans une visite à l'Exposition, en disant à son président : « *Je connais les travaux de la Société des Ingénieurs Civils, quant à ceux de ses membres, ils remplissent l'Exposition.* »

« Mais c'est surtout comme *membre honoraire*, titre exceptionnellement réservé aux sommités de la Science, que J.-B. Dumas appartenait directement, depuis 1869, à la Société des Ingénieurs civils, formée en grande partie de ses anciens élèves, et je m'empresse d'ajouter avec orgueil que notre Société a été non moins heureuse de pouvoir décerner quelques années plus tard, en 1884, ce même titre de *membre d'honneur* à l'illustre président que la ville d'Alais est fière de posséder pour la fête de ce jour, à l'ancien collaborateur et ami dévoué de J.-B. Dumas, à Monsieur Pasteur, que je salue avec respect au nom de la Société des Ingénieurs civils de France.

« Enfin, il me semble, Messieurs, que nous ne saurions mieux faire, en pareil jour, que de reporter à leur auteur les paroles suivantes que J.-B. Dumas a prononcées en l'honneur de Faraday, dans l'éloge historique qu'il fit du grand physicien anglais :

« Il n'est pas de ceux qu'une nation puisse revendiquer
« d'une façon exclusive...; il appartient au monde entier.
« Il n'est pas sur la terre un point où la civilisation ait
« pénétré qui ne se croie le droit de partager le respect et
« la reconnaissance que lui porte son pays ! » *(J.-B. Dumas. — Eloge historique de Faraday.)*

« Aussi, sous le précieux et sympathique patronage de M. Pasteur, suis-je heureux de répéter au nom de la Société des Ingénieurs civils : Honneur à J.-B. Dumas, l'une des plus grandes gloires non seulement d'Alais, mais de la France et de l'humanité tout entière. »

Après M. de Place, M. Delmas se faisant l'interprète de l'Association polytechnique, dit :

Allocution de M. DELMAS.

« Messieurs,

« Grâce aux remarquables discours que vous avez entendus ce matin, grâce aux allocutions du soir, vous avez pu juger l'œuvre immense de J.-B. Dumas. — Vous l'avez vu successivement professeur éloquent, chimiste analysant et synthétisant toutes choses et cherchant à arracher à la nature les secrets les plus impénétrables de la science. Esprit profondément observateur et pratique, il avait compris, comme on vous l'a si remarquablement rappelé, que l'heure était venue pour la France de marcher à la tête du progrès et de l'industrie ; d'où sa fondation de l'Ecole Centrale. — Si on ajoute à tout ce bagage littéraire et artistique, le souvenir des hautes fonctions qu'il avait occupées, il semble, Messieurs, qu'il ne reste plus de place pour un nouvel éloge, et que le silence doive permettre à l'esprit une admiration muette.

« Il reste cependant, Messieurs, tout un côté de la vie de Dumas qui n'a pas été seulement effleuré et qui à lui seul serait suffisant pour illustrer à jamais la mémoire d'un homme ! Cet épisode, Messieurs, c'est peut-être celui qui montre le plus surabondamment le côté élevé et désintéressé de son beau caractère : je veux parler de Dumas, membre de l'Association Polytechnique ; de Dumas, son président ; de Dumas, son président d'honneur.

« Oui, Messieurs, c'est là que la bonté et la fraternité éclatent dans toute leur force. Qu'est-ce en effet que l'Association Polytechnique ? C'est une réunion de gens de toute origine, de toute condition, qui se sont groupés pour apprendre aux déshérités de la fortune ce qu'ils ne savent pas. Fondée en 1830, par les anciens élèves de l'Ecole Polytechnique, notre association fonctionnait depuis longtemps lorsqu'elle eut l'honneur de compter Dumas parmi ses membres. On ne peut donc pas dire que l'ambition jouait un rôle quelconque, puisque rien ici n'était à créer ; aucune gloire ne semblait lui être réservée. — Et son acte ne ressemblait-il pas à ce que fit, sous notre première République, ce grand soldat chargé de gloire et d'honneur qui refusa tout pour être simple soldat !

« Cependant là encore, Dumas avait un rôle à jouer : en fondant l'Association Polytechnique, nos anciens n'avaient eu en vue que l'institution élémentaire ; apprendre à lire, à écrire, à compter, quelques notions d'histoire, de géographie, et puis c'était tout. — Mais depuis 1830 l'instruction avait considérablement fait des progrès en France ;

des écoles primaires s'étaient ouvertes et nous faisaient une noble et salutaire concurrence. — Nous ne semblions plus avoir été que les précurseurs destinés à disparaître, notre but était atteint. C'est alors que Dumas entra à l'association. Son esprit élevé et pénétrant, de même qu'il avait prévu le rôle important que devait jouer l'École Centrale, prophétisa également en quelque sorte celui qui était désormais réservé à notre Association : de l'instrucction primaire élémentaire, nous devions passer à l'instruction primaire supérieure, afin de donner toujours à la même catégorie d'individus, l'instruction qui lui fait défaut : nous devenions ainsi les éducateurs complémentaires de l'École primaire. — Ce simple changement de mot semble peu de chose, Messieurs ! et cependant c'était tout pour nous ; c'était la vie rendue à une œuvre qui semblait condamnée à disparaître faute d'utilité ! Nos programmes furent alors modifiés ; à cet enseignement élémentaire se substitua l'enseignement supérieur : la chimie, la physique, la mécanique, l'économie politique, la botanique... que sais-je ! vinrent successivement remplacer les premiers cours créés. Cet essor donné ne devait pas s'arrêter : aujourd'hui, nous avons encore en suivant ces mêmes préceptes, apporté des améliorations. Des cours professionnels se sont ajoutés, et nos élèves, outre la possibilité de comprendre les grands phénomènes de tous ordres, de goûter les satisfactions infinies de l'étude, trouvent dans nos leçons les premières notions d'un état qui peut leur apporter, sinon la fortune, du moins l'aisance et l'indépendance.

« Vous le voyez, Messieurs, si j'avais raison de vous dire en commençant qu'il existait un côté véritablement bon et humanitaire chez votre grand compatriote ! Vous le voyez, Messieurs, si nos quatre cents professeurs et nos cent mille élèves lui doivent de reconnaissance : son nom est gravé sur notre livre d'or à côté de celui de nos fondateurs, les Auguste Comte, les Lanolit, les Perdonnet ; à côté de ceux qui apporteront à notre œuvre le dévouement et le désintéressement de leurs devanciers.

« Ce bronze élevé aujourd'hui à votre mémoire, grand Dumas, perpétuera pour nous le souvenir de votre grand cœur et de votre bonté !

« Comme le coureur antique, vous avez vaillamment porté le flambeau que vous aviez reçu de vos devanciers. Ce flambeau, vous avez augmenté son éclat et vous nous l'avez remis ! A nous de le transmettre à notre tour à ceux qui nous suivront ! »

L'Association amicale des anciens Elèves de l'Ecole Centrale a voulu payer son tribut de reconnaissance à J.-B. Dumas, par l'organe de M. Marès.

Discours de M. MARÈS, au nom de l'Association amicale des anciens élèves de l'Ecole Centrale.

« Messieurs,

« Nous venons saluer la statue de notre cher et illustre maître J.-B. Dumas, au nom de l'Association amicale des anciens élèves de l'Ecole Centrale. Nous venons apporter au grand savant, au grand patriote, au grand génie qui fut avec Lavallée, Péclet, Olivier, le fondateur de notre Ecole d'Ingénieurs, le tribut de nos hommages, de notre admiration et de notre reconnaissance.

« J.-B. Dumas, dont la longue carrière s'étend (de 1800 à 1884), à la plus grande partie de notre siècle, n'a pas été seulement un des plus grands savants de notre temps, dont les travaux ont eu sur la Chimie et ses applications aux Arts et à l'Industrie l'influence la plus féconde, mais il a su grouper autour de lui, par ses leçons et ses enseignements, les disciples les plus nombreux et les plus dévoués. J.-B. Dumas se continue donc, en quelque sorte, par ses élèves.

« C'est là surtout ce qui caractérise notre Maître ; c'est un des côtés de sa vie qui le désigne à l'admiration de la postérité et à la reconnaissance de la patrie.

« La carrière parcourue par le grand homme dont nous célébrons aujourd'hui l'apothéose dans sa ville natale, est un des exemples les plus satisfaisants de la puissance, de la volonté et du travail, dans une société libre, où la supériorité de l'intelligence et des services rendus, permettent aux hommes utiles de s'élever au rang qui leur est dû.

« Issu d'une famille très modeste, J.-B. Dumas s'est élevé et instruit lui-même : il quitte Alais, sa ville natale, à 17 ans, va se placer à Genève dans la pharmacie Leroyer, et, à peine âgé de 20 ans, publie avec Prévost ses premières recherches de physiologie sur le sang. Encouragé par Alexandre de Humboldt que ses premiers travaux avaient intéressé, il vient à Paris, en 1821, et il se voue exclusivement à l'étude de la Chimie.

« Il fait une série de leçons très remarquées à l'Athénée où il se lie avec Lavallée, Olivier et Péclet, et dès l'année 1829, il fonde, de concert avec eux, l'Ecole centrale des Arts et Manufactures, et en ouvre les cours le 3 novembre.

« En 1832, il entre à l'Académie des sciences, qu'il a illustrée pendant 52 ans, et dont il guidait encore les travaux comme secrétaire perpétuel, quand la mort l'a enlevé le 11 avril 1884.

« J.-B. Dumas appartenait aussi à l'Académie française.

« Pendant sa longue carrière, si remplie par la science, par les affaires, par l'administration, J.-B. Dumas a fait preuve de toutes les supériorités ; profond savant, laissant une œuvre immense, qui le place à côté de notre immortel Lavoisier, dont il a été l'admirateur et le continuateur dans notre siècle ; professeur incomparable par la clarté, l'élégance et la méthode de ses leçons ; ministre éminent, lorsqu'il occupa, sous la présidence de Louis-Napoléon, le ministère de l'Agriculture et du Commerce ; président du Conseil municipal de Paris sous le second Empire ; président de toutes les grandes Commissions scientifiques internationales sous la troisième République, Dumas s'est montré partout avec les qualités supérieures qui ont excité notre admiration.

« Des voix plus autorisées que la mienne ont apprécié l'œuvre scientifique de Dumas et les théories dont il est l'auteur : sa conception des types chimiques, sa théorie des substitutions renversant le dualisme de Berzélius, ont révolutionné la chimie et exercé sur ses progrès une influence décisive ; son grand traité de chimie appliqué aux arts, ses leçons de philosophie chimique, ses Mémoires à l'Académie des sciences, ont immortalisé le nom du savant. La direction qu'il a su imprimer aux Commissions supérieures qu'il présidait, a contribué à résoudre les questions de la maladie des vers à soie et du phylloxera de la vigne, qui intéressent si directement notre agriculture. Mais comme fondateur d'Ecole, comme un des auteurs principaux d'un enseignement qui a doté la France et le monde entier d'une légion d'ingénieurs formés par la science et la pratique, Dumas a acquis des titres incomparables à la reconnaissance de la patrie.

« Pendant plus de vingt ans, il a fait ses cours de chimie à l'Ecole Centrale, en leur imprimant le double caractère scientifique et pratique qui distinguait si bien son enseignement. Il excitait parmi ses élèves un véritable enthousiasme ; souvent les applaudissements éclataient à la fin de ses leçons. Nous, qui les avons suivies de 1841 à 1843, lorsqu'il exposait les méthodes de l'analyse chimique, nous ne pouvons nous rappeler sans émotion l'impression profonde qu'elles produisaient sur nous. Les élèves de cette époque étaient fiers de leur professeur, de leur professeur fondateur qui s'honorait de faire pour eux son cours spécial et qui présidait assidûment le Conseil des études et les examens de concours de fin d'année.

« De son côté, Dumas aimait l'Ecole Centrale comme on aime un enfant ; que de fois, dans les vingt dernières années de sa vie, lui avons-nous entendu dire : « *Ma plus belle œuvre est l'Ecole Centrale* ». Il ajoutait : « Quand nous avons fondé notre Ecole avec MM. Lavallée, Olivier et Péclet, alors que tous nous étions encore dans la force de la jeunesse, nous étions convaincus de la nécessité de créer en France, une grande Ecole de Génie civil dont les élèves formés par les principes de la science et de ses applications aux Arts et à l'Industrie, seraient appelés à devenir les chefs du mouvement industriel. »

« Le succès de l'Ecole centrale, établissement libre, qui a réussi malgré les difficultés de tous genres qui ont entouré sa conception et ses débuts, a prouvé la justesse des vues de ses fondateurs.

« Dumas en était le plus jeune ; c'est lui qui a le plus longtemps joui de son œuvre et qui en a suivi les développements et les péripéties avec une sollicitude toute paternelle.

« En 1857, après 28 ans de succès, les fondateurs cédèrent à l'Etat l'Ecole Centrale, qui, depuis cette époque, est devenue une de ses dépendances.

« En 1862, fut fondée l'Association, reconnue en 1867, comme établissement d'utilité publique.

« Un lien fut ainsi formé entre tous les anciens élèves ingénieurs de l'Ecole, non seulement en France, mais dans tous les pays du monde auxquels s'étend leur activité scientifique et industrielle. Plus de 4.000 savants ou ingénieurs forment aujourd'hui cette grande phalange dont tous les groupes réunis chaque année, le 3 novembre, anniversaire de l'ouverture de l'Ecole, célèbrent dans un banquet fraternel cette date mémorable, et adressent un télégramme aux membres du Groupe de Paris, associant ainsi leurs vœux pour le succès et la prospérité de l'Ecole et de leurs jeunes camarades.

« Dumas et Lavallée, les derniers fondateurs survivants aidèrent de toutes leurs forces à la formation de l'Association amicale ; ils en avaient compris l'utilité et la nécessité.

« Lavallée mourut en 1873. Dumas resta alors le seul survivant des fondateurs de l'Ecole.

« La célébration, en juin 1879, du cinquantenaire de sa création, par les groupes de l'Association amicale réunis à tout le personnel de l'Ecole, fut pour Dumas un jour de triomphe, quand, accompagné de Madame Dumas, à laquelle il était uni depuis 1825 (1), il traversa, au milieu de la fête, les brillants salons de l'Hôtel Continental, une ovation universelle éclata partout sur son passage. Toutes les promotions d'un demi-siècle se trouvaient représentées à cette fête inoubliable, dont le héros, dans toute la force de son génie et de ses facultés, défiant les années, se voyait

---

(1) Madame Dumas vit encore, conservant, après 59 ans d'union, avec le grand homme auquel elle a survécu, le souvenir et le culte de cette longue existence dont elle a partagé les épreuves et les grandeurs.

La cérémonie qui consacre la reconnaissance de la France pour son mari, est aussi pour elle, une glorification bien méritée.

entouré et acclamé comme la personnification de l'Ecole elle-même.

« Dix années se sont écoulées depuis ; notre maître est descendu dans la tombe, mais sa mémoire vit dans le cœur de ceux qui l'ont connu et qui l'ont aimé, et le monument qui perpétuera son image et ses vertus dans les lieux même où il est né, est salué par eux comme l'hommage de la patrie reconnaissante.

« Nous te saluons donc, cher et illustre Maître, grand génie, grand patriote, qui as réussi à léguer à la France, que tu aimais passionnément, ces nombreuses générations d'élèves et de disciples, fières de ta gloire.

« Puissent-elles concourir à cet idéal de grandeur et de prospérité dont ton âme généreuse voulait doter la patrie. Puisse ton image conserver à jamais, pour les générations futures, le souvenir des vertus dont tu as été le modèle, et qui sont le germe des grands hommes de l'avenir. »

L'état de santé de M. Pasteur ne lui ayant pas permis de se rendre au banquet, M. Laurent de l'Arbousset porte le toast suivant :

« Messieurs, permettez-moi de lever mon verre pour boire à l'absent, au grand absent, que son état de santé retient loin de nous, bien qu'il soit avec nous de cœur, à M. Pasteur, la gloire de la France, le bienfaiteur de l'humanité. »

MM. Cazot, Desmons, ont pris ensuite la parole. Enfin M. Pin, conseiller général, a bu à l'empereur du Brésil et a clôturé les toasts.

Malgré la pluie fine qui n'a pas cessé de tomber, des illuminations splendides ont éclairé la ville ; le feu d'artifice a été on ne peut plus brillant. Les invités se sont ensuite réunis à la Mairie pour prendre congé de la Municipalité.

Nous croyons devoir reproduire ici, les deux lettres suivantes, reçues quelque temps après l'inauguration du monument J.-B. Dumas :

6ᵉ CORPS D'ARMÉE   *Nancy, le 20 Janvier 1890.*

11ᵉ DIVISION

Le Général commandant

CABINET

« Monsieur le Maire,

« Tant sait l'homme, tant peut l'homme ». J.-B. Dumas se plaisait à dire toute la reconnaissance qu'il gardait, à ce double point de vue, à la Bibliothèque de la ville d'Alais. C'est grâce à elle, que dans sa première jeunesse il avait pu ouvrir son esprit à la recherche et au culte des « connaissances organisées ».

« Aussi avait-il tenu à lui envoyer souvent des preuves et de sa gratitude et de l'intérêt qu'il portait à ses jeunes compatriotes.

« Je crois donc me conformer à ses intentions en vous adressant, Monsieur le Maire, pour la Bibliothèque de la ville, les œuvres posthumes de J.-B. Dumas, ses discours et éloges académiques publiés par les soins pieux et éclairés de son ami, M. Gauthier-Villars.

« Ces ouvrages contiennent, sous la forme d'éloges académiques, le résumé de la philosophie des doctrines scientifiques des plus grands maîtres du siècle.

« Veuillez, je vous prie, agréer, Monsieur le Maire, avec les nouvelles expressions de ma reconnaissance, l'assurance de ma considération la plus distinguée.

« Noël J.-B. Dumas,

« Capitaine breveté d'Etat-Major, à Nancy,
« Petit-fils de J.-B. Dumas ».

INSTITUT DE FRANCE.

« Paris, 11 Janvier 1890.

« Monsieur le Maire,

« Sur le montant de la souscription faite pour élever un monument à la mémoire de J -B. Dumas, il reste un reliquat de 2.873 fr. 50. Il m'a semblé qu'il n'était pas de meilleur emploi à faire de cette somme, pour répondre aux sentiments des souscripteurs, que de la réserver pour l'entretien du monument.

« J'ai l'honneur, Monsieur le Maire, de vous adresser cette somme qui, placée par vos soins dans les meilleures conditions, servira à l'entretien du beau monument élevé à la mémoire de l'illustre J.-B. Dumas, dans sa ville natale.

« Veuillez agréer, Monsieur le Maire, l'expression de mes sentiments de haute considération.

« Signé : L. Pasteur,
« Président du Comité Dumas ».

LYCÉE J.-B. DUMAS

I

Historique.

La transformation du Collège communal d'Alais (1) en Lycée a été souvent l'objet des préoccupations des diverses administrations qui se sont succédé. Pour n'en citer

---

(1) Le Collège, fondé en 1704, par les soins du premier évêque d'Alais, Mgr de Saulx, avait pris un tel accroissement qu'il fallut bientôt songer à un autre local. Mgr d'Avéjan, dont la mémoire sera toujours chère aux Alaisiens, édifia un vaste établissement sur l'emplacement actuel, le dota, après l'avoir consacré à l'*Enfance de Jésus*. Ceci se passait en 1730, il y a déjà plus d'un siècle.

Les successeurs de Mgr d'Avéjan continuèrent son œuvre ; ils avaient compris, eux aussi, que dans ce pays si cruellement éprouvé par les luttes religieuses, le meilleur instrument de pacification, c'était l'instruction à tous les degrés ; ils créèrent des écoles sans cesser d'étendre une main protectrice sur le Collège qui se maintint florissant jusqu'en 1786.

A cette époque, l'évêque du diocèse d'Alais était Mgr de Beausset. Ce fut alors pour le Collège une singulière bonne fortune que la protection ardente du cardinal de Beausset et le concours bienveillant de M. de Castries, comte d'Alais, qui était ministre de la marine. Tous deux obtinrent de la munificence du roi la création d'une école navale préparatoire. Cette institution nécessita des constructions nouvelles. Selon la chronique locale, « on allongea l'aile du bâtiment situé entre les deux cours, et on

qu'un exemple, nous rappellerons que le 7 mai 1853, M. Roux, principal du Collège d'Alais, écrivait à M. Dumas, à celui-là même dont le Lycée est si fier de porter aujourd'hui le nom :

« Alais, le 7 mai 1853.

« Monsieur et cher compatriote,

« Je lis dans les journaux que l'administration de l'Instruction publique, cédant aux instances d'un grand nombre de villes qui sollicitent du Gouvernement la transformation de leurs collèges communaux en lycées, fait étudier en ce moment divers projets présentés.

« Quelle position pensez-vous que doive prendre le Collège d'Alais en présence de ces dispositions du Gouvernement ? Ne seriez-vous pas d'avis que la ville d'Alais doit solliciter la même faveur que tant d'autres et ne nous considéreriez-vous pas dans une situation aussi avantageuse que le département du Morbihan, par exemple, qui

---

refit à neuf toute la partie qui donne sur la rue depuis la porte d'entrée jusqu'au jardin de l'Evêché (1788). »

L'Ecole de marine dut augmenter naturellement la réputation et la prospérité du Collège. Il y eut deux cents pensionnaires, parmi lesquels quarante boursiers qu'on appelait les *quarante élèves du roi*. Cette Ecole se soutint ; elle compta au nombre de ses professeurs le célèbre Monge ; elle fournit d'excellents officiers de marine, entr'autres M. de Villèle, à qui la fortune réserva plus tard la mission de diriger « *le vaisseau de l'Etat*, » sur une mer non moins semée d'écueils que l'océan.

La Révolution de 1789 paralysa l'essor du Collège d'Alais. Cinq ans s'étaient écoulés lorsque la municipalité demanda qu'il fut érigé en Maison nationale d'enseignement public. Vaine tentative ! Ce n'est qu'en 1803 qu'il devint Ecole secondaire, grâce à une souscription ouverte par les citoyens notables de la ville. Enfin, Mgr de Beausset, dont le dévouement avait survécu malgré l'absence et à travers les épreuves de toute sorte, gagna à la cause du Collège le grand-maître de l'Université, M. de Fontanes, qui était d'origine alaisienne (1). Cet établissement fut reconnu de plein exercice et reçut une subvention. Mais depuis cette époque, (1809), son existence a subi des fluctuations diverses.

---

(1) M. de Fontanes était né à Niort, mais sa famille appartenait aux Cévennes et avait son berceau dans la vallée de Fontanes, au nord des forges de Tamaris, près Alais.

est sur le point d'avoir deux lycées : celui de Lorient et celui de Pontivy ?

« Il y a longtemps que vous l'avez compris et senti par vous-même : notre pays est un des théâtres le plus merveilleusement approprié pour l'application du nouveau système d'études et si, en 1846, vous fûtes assez heureux pour faire partager votre conviction au Conseil de l'Université, ne pourrions-nous pas espérer une victoire complète aujourd'hui que vos idées sont mises en pratique et que vous exercez une si haute influence sur les décisions du Conseil et de Monsieur le Ministre de l'Instruction publique.

« La ville d'Alais n'est pas, il est vrai, un chef-lieu de département, mais elle est considérée comme la *capitale* des Cévennes, et le lycée que l'Etat y établirait, serait une source d'instruction à laquelle viendraient puiser les populations du département de la Lozère où, à cause des concessions faites aux Jésuites, la création d'un établissement de l'Etat est impossible, et une partie de celles du département de l'Ardèche dont le lycée, à Tournon, est à une grande distance d'Alais. Il y a dans la population de ces deux départements et dans celle de notre arrondissement plus qu'il n'en faut pour alimenter le nouveau lycée.

« En ce moment, notre Collège communal est au moins aussi prospère, quant au nombre des élèves, que certains lycées. Je ne mets pas en doute que ce nombre ne fût plus que doublé en peu de temps si, tout en satisfaisant aux besoins moraux et intellectuels de nos contrées, l'Etat faisait de notre Collège un établissement où l'instruction secondaire put recevoir les développements compatibles avec la solidité des études et où le tarif de la pension fut proportionné à la modicité de la fortune des habitants des Cévennes. Vous comprenez, monsieur et cher compatriote, combien une pareille transformation rendrait de services à notre pays, en même temps qu'elle donnerait au Collège tous les caractères de la stabilité et de la perpétuité.

« C'est un peu à la hâte, Monsieur, que je vous soumets ces quelques considérations en faisant un appel à votre patriotisme aussi sage qu'éclairé, et aux généreux sentiments dont vous êtes animé pour les précieuses institutions de notre chère cité.

« Si vous les jugez dignes de votre bienveillant intérêt et de votre haute protection, soyez assez bon pour me l'écrire, je ferai ici auprès de nos concitoyens toutes les démarches possibles et je ne désespère pas de les voir réussir. Je n'attends donc qu'un mot d'ordre de votre part pour commencer et provoquer au besoin toutes les demandes et délibérations que vous indiquerez.

« En 1786, un ministre de Louis XVI, Monsieur de Castries, comte d'Alais, jaloux de la gloire et de la conservation du collège de cette ville, y établit l'*Ecole de Mathématiques* pour la marine royale. Il vous appartient à vous, Monsieur, qui siégez avec tant d'éclat dans les conseils du Gouvernement et de l'Université, de rendre digne de sa nouvelle vocation ce même établissement qui vous a vu élever et grandir, dont chaque pierre vous rappelle un souvenir et où chaque souvenir est un lien qui doit vous attacher à sa fortune !

« Veuillez agréer, etc. »

Il ne fut pas possible à cette époque de donner suite à ce projet ; d'un côté, parce que le Crédit Mobilier auquel la ville d'Alais s'était adressée pour contracter un emprunt ne put pas tenir ses engagements, et, d'un autre côté, parce que le Corps Législatif et le Sénat diminuèrent en même temps de 100.000 francs la subvention des lycées.

En 1866, M. Reux, qui était alors directeur de l'Ecole normale spéciale de Cluny, se joignit à M. Dumas pour demander à M. Duruy, ministre de l'Instruction publique, la transformation du Collège d'Alais en établissement d'enseignement secondaire spécial.

C'est à la suite de cette démarche que M. Dumas écrivit le 11 septembre 1866, à M. le Maire d'Alais :

« Nous avons examiné sérieusement la situation du Collège d'Alais, et il nous a paru, qu'en raison de sa proximité des lycées de Nimes et de Montpellier, qu'en raison aussi des intérêts matériels qui se développent autour d'Alais, il y aurait plus d'un motif de se demander si ce collège ne devrait pas être transformé en un établissement d'enseignement secondaire spécial.

« L'industrie, l'agriculture, le commerce, y trouveraient leur profit, et les lycées donneraient à la population qui dirige l'éducation de ses enfants vers les écoles de l'Etat, une satisfaction nécessaire mais suffisante...

« Quelles seraient les ressources de la ville pour cette transformation ? quelles demandes aurait-elle à faire à l'Etat ? »

Cette lettre de M. Dumas fut suivie d'une communication verbale par lui faite au Conseil municipal d'Alais dans sa séance du 25 octobre 1866, et que le registre des délibérations reproduit en ces termes :

« En inaugurant en France l'Enseignement secondaire spécial, M. le Ministre répond au besoin pressenti depuis longtemps par des esprits éminents et que réclament impérieusement l'industrie, l'agriculture, le commerce.

« L'enseignement classique exige un temps très long pour que l'élève en retire tous les fruits, il doit en suivre le cours complet.

« L'Enseignement spécial dont le cours complet des études est divisé en cinq années, donne, dans chacune de ces années, une instruction complète, utile et profitable à quelque époque que l'élève soit obligé d'en interrompre le cours. L'enseignement des sciences usuelles, si nécessaire pour les progrès de l'industrie, pour la prospérité de l'agriculture, devient indispensable aujourd'hui que la liberté du commerce met en présence les produits de toutes les nations, et doit assurer la prééminence aux plus habiles et aux plus éclairés.

« En organisant cet enseignement sur une large base, le Gouvernement de l'Empereur a pensé que sur certains points de l'Empire devaient être constitués les meilleurs types.

« Les points qui ont le plus vivement attiré son attention, sont Valenciennes, Saint-Etienne et Alais. Cette préférence, ils la doivent à la puissance, à la variété de leur industrie, à leur richesse agricole.

« Il est incontestable qu'Alais doit occuper le premier rang ; son bassin, où toutes les formations houillères se trouvent réunies en immenses dépôts, offre d'inépuisables ressources ; le fer s'extrait à ses portes ; le plomb, l'argent, l'antimoine, le zinc, les pyrites, l'asphalte, sont exploités dans cette région privilégiée ; on y fabrique des poteries, on façonne le verre et on manipule tous les produits chimiques sur la plus grande échelle ; dans une usine pleine de vitalité on y fabrique enfin les machines les plus parfaites, avec une sûreté de moyens incomparables.

« Son agriculture est une des plus riches et des plus variées que l'on puisse rencontrer ; elle réunit les cultures de la plaine, et la belle végétation des montagnes, le mûrier, l'olivier, la vigne, le figuier ; les châtaignes prospèrent non loin des pins, des sapins et des chênes ; le blé, le maïs se cultivent à côté des légumes les plus variés et des fruits les plus savoureux.

« Sa sériciculture a fait depuis longtemps l'admiration de l'Europe et ses filatures travaillent la plus belle soie du monde entier. En présence de la pratique les leçons seront toujours comprises et dans le sens véritable et sûr ; les élèves ne s'égareront pas, les maîtres se perfectionneront et les industriels eux-mêmes ne demeureront pas insensibles à ce mouvement d'idées que la nouvelle institution va créer au milieu d'Alais, comme un généreux foyer de lumières.

« Aucun soin ne sera épargné pour assurer le succès du Collège transformé en école spéciale de sciences, car Alais en est digne : Alais lui-même saura s'élever à la hauteur de sa nouvelle mission, car c'est en l'accomplissant qu'il assurera à ses enfants, de plus en plus unis, les lumières en rapport avec les forces et les sources de fortune que la Providence a placées à la portée de leurs mains.

« M. Dumas invite le Conseil à examiner cette question avec tout le soin, toute la maturité que mérite son importance ; l'institution qu'il vient lui proposer d'établir dans son Collège, lui assure une grande prospérité, qui dédommagera la ville des sacrifices qu'elle sera appelée à s'imposer, et qui seront d'ailleurs allégés, autant que possible, par M. le Ministre.

« C'est là, ajoute en finissant l'illustre orateur d'une voix émue, un vœu bien cher à mon cœur, que je voudrais voir se réaliser bientôt dans ma ville natale, car ce sera peut-être le dernier service que je rendrais à mon pays et probablement à la France. »

La commission de l'Instruction publique, sur le renvoi qui lui avait été fait de la proposition ministérielle, présente dans la réunion du Conseil municipal du 30 octobre 1866, le projet de délibération suivant, dont la rédaction avait été arrêtée à l'unanimité :

« Ouï la proposition faite par M. le sénateur Dumas, délégué de Son Excellence M. le Ministre de l'Instruction publique, ayant pour but d'établir dans le Collège d'Alais l'enseignement secondaire spécial, institué par la loi du 21 juin 1865 ;

« Vu les communications faites par M. le Maire sur les voies et moyens applicables aux dépenses annuelles obligatoires, ainsi qu'à l'appropriation des bâtiments pour les besoins du nouvel établissement ;

« Considérant que l'institution de l'enseignement spécial est un bienfait et réalise un véritable progrès . . . . . .

« Considérant que la ville d'Alais est dans les meilleures conditions pour la prospérité d'un établissement de ce genre . . . .

« Considérant que la transformation du Collège dans le sens ci-dessus indiqué est conforme au vœu général de la population ;

« Considérant que pour réaliser ce projet, la commune devra s'imposer de grands sacrifices, et qu'elle a besoin de compter, dans la situation malheureuse de son agriculture, sur le concours particulièrement bienveillant et efficace du Gouvernement ;

« Délibère qu'il y a lieu :

« 1° D'adopter le projet de transformation du Collège en établissement d'enseignement secondaire spécial ;

« 2° Décide qu'il sera pourvu aux dépenses annuelles au moyen des ressources ordinaires du budget, et aux frais d'appropriation au moyen de l'emprunt qui sera prochainement voté. »

Cette lecture terminée, la discussion est ouverte.

M. le président met ensuite aux voix la proposition de la commission qui est adoptée par le Conseil à l'unanimité.

A la suite de l'envoi de cette délibération, M. le sénateur Dumas écrivait à M. le Maire :

« Vous pouvez être sûr et je vous autorise tout à fait à dire au Conseil municipal, que votre délibération et les explications verbales dont je l'ai accompagnée ont produit sur l'esprit de M. le Ministre une si sérieuse impression que vous le trouverez aujourd'hui plus que jamais convaincu de l'utilité du projet qu'il avait formé et de la convenance de doter Alais d'une des écoles d'enseignement spécial les plus libéralement conçues et les plus favorisées sous tous les rapports.

« Il sait tout ce que le pays a souffert et combien il y a lieu de le ménager. Mais, plus tard, nous serons plus explicites. Pour le moment, ayez courage et confiance.

« Mes compliments et mes amitiés.

« Dumas. »

Toutefois, Monsieur le Ministre de l'Instruction publique, avant de prendre une détermination définitive, voulut se rendre compte par lui-même de la situation. Par une dépêche qu'il adressa à M. Roux, directeur de l'Ecole de Cluny, il lui manda de venir à Alais avec lui.

M. Duruy, accompagné de M. Roux, arriva, en effet, à Alais, le premier juillet 1867.

Nous ne parlerons pas ici de la réception enthousiaste, ni des ovations dont Monsieur le Ministre fut l'objet pendant son court séjour à Alais.

Seulement, rappelant une des premières paroles de son administration : « *Aux affaires !* », M. Duruy tint à se rendre au Collège immédiatement après son arrivée. On ne comptait le recevoir que plus tard, mais, en attendant que le personnel fût réuni, ne perdant pas un instant, M. le Ministre parcourut en détail les bâtiments. Il les trouva très convenables et répondant parfaitement à leur réputation dans l'Université. Ces bâtiments devaient d'ailleurs s'accroître, comme cela a eu lieu, de la partie qui en avait été distraite pour l'Ecole des maîtres-ouvriers-mineurs.

Par une attention délicate, et pour mieux faire sentir à quel degré M. le Ministre s'identifiait avec l'intérêt élevé qu'il était venu satisfaire, c'est au Collège même, « son terrain naturel », qu'il voulut recevoir le Conseil municipal.

M. le Ministre répondit à la harangue que lui adressa M. le Maire en lui présentant le Conseil municipal, qu'il était heureux de confirmer en personne les promesses faites en son nom.

Des réflexions diverses s'échangèrent sur la nature et la mesure du concours que la ville d'Alais pourrait attendre de l'administration supérieure, et une conviction profonde se forma, dans ce premier entretien, c'est qu'Alais, dans l'esprit de M. Duruy, était digne de la situation la plus favorisée.

Cette conviction se fortifia de plus en plus après que M. le Ministre eut visité : les fonderies et forges, ainsi que les houillères de Bessèges ; la grande usine de produits chimiques de Salindres ; les fonderies et forges de Tamaris ; la Grand'Combe, en un mot, la plupart des vastes établissements industriels qui sont l'orgueil et la richesse de notre arrondissement.

Aussi, M. le Ministre, en quittant Alais, déclara-t-il itérativement qu'il engageait son honneur de ministre à la satisfaction des vœux de la ville d'Alais.

M. le Ministre ne tarda pas, en effet, à donner suite à sa déclaration, en écrivant le 14 septembre 1867 à M. Roux :

« Je prie M. le Directeur de Cluny de se rendre à Alais et d'y aller avec mission spéciale du ministre et plein pouvoir pour organiser la nouvelle maison.

« DURUY. »

Dès la réception de cette lettre, M. Roux qui, dans sa visite avec M. le Ministre, avait déjà indiqué tout ce qui devait être fait au point de vue des appropriations du local, du matériel, du mobilier, et des études, se mit résolument à l'œuvre et tout fut organisé pour que, dès la rentrée des classes, le Collège répondit aux exigences de sa nouvelle situation.

Les résultats obtenus à la suite de cette organisation ne justifièrent que trop les sacrifices que s'imposèrent à cet égard la Ville et le Gouvernement. Maîtres et élèves rivalisèrent de zèle, et le Collège devint à cette époque plus prospère que jamais.

Le 30 juillet 1872, M. le ministre Jules Simon écrivit à M. le Maire d'Alais :

« J'ai reçu la nouvelle lettre que vous m'avez fait l'honneur de m'écrire et dans laquelle vous insistez pour que l'Etat vienne en aide à la ville d'Alais, afin que son collège puisse être maintenu jusqu'au moment où il me sera possible de proposer sa transformation en lycée. »

Enfin, le 13 avril 1880, le Conseil municipal, après avoir exposé dans un mémoire les faits et documents qui prouvent combien la réputation du Collège spécial d'Alais est solidement établie, prie M. le Ministre de vouloir bien réaliser la pensée de ses prédécesseurs et compléter leur œuvre en érigeant le Collège d'Alais en Lycée du même ordre.

Le 8 mai 1880, M. le Maire donne lecture au Conseil municipal de la lettre suivante qu'il reçut de Monsieur l'Inspecteur d'Académie.

« Nimes, le 7 mai 1880.

« Monsieur le Maire,

« J'ai l'honneur de vous informer que je reçois de M. le Recteur, l'invitation de me concerter avec vous, sur la demande adressée à M. le Ministre de l'Instruction publique par le Conseil municipal d'Alais, à l'effet de voir ériger son collège communal d'enseignement spécial en lycée du même ordre.

« Quel que soit, m'écrit M. le Recteur, l'intérêt qui s'attache à cette demande, les renseignements fournis par l'Administration municipale sont insuffisants pour prendre dès à présent une décision. Il serait, en effet, indispensable d'être fixé sur les points suivants :

« 1° Le lycée serait-il installé sur l'emplacement actuel du collège ?

« Dans ce cas la superficie de l'établissement devrait être portée à deux hectares environ.

« 2° Quelles seraient la nature et le montant des constructions et des acquisitions pour les bâtiments, le mobilier et les collections ?

« 3° Quelle somme la Ville aidée au besoin par le Département pourrait-elle consacrer à l'entreprise ?

« 4° Le Conseil municipal est-il disposé à satisfaire à toutes les obligations fixées par l'article 73 de la loi du 15 mars 1850, tant en ce qui concerne les constructions et le mobilier que l'entretien des bâtiments et la création d'un certain nombre de bourses ?

« 5° Pour combien d'élèves le lycée serait-il construit, et quelle serait la nature de l'enseignement donné par l'établissement ?

« M. le Recteur m'invite à lui faire connaître l'avis du Conseil municipal sur ces différentes questions.

« Je vous serais infiniment obligé de me mettre en mesure de répondre au désir de M. le Recteur et de M. le Ministre. »

Cette lettre amena la délibération suivante :

« Après un échange d'observations, le Conseil délibère de faire connaître à M. l'Inspecteur d'Académie que le lycée projeté serait installé sur l'emplacement actuel du collège dont la superficie est de 5.000 mètres carrés, environ, sensiblement égale à celle du lycée de Nimes.

Qu'en l'absence d'éléments suffisants pour apprécier lui-même la nature et le montant des constructions et des acquisitions pour les bâtiments, le mobilier et les collections, il prie M. le Ministre de l'Instruction publique, de faire procéder à cette appréciation par les fonctionnaires compétents de son Ministère, s'en référant d'ores et déjà à leurs rapports.

« Qu'il ajourne après la rédaction de ces documents l'indication de la somme que la Ville pourra consacrer à l'entreprise, exprimant seulement son désir d'y contribuer dans la plus large mesure de ses ressources.

« Qu'il satisfaira naturellement aux obligations fixées par l'art. 73 de la loi du 15 mars 1850 en ce qui concerne l'entretien des bâtiments et la création des bourses.

« Que le lycée devrait être aménagé en vue de recevoir la population scolaire de 200 internes et 150 externes libres ou surveillés et que la nature de l'enseignement qui y serait donné serait l'enseignement secondaire spécial, tel qu'il est organisé au Collège actuel.

A la suite de cette délibération, M. le Ministre écrit le 31 juillet 1880 à M. le Recteur de l'Académie :

« J'ai reçu avec votre rapport la nouvelle délibération du Conseil municipal d'Alais, concernant le projet de transformation de son collège en lycée.

« Cette assemblée se fondant sur ce que le collège a une superficie sensiblement égale à celle du lycée de Nimes, estime qu'il ne serait pas nécessaire de faire des acquisitions de terrain pour en augmenter l'étendue. Je ne saurais, M. le Recteur, partager cette manière de voir, et je persiste à penser qu'un terrain d'un hectare et demi au minimum, est indispensable pour la bonne installation d'un lycée. D'ailleurs le lycée de Nimes ne saurait, sous aucun rapport, être pris pour modèle. Les services y sont, en effet, à l'étroit et mal installés, et vous n'ignorez pas les efforts faits par mon administration pour lui procurer les agrandissements reconnus depuis longtemps d'une absolue nécessité. Je vous prie d'insister à cet égard, auprès de M. le Maire d'Alais, et de lui faire remarquer que c'est à la Ville qu'il appartient de faire préparer les plans et devis des travaux et des acquisitions à effectuer.

« Je m'empresse de vous fournir, en ce qui concerne ce projet, tous les renseignements qui pourront vous être utiles. »

Le 9 février 1881, le Conseil, « considérant que le Collège n'ayant qu'un demi-hectare environ, et l'importance des bâtiments qui l'entourent ne permettant pas à la Ville, même au prix de sacrifices considérables, de remplir la condition imposée par M. le Ministre, le Conseil délibère d'appeler à nouveau sa bienveillante attention sur les faits et considérations exposés dans la délibération du 13 avril 1880, et de solliciter de l'Etat que la subvention de 6.100 fr. accordée au Collège soit élevée à 12.000 fr. L'existence de cet établissement sera de la sorte assurée ; les charges qu'il impose à la Ville seront proportionnées à ses ressources, et l'application du nouveau programme d'études pourra y être faite avec succès. »

Le 20 octobre 1881, le Maire rend compte au Conseil de l'entretien qu'il a eu récemment à Paris avec les chefs de service compétents du Ministère de l'Instruction publique, au sujet des projets scolaires délibérés dans les séances des 28 juin, 10 et 29 septembre 1881.

A la suite de ce compte-rendu et de la communication des règlements et instructions sur la matière, le Conseil municipal, adoptant les propositions du Maire, délibère à l'unanimité :

« 1° D'émettre le vœu qu'il soit créé à Alais, en remplacement du collège actuel, un lycée exclusivement affecté à l'enseignement secondaire spécial, dans les conditions de l'article 10 du décret du 4 août 1881 ;

« 2° De faire choix pour l'installation de ce lycée d'un emplacement de deux hectares vingt-un ares soixante-deux centiares, qui serait obtenu, après distraction de vingt-deux ares quarante-cinq centiares à incorporer à des voies publiques, par l'affectation au lycée du groupe scolaire dit de Saint-Joseph, et par l'acquisition amiable ou judiciaire des immeubles ci-après désignés qui lui sont contigus, savoir : l'Auberge du Lion-d'Or et le magasin de bois avec maison dépendant de l'hoirie Sirvent, une maison y enclavée, appartenant à M. Chaine, l'enclos de Madame Bauquier née Goni, et la propriété de M. Bailly.

« 3° De prendre l'engagement de contribuer pour moitié aux dépenses afférentes à la création de ce lycée.

« 4° De réaliser la somme représentative de cette moitié de dépenses par un emprunt à la caisse des lycées, collèges et écoles primaires.

« 5° De demander par voie de naturelle conséquence, que la libre disposition des bâtiments du Collège soit, dès l'ouverture du Lycée, laissée à la Ville, pour l'installation d'autres services d'enseignement public. »

Le 26 février 1882, le Maire donne lecture au Conseil de la dépêche suivante qu'il reçut de M. l'Inspecteur d'Académie :

« Nimes, le 23 février 1882.

« Monsieur le Maire,

« Par délibération en date du 20 octobre 1881, la Municipalité d'Alais a demandé la transformation de son Collège en Lycée d'enseignement spécial. Le nouvel établissement serait construit sur un terrain de deux hectares environ et la ville participerait pour la moitié de la dépense totale.

« D'après les renseignements qui ont été fournis à M. le ministre par M. Bœswilwald, membre de la Commission des Lycées et Collèges, chargé d'aller étudier la question sur place, l'emplacement offert par la ville se trouve dans d'excellentes conditions hygiéniques, mais il serait nécessaire d'en compléter le périmètre par l'annexion : 1° de la propriété de Thomassy, jusqu'au boulevard projeté; 2° des maisons formant enclos sur la rue Saint-Vincent ; il est bien entendu que le cours du ruisseau devrait être détourné.

« D'un autre côté, de toutes les constructions existantes,

on ne pourrait guère utiliser que le bâtiment B de la propriété Bailly. Dans ces conditions la dépense dépasserait certainement la somme de 1.200.000 francs prévue par le Conseil municipal, et la Ville devrait s'engager à en fournir la moitié quel qu'en soit le chiffre. M. le Recteur me prie d'appeler sur ce point votre attention et de vous inviter à soumettre de nouveau la question au Conseil municipal qui, s'il persiste dans sa demande de création de lycée, aura à prendre l'engagement de se conformer à toutes les prescriptions de l'article 73 de la loi du 15 mars 1850.

« Je vous serai obligé de me tenir exactement au courant des suites de cette affaire. »

Le maire soumet ensuite au Conseil, l'état descriptif et estimatif de l'ensemble des immeubles à affecter au lycée. Il en résulte que la surface nouvelle serait de trois hectares et quelques ares : la valeur des immeubles atteindrait quatre cent mille francs environ, soit soixante-dix mille francs de plus qu'avec le premier projet.

Après avoir pris connaissance des documents qui précèdent et des dispositions de l'article 73 de la loi du 15 mars 1850,

« Le Conseil,

« Considérant que le surcroît de dépenses occasionné par l'extension du périmètre primitif, n'est pas au-dessus des ressources de la ville et sera largement compensé par les avantages de tout ordre qu'en retirera le lycée ;

« Appréciant toujours plus l'utilité de la transformation du collège communal ;

« Confirme sa délibération du 20 octobre 1881 et la complétant, conformément à la dépêche prérelatée :

« Délibère qu'il y a lieu d'affecter à l'installation du lycée, en outre des immeubles indiqués dans la délibération sus-visée, 1° la portion de l'ancienne propriété de Thomassy s'étendant entre la ruelle de la Tire-Longue et la nouvelle Avenue de la gare, et, 2° les maisons en bordure sur la rue Saint-Vincent (côté nord), du numéro 47 au numéro 63 inclus.

« Et s'oblige à acquitter la moitié de la dépense totale, quel qu'en soit le chiffre, ainsi qu'à satisfaire à toutes les prescriptions de l'article 73 de la loi du 15 mars 1850. »

Le 11 juin 1882, sur le rapport de M. Plantier, au nom des commissions réunies de l'Instruction puplique et des Travaux publics, le Conseil approuve dans leur ensemble et leurs détails les plans dressés par M. Irague, architecte en chef, pour le lycée spécial et décide qu'il y a lieu de les adresser à M. le Ministre de l'Instruction publique, conformément à la dépêche de M. l'Inspecteur d'Académie, en date du 24 mars dernier.

Le 30 juin 1882, le Conseil, complétant ses délibérations antérieures relatives à la création et à l'organisation d'un lycée d'enseignement spécial, délibère de fixer à six le nombre de bourses d'internes qu'il a pris l'engagement d'entretenir pendant dix ans au lycée projeté, et émet le vœu que les prix de l'internat soient établis comme suit :

Quatrième et cinquième année . . . . 650 fr.
Cours préparatoires (1re, 2e et 3e année) 600
Cours primaires 550

Enfin, le 4 août 1883 fut signé le décret suivant :

« Le Président de la République Française,

« Sur le rapport du Président du Conseil, Ministre de l'Instruction publique et des Beaux-Arts ;

« Vu les délibérations en date des 20 octobre 1881, 26 février, 11 et 30 juin 1882, par lesquelles le Conseil municipal d'Alais a émis le vœu que son Collège communal fût érigé en Lycée d'enseignement spécial, et s'est engagé : 1° à fournir des bâtiments conformes aux plans qui seront approuvés par le Ministre de l'Instruction publique et des Beaux-Arts, et garnis du mobilier usuel et scientifique déterminé par les règlements ; 2° à se conformer à toutes les prescriptions de l'article 73 de la loi du 15 mars 1850 ; 3° à entretenir pendant dix ans un certain nombre de bourses ;

« Vu le rapport du Recteur de l'Académie de Montpellier, en date du 19 juin 1882 ;

« Vu l'avis du Conseil supérieur de l'Instruction publique ;

« Vu la loi du 15 mars 1850 ;

« Vu le décret du 16 avril 1853 (XIe série, bull. 38, n° 336) ;

« Vu la loi du 21 juin 1865 :

Décrète :

« Article premier. — Le Collège d'Alais est érigé en Lycée national d'enseignement spécial.

« Art. 2. — Le Lycée d'Alais sera organisé après qu'il aura été reconnu, contradictoirement par le délégué de l'administration municipale et par ceux du ministère de l'Instruction publique et des Beaux-Arts, que les bâtiments sont complètement achevés, conformément aux plans approuvés, et pourvus du mobilier usuel et scientifique déterminé par les règlements.

« Art. 3. — Les prix de pension et d'externat sont fixés ainsi qu'il suit :

	Pension	Demi-Pension	Externat
Quatrième et cinquième année...	700^f	450^f	110^f
Cours préparatoires (première, deuxième et troisième année)..	650	400	100
Cours primaires.................	600	350	80

Art. 4. — Le Président du Conseil, ministre de l'Instruction publique et des Beaux-Arts, est chargé de l'exécution du présent décret.

« Fait à Paris, le 4 Août 1883.

« Signé : Jules Grévy.

Le 17 janvier 1884, M. le Ministre écrit à M. le Préfet du Gard :

« Paris, le 15 Janvier 1884.

« Monsieur le Préfet,

« Je viens de revêtir de mon approbation les plans et devis concernant le projet de construction du lycée d'enseignement secondaire spécial d'Alais.

« Le montant total du devis a été arrêté, après révision, par Monsieur le Contrôleur des travaux des Lycées et Collèges, à la somme de 2.109.216 fr. 35, savoir :

Travaux.......	1.708.669 fr.	57	
Chauffage.....	55.000	»	2.109.216 fr. 35
Mobilier.......	250.000	»	
Honoraires....	95.546	78	

« Conformément à mes promesses, je consens à prendre à la charge de l'Etat la moitié de cette dépense de 2.109.216 fr. 35. J'accorde, en conséquence, à la ville d'Alais, une subvention qui ne pourra, dans aucun cas, dépasser 1.054.608 fr. 18. Le surplus, soit 1.054.608 fr. 17 formera la part contributive de l'administration municipale. Je contribuerai, d'ailleurs, dans la même mesure (200.000 fr. environ) aux frais résultant des acquisitions de terrains et d'immeubles évalués approximativement 400.000 fr.

« L'ensemble de la subvention du Trésor pourra s'élever ainsi à la somme de 1.254.608 fr. 18. La partie de cette subvention concernant les travaux de construction (1.054.608 fr. 18) sera ordonnancée ultérieurement, sur la proposition de Monsieur le Recteur de l'Académie de Montpellier, par à-comptes successifs, au fur et à mesure de l'avancement des travaux et proportionnellement aux paiements effectués par la Ville, suivant les prescriptions réglementaires de l'article 3 du décret rendu le 13 août 1880, pour le fonctionnement de la première section de la Caisse des lycées, collèges et écoles primaires. Le solde ne sera acquitté qu'après achèvement complet de l'entreprise, lorsque les mémoires et pièces justificatives relatifs à l'ensemble de la dépense auront été réglés et soumis à l'examen de M. le Contrôleur des travaux des Lycées et Collèges. Quant à la somme afférente aux acquisitions de terrain (200.000 fr.), elle sera mise à la disposition de l'Administration municipale, sur la production de pièces régulières faisant connaître le chiffre exact de la dépense, ainsi que la quotité des versements effectués par la Ville (copies d'actes, quittances, etc., etc.)

« Je suis d'ailleurs tout disposé à autoriser la Municipalité d'Alais à contracter à la Caisse des lycées un emprunt destiné à faire face à sa part contributive. Je prescrirai les mesures nécessaires à cet effet aussitôt que je connaîtrai exactement le montant de l'avance que le Conseil municipal désire réaliser.

« Veuillez, je vous prie, informer Monsieur le Maire d'Alais des dispositions qui précèdent, et l'inviter à me faire parvenir, le plus promptemedt possible, une copie certifiée des plans et devis approuvés. Je vous serai en outre obligé de rappeler à ce magistrat qu'il aura à s'entendre avec vous au sujet de la mise en adjudication des travaux, lorsque les voies et moyens d'exécution seront assurés. Les procès-verbaux d'adjudication devront être soumis à mon approbation, et les rabais obtenus déduits proportionnellement des sommes à fournir par la Ville et par l'Etat. »

« Recevez, etc. »

Enfin, le 19 octobre 1889, le Président de la République Française :

« Sur le rapport du Ministre de l'Instruction publique et des Beaux-Arts ;

« Vu la délibération du Conseil municipal d'Alais, en date du 8 août 1889 ;

« Vu l'avis de Monsieur le Recteur d'Académie de Montpellier, en date du 12 octobre 1889 ;

« Décrète :

« Le Lycée d'Alais prendra le nom de « Lycée J.-B. Dumas ».

« Fait à Paris, le 19 octobre 1889.

« Signé : Carnot. »

II

Inauguration du Lycée.

L'inauguration du Lycée d'Alais a eu lieu le lundi 21 octobre, sous la présidence de M. Faye, ministre de l'Agriculture, assisté de M. Chancel, recteur de l'Académie de Montpellier.

Dès neuf heures du matin, M. le Ministre, arrivé la veille et logé au Lycée, recevait dans le grand salon d'administration les Autorités de la ville et les invités ; à neuf heures et demie, il se rendait sur l'estrade préparée dans la cour d'honneur pour la cérémonie. A ses côtés prenaient place M. le Recteur, MM. les sénateurs Cazot et Claris, MM. les députés du Gard : Desmons, Bonnefoy-Sibour, Gaussorgues et Jamais ; M. Maurice Faure, député de la Drôme et M. Bargeton, préfet de Seine-et-Oise, tous deux anciens élèves du Collège ; M. Tisserand, directeur de l'Agriculture ; M. Daubrée, directeur des Forêts ; M. le Maire de la Ville ; M. le Secrétaire général de la Préfecture, chargé de représenter M. le Préfet empêché ; M. le le Sous-Préfet ; quelques-uns des membres les plus éminents de l'Académie française et de l'Institut qu'avaient attirés à Alais les fêtes célébrées en l'honneur de J.-B. Dumas, entr'autres M. Gaston Boissier, M. Darbousse et M. Gauthier ; les sommités du félibrige, Mistral, Roumanille, etc., qui avaient tenu à honneur de payer à La Fare-Alais un juste tribut d'hommages ; une délégation des Facultés de Montpellier, venue pour célébrer à la fois J.-B. Dumas et le nouveau sanctuaire qu'on érigeait à la science, et dans les rangs de laquelle on distinguait M. J. Rouville, doyen de la Faculté des sciences, et M. Crova, professeur ; M. Roux, directeur honoraire de l'Ecole normale secondaire d'enseignement spécial de Cluny, ancien élève et ancien Principal du Collège, qui venait assister au couronnement de l'œuvre à laquelle il a consacré sa vie, au triomphe de cet enseignement spécial dont il fut, avec le grand ministre, M. Duruy, le premier organisateur, et auquel le Gouvernement de la République et la ville d'Alais allaient enfin consacrer exclusivement un lycée qu'il attendait depuis vingt-trois ans ; les deux petits-fils du grand Dumas, qui avaient voulu rappeler par leur présence les services rendus à cet enseignement par leur illustre aïeul. Derrière eux, se groupaient les représentants de toutes les administrations de la ville ; MM. les administrateurs et les professeurs du Lycée, tous ceux enfin que préoccupaient les intérêts de la ville d'Alais et le développement de l'instruction et de l'éducation de la jeunesse.

Une foule compacte de spectateurs avait envahi la cour dès 8 heures du matin, et bientôt, n'y trouvant plus de place, avait débordé dans les galeries qui l'entourent et le jardin qui la précèdent et jusque dans les corridors et les appartements particuliers des fonctionnaires de l'administration. La Musique municipale prêtait gracieusement son concours à celle du 55me de Ligne pour rehausser l'éclat de la fête, tandis que les Gardes forestiers du Gard, partageaient avec une compagnie de ce même régiment d'infanterie, l'honneur de former la haie sur le passage du cortège.

Rarement, sans doute, le nouveau Lycée verra dans ses murs une aussi brillante réunion. Sur l'estrade, admirablement décorée par l'architecte, M. Gros, les costumes les plus variés s'harmonisaient pour le plaisir des yeux avec les couleurs nationales, et dans la cour, les toilettes des mères et des sœurs de nos jeunes lycéens composaient le plus gracieux parterre. Ces enfants, eux-mêmes, rangés sur leurs gradins, témoignaient par leur tenue de l'excellent esprit qui les anime et des sentiments de gratitude et de respect que leur inspiraient tant et de si hauts patronages, tant et de si affectueuses sympathies.

Monsieur le Ministre, en ouvrant la séance, a donné la parole à M. le Maire de la Ville, qui s'est exprimé en ces termes :

Discours de M. ESPÉRANDIEU, maire d'Alais.

« Monsieur le Ministre,

« Messieurs,

« La ville d'Alais est en fête. Elle célèbre avec une joie bien vive et une exubérance toute méridionale, une double solennité. D'un côté, elle élève un magnifique monument destiné à perpétuer la mémoire du plus illustre de ses enfants, et de l'autre, elle ouvre toutes grandes aux générations nouvelles les portes d'un magnifique établissement universitaire. Nous sommes particulièrement reconnaissant au gouvernement de la République d'avoir bien voulu, dans cette double circonstance, nous donner une marque de sollicitude en se faisant représenter par M. le Ministre de l'Agriculture, à qui nous offrons l'expression de notre gratitude et de notre sympathie.

« Au nom de la ville d'Alais, je suis heureux de remettre à l'Etat le Lycée d'enseignement spécial que nous avons pu construire, grâce au gouvernement de la République.

« L'œuvre que nous avons accomplie, a été vivement discutée. A l'origine, elle a même passionné, je puis le dire, la population alaisienne tout entière. Mais aujourd'hui qu'elle est réalisée, on commence à s'en faire une idée plus exacte et à rendre une justice méritée à ceux qui n'ont pas hésité à se faire les apôtres d'une idée, hardie sans doute, mais répondant à des considérations élevées et tenant compte du développement intellectuel et moral de notre cité.

« Assurément les sacrifices consentis ont été considérables, si on tient compte surtout des ressources forcément limitées d'une ville qui doit songer impérieusement à de nombreux travaux d'édilité, mais ce sont des dépenses productives qui assurent l'avenir et le développement de notre pays et nous sommes de ceux qui ne le regrettent pas.

« Et puis, n'est-ce rien que de s'être associé aux efforts patriotiques des pouvoirs publics ? N'est-ce rien que d'avoir secondé, dans la limite de nos moyens, l'œuvre immense accomplie par la troisième République, en matière de scolarité ? Des critiques de détail ont pu s'élever sur l'exécution d'un aussi vaste programme, mais l'effort ne sera pas stérile et on ne pourra plus dire que la France, toujours à la tête du mouvement scientifique et littéraire, a pu être devancée, dans cette voie, par des rivaux plus hardis et plus entreprenants.

« Sans doute, tout n'a pas été fait et bien des questions restent encore à résoudre. Mais, nous devons le constater avec une légitime fierté, les voies sont admirablement préparées et les efforts qui restent à faire sont insignifiants à côté de ceux qui ont été réalisés.

« Par sa situation au pied des Cévennes, par ses richesses naturelles et par ses relations étendues avec les départements circonvoisins, la ville d'Alais était tout indiquée pour devenir un centre universitaire. L'ancien Collège qui avait eu ses périodes de prospérité, mais qui ne répondait plus aux exigences nouvelles, était devenu insuffisant. Les parents qui confient leurs enfants aux soins de l'Etat, veulent, avec juste raison, que les établissements d'instruction destinés à les recevoir, soient, avant tout, d'une salubrité indiscutable.

« Toutes les conditions qu'il est possible d'exiger et d'obtenir en pareille matière, sont ici admirablement remplies et, au point de vue du confortable et de l'hygiène, rien ne laisse à désirer. Aussi, avons-nous la conviction absolue que ce lycée, dont le succès s'est affirmé dès le début, prendra, dans l'avenir un développement en rapport avec son importance et les sacrifices considérables que le Gouvernement et la Ville se sont imposés pour sa construction.

« L'Université comme l'Etat ne voudront pas s'arrêter à une organisation incomplète et ils auront à cœur, nous en sommes convaincus, de faire au centre de cette région essentiellement industrielle, la démonstration de tout ce que peut produire l'enseignement spécial solidement établi, avec une indépendance complète et avec les moyens d'action qu'on donne si libéralement à l'enseignement classique.

« Avec une organisation semblable, merveilleusement situé et aménagé, doté de collections importantes, avec un personnel d'élite, le Lycée d'Alais sera non-seulement un des monuments les plus intéressants de notre ville, mais il deviendra rapidement un des centres universitaires les plus importants du Midi et il contribuera ainsi, pour sa large part, j'en ai la conviction, au développement de la culture intellectuelle de notre pays ; et, par suite, à la grandeur et à la prospérité de la France et de la République. »

Après M. Espérandieu, M. Chancel, recteur de l'Académie de Montpellier, a prononcé le discours suivant :

Discours de M. G. CHANCEL, correspondant de l'Institut, recteur de l'Académie de Montpellier.

« Messieurs,

« Il y a deux manières d'honorer les grands hommes. On se contente parfois de dresser leurs statues sur les places publiques et l'on se croit quitte vis-à-vis d'eux en rendant leur image aussi durable que le marbre ou le bronze. Il est possible de faire mieux encore : c'est d'étendre l'influence bienfaisante de leur génie, en développant leur œuvre et en appliquant leurs idées. La ville d'Alais — et je m'empresse de l'en féliciter — a pensé qu'il ne suffisait pas, pour payer son tribut de respect à son illustre enfant J.-B. Dumas, de nous convier à l'inauguration de sa statue. Il eût manqué quelque chose, lui semblait-il, à ces fêtes si brillantes. Elle a voulu en même temps consacrer par une cérémonie solennelle l'ouverture d'un nouveau lycée organisé suivant les idées mêmes de Dumas, et destiné à servir de modèle à ces établissements d'enseignement spécial, dont le premier il a souhaité et demandé la création.

« Dumas, sorti de bonne heure du Collège d'Alais pour entrer modestement comme élève dans une pharmacie, entraîné par ses merveilleuses facultés vers les sciences d'observation, n'eut pas assez de loisirs pour se laisser prendre tout entier par les études classiques et l'enseignement traditionnel dont elles sont la base. Homme de son siècle, il prétendit suivre et diriger le courant, sans perdre le temps de le remonter jusqu'à sa source. Aussi fut-il amené à se demander de bonne heure s'il ne convenait pas d'approprier, dans une large mesure, les méthodes d'enseignement aux besoins impérieux d'une société affairée, emportée par la loi même des temps modernes vers l'industrie et le commerce. Dans la préface de son *Traité de chimie appliquée aux arts,* dès 1828, il disait :

« Les détails scientifiques dans lesquels je suis obligé
« d'entrer et qui effarouchent les fabricants d'un certain
« âge, ne seront qu'un jeu pour leurs enfants quand ils
« auront appris dans leurs collèges un peu plus de mathé-
« matiques et un peu moins de latin, un peu plus de physi-
« que ou de chimie et un peu moins de grec. »

« Ce n'était pas seulement un désir qu'exprimait Dumas, mais une espérance ferme qu'il devait voir se réaliser bientôt. Grâce à son initiative, l'Ecole Centrale est fondée : et c'est de là que sortiront ces promotions si brillantes d'ingénieurs civils dont la part est si grande dans le succès incontesté de l'Exposition glorieuse de 1889. L'Ecole Centrale devait être à l'enseignement spécial ce que les Facultés sont à l'enseignement classique. Elle en révéla la nécessité et en détermina les méthodes. Quand donc un ministre réformateur, dont le nom restera attaché à ce nouvel enseignement, songea à réaliser le projet lancé dans l'opinion, c'est auprès de Dumas qu'il chercha des encouragements et des conseils. Aussi parut-il tout naturel que Dumas offrit le collège d'Alais comme champ d'expérience aux méthodes et aux programmes de Duruy. Les journaux de l'époque, — c'était en 1866, — nous apprennent avec quel enthousiasme sincère, au milieu de quelles manifestations du sentiment public, Dumas vint apporter ici les propositions du ministre, c'est-à-dire la promesse d'un grand bienfait, l'offre d'une faveur inappréciable. Il expliqua devant l'Assemblée municipale et au banquet qui lui fut offert dans la grande salle de la Mairie, pourquoi la ville d'Alais, centre agricole et industriel de premier ordre, méritait l'honneur de posséder « le meilleur type de l'enseignement démocratique moderne et national » que l'on allait constituer.

« Ici, disait-il, à côté des leçons des maîtres, les élèves
« n'en auront-ils pas sous les yeux les plus saisissantes,
« les plus vastes comme les plus heureuses applications. »
Et il ajoutait, à propos de la transformation projetée du collège d'Alais en collège d'enseignement spécial : « C'est là un vœu bien cher à mon cœur que je voudrais voir se réaliser bientôt dans ma ville natale.

« Aujourd'hui l'on peut dire que les vœux de Dumas sont comblés, dépassés même. Alais n'a plus un collège, mais un lycée d'Enseignement spécial ; c'est-à-dire que le gouvernement de la République, si généreux quand il s'agit de l'instruction, a voulu contribuer, pour une large part, aux dépenses qu'entraînait la construction d'un nouvel établissement. Ne vous témoigne-t-il pas encore sa sollicitude en vous envoyant pour présider à ces fêtes un de ses représentants les plus autorisés qui, dans son trop court passage au ministère de l'Instruction publique, a montré qu'il était digne de poursuivre la réalisation des projets de Duruy et de Dumas ?

« Le Gouvernement de la République et la Municipalité d'Alais ont tracé leur devoir aux maîtres et aux élèves de ce lycée. Ils n'y manqueront pas ; j'en ai pour garant l'expérience consommée et l'activité infatigable du chef qui a présidé à l'installation de ce lycée et qui, dès les premiers jours, secondé par un personnel dévoué, a assuré ses succès de toute sorte. L'ancien collège a mérité, dans les concours généraux, d'être inscrit très honorablement sur le livre d'or de nos établissements universitaires. Ce lycée, j'en ai l'assurance, continuera cette tradition et fera mieux encore. Voilà pourquoi, Messieurs et chers collaborateurs, je ne redoute pas pour vous le nom si glorieux que la reconnaissance et le souvenir des services rendus imposent à cet établissement et qu'il portera désormais.

« Le lycée J.-B. Dumas sera l'honneur de la ville d'Alais, comme cet illustre savant lui-même, dont vous allez inaugurer la statue, est l'honneur de la patrie et de la science. »

M. le Ministre a parlé le dernier. Il a félicité tous ceux qui ont contribué à la fondation du Lycée d'Alais. Il a comparé l'enseignement supérieur qui ne peut être le partage que du petit nombre, à l'enseignement spécial qui doit appartenir à tous et en faveur duquel le gouvernement de la République n'hésitera jamais à faire des sacrifices considérables.

L'allocution du Ministre a été très applaudie.

M. Faye a terminé la cérémonie en décernant les palmes d'officier de l'Instruction publique à M. Malzac, ancien maire, sous l'administration duquel fut rendu le décret érigeant le Collège en Lycée ; celles d'officier d'Académie à M. Espérandieu, maire actuel, à M. Laurent de l'Arbousset, rédacteur en chef du *Progrès séricole* d'Alais, et à M. Gaussen, bibliothécaire de la ville.

A 11 h. 1/2, un déjeûner, offert à M. le Ministre, dans le réfectoire du Lycée, décoré pour la circonstance avec beaucoup de goût, réunissait les principaux invités autour d'une table où ne cessait de régner la plus parfaite cordialité et dont les discours officiels étaient bannis pour faire place aux charmantes poésies de Mistral et de Roumanille, dites par leurs auteurs, et que nous sommes heureux de reproduire ici :

LOU BASTIMEN

Lou bastimen vèn de Maiorco
Emé d'arange un cargamen :
An courouna de vèrdi torco
L'aubre-mèstre dòu bastimen ;
    Urousamen
    Vèn de Maiorco
    Lou bastimen.

Lou bastimen es de Marsiho,
Un fin lahut bèn reüssi ;
La mar se courbo e tèn sesiho
Davans soun bos qu'es bénesi,
    Car, Dièu-merci !
    Es de Marsiho
    E benesi...

Es un marin qu'a fa fourtuno
Lou capitàni dòu veissèu :
Counèis lis Indo uno pèr uno,
Counèis la mar emai lou cèu ;
    Es un aucèu
    Qu'a fa fourtuno
    Entre aigo e cèu.

Pèr touto escolo és esta mòssi ;
Mai a manja de broufouniè.
S'aubourè lèu entre li sòci,
E venguè mèstre timounié :
    Franc marinié,
    Es esta mòssi
    E timounié.

LE BATIMENT

Le bâtiment vient de Majorque — avec un chargement d'oranges : — on a couronné de guirlandes vertes — l'arbre-maître du bâtiment ; — heureusement — de Majorque arrive — le bâtiment.

Le bâtiment est de Marseille, — fine tartane bien réussie ; — la mer se courbe et reste calme — devant son bois qui est béni, — car, Dieu merci ! — il arrive de Marseille — et bénit.

C'est un marin qui a fait fortune, — le capitaine du navire : — il connaît bien toutes les Indes, — il connaît bien la mer et le ciel ; — c'est un oiseau — qui fit fortune — entre eau et ciel.

Pour toute école il a été mousse ; — mais il a mangé du gros temps ; — il s'éleva vite entre les camarades — et devint maître timonier : — en vrai marin, — il a été mousse — et timonier.

Èro brounza, mai poulit ome,
Quand davalé dóu trepadou ;
Raubè la fiho d'un prudome,
D'un vièi prudome pescadou :
    Au terradou
    Tournè bon ome,
    Bon pescadou.

Pièi de la doto de sa femo
Un bèu lahut se bastiguè,
Car di palongre emai di remo
Lèu fuguè las, e partiguè.
    — Adiéu, diguè,
    Ma gènto femo ! —
    E partiguè.

Lou laid carboun — de sa pinello
Mascaro pas lou viravòu :
Emé tres velo blanquinello,
Fai de camin tant que n'en vòu :
    Din li revòu
    Vai sa pinello
    Coumo Diéu vòu.

Lou bastimen sènt bon qu'embaumo,
Tout flame-nòu calafata ;
Coumo un grand pèis vesti d'escaumo,
Es trélusènt de tout cousta ;
    Es bèn pinta,
    E sènt qu'embaumo
    De tout cousta.

Porto tres bònis ancoureto,
Emé sant Pèire sus la pro...
Sant Pèire, mandas-iè d'aureto,
E gardas-lou contro li ro !
    Guidas lou cro
    De l'ancoureto
    Entre li ro !

Il était bronzé, mais superbe, — lorsqu'il descendit du tillac ; — il enleva la fille d'un prud'homme, — d'un vieux prud'homme pêcheur : — dans son pays — il revint brave, — et bon pêcheur.

Puis avec la dot de sa femme — il se bâtit un beau navire, — car de pêcher et de ramer — il fut bientôt las, et il repartit. — « Adieu, dit-il, — ma gentille femme ! » — Et il repartit.

L'horrible houille ne noircit pas le cabestan de sa gabare : — avec trois voiles blanches — il fait du chemin tant qu'il veut : — dans les remous — va sa gabare — comme Dieu veut.

Le bâtiment sent comme baume, — il est calfaté battant neuf ; — comme un grand poisson vêtu d'écailles, — il reluit de tous les côtés ; — il est bien peint, — et sent comme baume — de tous côtés.

Il porte trois bonnes petites ancres, — avec saint Pierre sur la proue,.. — Saint-Pierre, envoyez-lui des brises, — et gardez-le contre les rocs ! — Guidez le croc — de l'ancre — entre les rocs !

An de pèis fres pèr lou divèndre,
An tout lou pèis dóu toumple amar.
En coustejant de-vers Port-Vèndre,
Jiton lou gàngui dins la mar :
  Dilun, dimar,
  Dijòu, divèndre,
  Pihon la mar.

Vèndon la pesco au port de Ceto,
E, lou vènt larg toujour regnant,
Di louvidor e di peceto
Croumpon lou vin de Frountignan
  Argènt! gagnant,
  Cargon à Ceto
  Lou Frountignan.

Dins la tubèio di cigaro,
A Magalouno, au port de Bou,
Cargon de sau, de blad encaro,
E tout es plen de bout en bout ;
  Pèr li nebout
  I'a de cigaro,
  E dóu bon bout.

Li porto-fais, gai cambarado,
Li ribeiròu, franc Prouvençau,
Entre la vèire dins la rado,
Davans la barco fan tres saut :
  — Zòu ! à l'assaut,
  Gai cambarado ! —
  E fan tres saut.

Lou bastimen vèn de Maiorco
Emé d'arange un cargamen :
An courouna de vèrdi torco
L'aubre-mèstre dóu bastimen ;
  Urousamen
  Vèn de Maiorco
  Lou bastimen.

5 de jun 1859.   F. MISTRAL.

Ils ont du poisson frais pour le vendredi, — ils ont tout le poisson du gouffre amer. — En côtoyant devers Port-Vendre, — ils jettent le filet dans la mer: — lundi, mardi, — jeudi, vendredi, ils pillent la mer.

Ils vendent la pêche au port de Cette ; — et, le vent largue régnant toujours, — des louis d'or et des piécettes — ils achètent le vin de Frontignan. — Avec bénéfice — ils chargent à Cette — le Frontignan.

Dans la fumée des cigares, — à Maguelone, au port de Bouc, — ils chargent du sel, du blé par-dessus, — et tout est plein d'un bout à l'autre ; — pour les neveux — il y a des cigares, — et du bon bout !

Les porte-faix, gais compagnons, — les gens du quai, francs Provençaux, — dès qu'ils la voient entrer en rade, devant la barque font trois sauts ; — « Houp ! à l'assaut, — gais compagnons ! » — Et ils font trois sauts.

Le bâtiment vient de Majorque — avec un chargement d'oranges ; — on a couronné de guirlandes vertes — l'arbre-maître du bâtiment ; — heureusement - de Majorque arrive — le bâtiment.

5 juin 1859.   F. Mistral.

MA VESINO

Sies un tresor, Goutoun, ma mio !
As uno taio facho au tour,
D'iue que beluguejon d'amour ;
Goutoun, sies uno meraviho !

Sies bravo ; as un biais angeli,
Un cor d'or, une amo innoucènto;
As uno bouqueto risènto :
Lou galant rire enfantouli !

Finalamen, sies, ma vesino,
Uno perlo, un bijout de rèi !..
Mai, moun enfant, veici ço qu'èi :
I'a ges de roso senso espino ;

I'a res que noun fugue endeca :
Toun espino, o ma roso bello !
Vosto deco, Madamisello !
Ei que jougas... emé lou cat !

Emé lou cat !.. Ièr t'espinchave...
— Vèngues pas me dire de noun !
Lou bressaves sus ti geinoun.
Iéu, que vesiéu tout, souspirave !

Bèn mai ! ié fasiés lis iue dous;
Coume un enfant l'atitoulaves,
Lou sarraves, lou calignaves
D'un èr e d'un biais amistous.

E pèr toun cor èro uno fèsto ;
Trefoulissiés, tout te risié...
Que te dirai ? acò fasié
S'auboura mi péu sus ma tèsto !

MA VOISINE

Marguerite, m'amie, tu es un trésor ; tu as une taille faite au tour, des yeux qui pétillent d'amour ; Marguerite tu es une merveille.

Tu es mignonne ; tu as une grâce angélique, un cœur d'or, une âme innocente ; ta petite bouche rit. Oh ! quel joli rire d'enfant !

En un mot, voisine, tu es une perle, un bijou de roi !... Mais, petite, voici ce que c'est : toute rose a des épines ;

Personne n'est sans défauts ! Ton épine, ô ma rose belle ! votre défaut, Mademoiselle ! c'est que vous jouez avec le chat !

Oui, avec le chat ! Hier je t'épiais : ne viens donc pas me dire non ! tu le berçais sur tes genoux. Moi, qui voyais tout, je soupirais !

Ce n'est pas tout. Tes doux yeux le caressaient ; tu le dorlotais comme un enfant, tu l'étreignais amoureusement.

Et pour ton cœur, c'était une fête, tu étais ivre de joie ; tout en toi riait. Que te dirai-je ? J'en avais les cheveux hérissés d'horreur !

Mai... veici lou pu gros pecat :
O, Goutoun, lou poutounegères !
Ti bèlli bouco, li pausères
Sus lou laid mourre de toun cat !

E pamens siés, o ma vesino,
Un tresor, un bijout de rèi !
Mai, moun enfant, vaqui ço qu'ei:
I'a ges de roso sènso espino.

Se vouliés me créire, Goutoun,
Lou mandariés cassa de rato ;
Lou calignariés plus, ma chato,
Degaiariés plus ti poutoun.

Ve piéi, se vos avé, ma mio,
Quaucarén à tintourleja,
Un amour à poutouneja,
Eh ! poutounejo Roumaniho !

Quand baises toun catoun, m'amour,
Acò me treboulo e m'encagno !
Me sémblo de vèire uno aragno
Qu'arpatejo sus uno flour !

Coucho aquelo bèsti, vesino,
Quand à toun entour miaulara,
E toun felibre te dira :
Siés uno roso sènso espino.

J. ROUMANILLE.

Mais, ton plus gros péché, le voici : Oui, Goton ! tu le baisas ! tu posas ton adorable bouche sur le sale museau de ton chat.

Et pourtant, voisine, tu es un trésor, un bijou de roi. Mais voilà ! Il n'est pas de rose sans épines.

Si tu voulais m'en croire, Goton, tu l'enverrais prendre des rats ; tu ne le câlinerais plus, petite ! tu ne gaspillerais pas tes baisers.

Et puis, m'amie, s'il te faut quelqu'un à caresser, un amour à embrasser, chérubin ! embrasse Roumanille.

Quand tu bécottes ton chat, ma chère, ça me trouble et m'irrite : il me semble voir une araignée gambader sur une fleur.

Voisine, chasse donc cette bête quand elle miaulera autour de toi, et alors ton félibre pourra te dire : Tu es une rose sans épines.

J ROUMANILLE.

Au sortir de table les anciens Elèves du Collège, présents à Alais, ont décidé de fonder une Association amicale, et la liste d'adhésion s'est immédiatement couverte de signatures des plus illustres enfants que notre vieille maison universitaire ait abrités dans ses murs.

Les Courses de Vélocipèdes.

De neuf heures à midi, pendant que l'on inaugurait le Lycée, des grandes courses de vélocipèdes avaient lieu sur l'avenue de la Chaussée.

Ces courses, organisées par un Comité d'amateurs, ont été très brillantes et ont attiré un nombre considérable de curieux.

Course régionale (Réservée aux coureurs alaisiens). Distance à parcourir : 3.800 mètres.

Premier prix : Alfred Pin, qui a franchi l'espace à parcourir en 9 minutes 25 secondes ; deuxième prix, Deleuze ; troisième prix : Roux.

Course internationale. Premier prix : Galtier, d'Avignon, qui a franchi les 5.700 mètres à parcourir en 12 minutes 32 secondes ; deuxième prix : Coutarel, de Nimes, en 12 minutes 33 secondes ; troisième prix : Mathieu, d'Avignon ; quatrième prix : Xaintrailles.

MÉMORIAL

De la Fête d'inauguration du Buste de
M. le Marquis de La Fare-Alais, Poète
cévenol, le 20 octobre 1889.

ESQUISSE BIOGRAPHIQUE DE M. LE Mis DE LA FARE-ALAIS

Gustave-Christophe-Valentin, marquis de La Fare-Alais, naquit au château de La Coste, situé sur les bords du Gardon, en amont et à proximité de la ville d'Alais, le 16 novembre 1791.

La famille de La Fare — une des plus anciennes et des plus illustres du Languedoc — comptait parmi ses membres : Guillaume, seigneur de La Fare, chambellan ordinaire du roi Charles VII, qui, en 1411, épousa dame Almueïs de Montclus de Latour ; et Charles-Augustin, marquis de La Fare, officier et poète, l'ami de Chaulieu, dont le fils devint maréchal de France, commandant en chef de la province de Languedoc et gouverneur d'Alais.

Le poète cévenol descendait en ligne directe de François de La Fare, comte de Lasalle, chef de la branche des La Fare-Alais, par son mariage avec Anne de Cambis, co-héritière avec sa sœur, de la baronnie d'Alais.

Son père, Jacques-Alexandre, marquis de La Fare-Alais, après avoir servi comme officier dans le régiment de Flandres, s'était retiré dans son château de La Coste.

C'est là que le jeune de La Fare, d'une intelligence précoce et montrant de bonne heure les plus heureuses dispositions à l'étude, eut d'abord pour précepteur M. l'abbé Pignol, homme de vaste savoir et de grandes vertus. Il vint ensuite terminer ses études classiques au collège d'Alais, et, à peine âgé de seize ans, il était admis à Saint-Cyr.

Les traditions de sa famille l'avaient naturellement porté vers la carrière des armes.

Mais une grave maladie débilita soudain son tempérament, au point de l'obliger à sortir de la voie où il s'était engagé, et M. de La Fare abandonnant la carrière militaire allait bientôt après étudier la jurisprudence à la Faculté de droit de Toulouse.

Bien que dans la suite, au retour des Bourbons, il reprit le service des armes, faisant tout d'abord partie des Gardes du corps, compagnie de Noailles, et après les Cent-Jours, en qualité de lieutenant dans la légion du Gard; dès 1818 il renonçait pour la seconde fois à la carrière militaire et se fixait désormais dans son pays natal.

Esprit fin, lettré et possédant avec une taille élevée et un physique agréable, la noble distinction des bonnes manières, il aurait pu se produire avec succès dans le monde. Toutefois, il aima peu à se répandre, en dehors de la société restreinte de quelques amis intimes, où dans les épanchements de l'amitié il laissait s'épanouir dans tout leur éclat les belles qualités d'esprit et de cœur dont il était doué. Là seulement il se livrait tout entier, avec la verve, l'entrain et l'enjouement d'une bonne humeur qui s'exhalait en causeries fines, abondantes et faciles, pleines de charme et d'intérêt, pétillantes de bons mots, de saillies spirituelles et de traits piquants.

Néanmoins, pour tous ceux qui avaient à l'approcher, il était bon, affable, prévenant, et ses hautes connaissances en jurisprudence lui valurent de pouvoir rendre de précieux services à ses concitoyens. Et d'ailleurs, dans ses rapports privés, comme dans le maniement des affaires publiques, en sa qualité de maire de Saint-Martin-de-Valgalgues et de conseiller municipal d'Alais, il apporta une telle largeur de vues et d'idées, un tel esprit de conciliation, qu'il obtint le respect et l'estime de ceux-là même qui ne partageaient point toutes ses convictions.

A part l'hiver qu'il passait à la ville, il vivait à la campagne. Mais aux champs comme à la ville, il donnait libre cours à ses goûts pour l'étude, et les nombreux articles qu'il fit paraître dans l'*Echo d'Alais*, feuille littéraire de l'époque, où il traitait des sujets d'histoire, de philosophie, de linguistique et de critiques, accusent des connaissances aussi profondes que variées.

Nature toute méridionale, il avait le culte passionné de son pays. Aussi tout en cultivant, non sans succès, la poésie française, la muse languedocienne ne laissa pas de l'attirer. C'est ainsi que son cœur, secondant un merveilleux talent de poète, lui inspira ces belles poésies en langue d'Oc, qui ont suffi pour glorifier à jamais son talent et immortaliser son nom.

Dans ces divers chants qui forment le recueil des *Castagnados*, comme dans son dictionnaire languedocien qu'il n'a pu malheureusement achever, M. de La Fare s'est fait l'historien non moins original que fidèle des mœurs, des coutumes et des traditions du vieil Alais. Ainsi il mérita autant de son pays que des lettres méridionales.

M. le marquis de La Fare-Alais mourut dans la nuit du 28 au 29 janvier 1846, à l'âge de 55 ans.

Il ne laissait après lui qu'un fils, décédé bientôt après, sans postérité, et en qui s'est éteint le nom de La Fare-Alais.

Armes de la famille de La Fare-Alais :

Un écusson d'azur à trois flambeaux d'or allumés de gueules posés en pal, réuni à l'écusson de la ville d'Alais de gueule meublé d'une aile d'argent.

Au bas la devise : *Lux nostris, hostibus ignis.*

I

ORIGINE DU PROJET D'ÉRECTION D'UN BUSTE A M. DE LA FARE

La ville d'Alais, fière à juste titre d'avoir donné le jour au poète cévenol qui chanta avec amour son pays natal, voulut honorer sa mémoire ; et, le 22 août 1883, une rue de la cité reçut le nom de M. le Marquis de La Fare-Alais.

Cependant quelques amis des Lettres méridionales et admirateurs du talent de La Fare, avaient depuis longtemps désiré pour leur Maître un monument digne de lui. Dans le courant de l'année 1872, au milieu d'un cercle d'amis, quelqu'un parla d'un buste à élever à *l'Auteur das Castagnados*. C'était M. César Gourdoux, celui-là même qui, ayant offert les prémices de ses vers au poète cévenol, reçut de lui, dans une lettre qui passera à la postérité, des félicitations et des encouragements. Toutefois, l'idée émise par M. Gourdoux resta pour le moment sans écho.

Plus tard, la Société Félibréenne, créée à Alais, sous les auspices de M. de La Fare, comprit elle-même qu'il lui appartenait tout particulièrement d'exalter le talent et le mérite de l'illustre précurseur du Félibrige, en lui élevant un monument qui consacrât d'une manière éclatante, son glorieux et immortel souvenir.

Et c'est pourquoi, dans une réunion de la Société, au cours de l'année 1878, M. Albert Arnavielle, enfant d'Alais et Félibre éminent, parla d'une dette d'honneur à acquitter vis-à-vis de *l'Auteur das Castagnados*.

Ce n'a été cependant que dix ans après, que M. Léonce Destremx de Saint-Christol, ancien député, de concert avec M. Auguste André, sculpteur, membre du Conseil municipal d'Alais, et M. Gaussen, bibliothécaire, ont eu le mérite de préparer les voies et moyens pour l'exécution du projet qu'avait à cœur, la Société Félibréenne d'Alais, dont M. Destremx lui-même était le président d'honneur. Dans ce but, et pour grouper un plus grand nombre d'adhérents autour de l'œuvre félibréenne, on résolut la fusion de la Société Félibréenne avec la Société Artistique et Littéraire, dont M. Bertrand était président, et qui ne formèrent ainsi qu'une Société unique sous la dénomination de : Société Félibréenne Artistique et Littéraire d'Alais.

Ce fut alors que M. Léonce Destremx convoqua à un banquet félibréen, dans son château de Saint-Christol-lès-Alais, les membres des deux Sociétés réunies, pour décider l'ouverture d'une souscription publique, destinée à l'érection d'un buste monumental de M. de La Fare sur une des places de la ville d'Alais.

C'était le dimanche 1ᵉʳ octobre 1888.

Etaient présents :

Messieurs Destremx, l'abbé Rouvière, Rossignol, Oberkampff Ernest, P. Gaussen, Pairaube, Carrière, Crouzat, Bertrand, Girod, photographe ; Ferrier, Trouilhas, Marius Blavet, Boyer Jean, Rieutord, Maurin, conseiller municipal ; André, conseiller municipal ; Merle, Fabre, peintre ; Fabre, photographe ; Quiminal, avoué ; Marguerit, professeur de dessin ; Delage, Goirand, Carli Pierre, Louis Destremx, Pecqueur, Berrouiller, Laurent de l'Arbousset, Saboury, bijoutier ; Ode, bijoutier ; Roche, Dumas, Chazelle, Oberkampff, etc.

Tous applaudirent à la proposition, et M. Léonce Destremx fut, à l'unanimité, nommé président effectif des deux Sociétés réunies. M. Emile Espérandieu, maire d'Alais, s'étant rendu à l'invitation qui lui avait été faite, assistait au banquet. Et au *brinde* que lui adressa M. Destremx, le remerciant de l'honneur et du plaisir que sa présence procurait à la Société Félibréenne, il répondit avec beaucoup de tact et par un à-propos charmant ;

disant qu'il était heureux et fier de s'associer à l'œuvre, toute empreinte d'un patriotisme alaisien, de la Société Félibréenne, Artistique et Littéraire et qu'il lui promettait le plus généreux concours de la municipalité d'Alais. Rendant ensuite hommage au Félibrige, il terminait par ces paroles :

« Je suis heureux de me trouver parmi vous. Je n'étais
« pas encore initié à vos réunions artistiques. Les accusa-
« tions portées contre les Félibres sont injustes. Si vos
« contradicteurs étaient parmi nous, ils pourraient vous le
« dire comme je vous le dis. Non, vous n'êtes pas des
« séparatistes. Votre Société n'a qu'un but, votre cœur n'a
« qu'une pensée : Chanter librement, dans cette langue
« aimée de nos pères, et par vos œuvres ajouter un dia-
« mant de plus à la couronne de la France. Je bois aux
« Félibres et au Félibrige ».

M. Destremx donna en même temps lecture d'une lettre de M. de Firmas de Périès, héritier de M. de La Fare, s'excusant de ce que la maladie l'empêchait de se rendre à l'invitation reçue et disant :

« Je sais par les journaux, que dans votre réunion, vous
« devez vous occuper d'un projet tout à l'honneur de M. de
« La Fare-Alais. C'est une heureuse et patriotique idée
« que d'élever un buste à ce précurseur des Félibres, à ce
« vrai poète raïol, qui nous appartient bien, et qui a fixé
« notre dialecte de la façon la plus authentique et la plus
« consciencieuse. M. le Marquis de La Fare fut toujours
« un Alaisien passionné !
« Si l'on organise une souscription, je m'inscris des
« premiers pour une somme de cent francs. Veuillez, mon
« cher Destremx, être l'interprète de mes regrets auprès
« de vos aimables convives ».

Aussitôt résolue, la souscription était donc commencée, et l'on ne pouvait douter dès ce moment du succès de l'œuvre.

Il importait cependant de donner à la souscription la plus grande publicité, et le moment était venu d'intéresser le peuple alaisien tout entier à l'œuvre patriotique entreprise par la Société Félibréenne. C'est pourquoi, il fut convenu d'organiser une séance publique qui serait tenue à Alais et dont le produit serait consacré au monument à ériger en l'honneur de Monsieur de La Fare, patriote alaisien autant que poète cévenol. Cette séance avait lieu, en effet, le 6 février 1889, dans la grande salle des états de l'Hôtel-de-Ville, mise gracieusement à la disposition de la Société par M. le Maire d'Alais.

Jamais, peut-être, on n'avait vu société d'élite plus nombreuse, et la ville d'Alais montra bien en cette circonstance combien lui était cher le culte de ses gloires locales.

Le programme de la soirée était du reste des plus attrayants.

PROGRAMME DE LA SOIRÉE DU 6 FÉVRIER 1889 A L'HÔTEL-DE-VILLE D'ALAIS.

1re Partie :

1° Conférence de M. Destremx, président de la Société Félibréenne, sur la langue romane : Troubadours et Félibres.

2° Eloge poétique du Marquis de La Fare-Alais, par M. l'abbé Rouvière, membre de la Société.

2me Partie :

1° Morceaux de chant, par Madame Chevalier et Mesdemoiselles Ajon et Challier, avec accompagnement par Monsieur et Madame Ajon.

2° Monologues divers, fables et vers languedociens, débités par MM. Boyer, Fabre, Merle et Gaussen, Armand.

Si la première partie intéressa un plus haut point l'assistance, la deuxième ne laissa pas que de la charmer.

Madame Chevalier et MM^{lles} Ajon et Challier, de leurs voix fraîches et expressives antant que puissantes et sonores y révélèrent un vrai talent d'artistes, et leur gracieux concours fut justement apprécié de tous.

Quant à MM. Gaussen, Merle, Boyer, Armand et Fabre, la note gaie et comique qu'ils apportèrent à la soirée en compléta le succès.

Chacun eut sa large part des applaudissements répétés du public d'élite qui remplissait la salle des états de l'Hôtel-de-Ville.

Voici l'éloge poétique de M. le Marquis de La Fare-Alais, prononcé par M. l'Abbé Rouvière et qui, à raison du sujet tout de circonstance, obtint l'attention la plus soutenue et la plus sympathique.

Éloge de Monsieur le Marquis de La Fare-Alais.

« Mesdames et Messieurs,

« Il semble que c'est dans un dessein parfaitement prévu, que la Providence faisait naître M. le marquis de La Fare sur cette terre d'Alais, si pleine de charmes, de beautés, de poésie, et vis-à-vis de laquelle la nature a, pour ainsi dire, prodigué ses plus gracieux sourires.

« Les impressions de la terre natale sont les premières que l'âme reçoit, elles sont aussi les plus durables, et le plus souvent elles résistent au temps et aux vicissitudes de la vie.

« Qui donc n'a subi les charmes de ces mille images chatoyantes qui frappèrent ses premiers regards ; de ces mille bruits de la nature qui murmurèrent en sons harmonieux à son ouïe naissante et le bercèrent en chantant ; qui donc ne s'est attaché à ces mille petits sentiers fleuris, où s'essayèrent et s'affermirent ses premiers pas ?

« Mais si la terre natale marque les âmes d'une empreinte vive et profonde, combien plus vive et plus profonde sera cette empreinte sur une âme de poète, âme tellement sensible que, pareille à une harpe éolienne, ses cordes résonnent jusqu'aux moindres vibrations des pensées, des sentiments et des images qui l'entourent.

« C'est ainsi que le marquis de La Fare, avec son âme de poète, enthousiaste et amoureuse de sa terre natale, nous a laissé ces chants harmonieux où revit tout entier cet Alais qu'il aimait tant, et qu'il saluait par ces vers, coulant de son cœur en même temps que de sa plume :

> *Alès qu'aimé coumo uno mèro,*
> *Alès, moun Alès tant pouli,*
> *Mé foudriè lou viaouloun d'Homèro*
> *Ou lou pifré dé Goudouli*
> *Pér remounta coumo mérités*
> *Toun histouèro et tous amérités.*

« Non, la terre natale n'a pas eu un chantre plus aimant et plus harmonieux. En aucune langue, elle n'a inspiré des accents plus sublimes.

« Mais aussi, quelle belle terre natale que celle de M. de La Fare ! Son berceau est un vrai berceau de poésie.

« Il naît dans ce château de La Coste, vieux manoir de ses pères, ombragé de châtaigniers plusieurs fois séculaires, et pittoresquement posé sur les dernières pentes d'une montagne qui l'abrite contre la violence des vents du Nord. Aux pieds même du château coule ce Gardon, qui du murmure de ses eaux berça les premiers sommeils du poète, et devint ainsi l'ami auquel il s'attachera et qu'il se plaira à saluer dans la plupart de ses chants.

« Sur la rive opposée est le Galezon, aux bords verdoyants et fleuris, apportant au Gardon, comme un riche vassal à son puissant suzerain, le tribut de ses eaux et rehaussant ainsi la majesté de ses ondes qui, dès lors, coulent abondantes et fières.

« En face s'élèvent les restes géants du château féodal de Cendras, ayant à ses pieds les murs délabrés et noircis d'une grande abbaye de religieux Bénédictins, florissante au Moyen-Age ; ruines imposantes qui évoquent le souvenir d'un glorieux passé et dont les fleurs qui s'épanouissent sur la poussière qui les couvre, sont pour une âme de poète des fleurs de poésie.

« Plus loin à droite, et en remontant le Gardon jusqu'à sa source, toujours à portée de la vue, c'est Latour, débris épars de cette demeure seigneuriale, que l'imagination naïve des peuples d'alentour regarde comme hantés par l'ombre d'Almueïs de Montclar, noble châtelaine, ancêtre du poète, célèbre par sa beauté et ses malheurs, et qui inspireront à La Fare l'une de ses plus charmantes compositions : *La Baoumo dé las Fados.*

« La Providence ne pouvait évidemment dérouler aux regards naissants du jeune La Fare un tableau plus riche de charmes, de beautés, de poésie.

« Oh ! comme il devait promener des yeux avides sur cet étalage de merveilles sans nombre qui, éblouissant son âme, semblaient l'inviter déjà à prendre sa lyre de poète pour jeter aux échos des chants mélodieux.

« Comme son âme devait se sentir à l'aise sur cette terre où il goûtait tout à la fois le charme des grands horizons qui enivrent les yeux et la mâle contemplation des hautes montagnes qui élèvent dans des extases sublimes.

« Cette terre d'Alais, Eden enchanteur, fermée d'un côté par les crêtes dentelées de nos vertes Cévennes, et de l'autre par la ceinture d'argent des deux Gardons, au sein desquels elle se mire dans une onde toujours pure ;

« Cette terre d'Alais, dont le pinceau d'un artiste habile pourrait faire l'apothéose en nous la montrant s'élevant dans les airs aux sons de la lyre des deux poètes qui l'ont chantée : Florian à Massane et La Fare à La Coste.

« Aussi notre jeune poète aimera-t-il à la parcourir, et bientôt il n'y aura pas une pierre, pas une source, pas une mousse, pas un brin d'herbe qu'il ne connaisse et qui ne devienne comme une partie de son âme.

« Avec Lamartine il pourrait s'écrier :

> *Objets inanimés*
> *Avez-vous donc une âme,*
> *Qui s'attache à notre âme*
> *Et la force d'aimer ?*

« C'est bien là ce qui explique cet amour qu'il a de son Alais.

« Une perle de poésie sentimentale qu'a composée M. de La Fare montre combien à ses yeux, tout revêtait un charme séduisant. Elle est intitulée *Lou Riou*, et lui a été certainement inspirée par les divers ruisseaux qui arrosent sa terre natale.

« En voici les deux premières strophes, dont les vers coulent aussi harmonieusement que l'onde du ruisseau :

> *Din ta mato de brousso*
> *Nascu prin coumo un fiou*
> *Mounté vas jouine Riou ?*
> *Toun enfantouno escousso*
> *Lou mati ris et boul*
> *Entré roso et serpoul ;*
> *Et de la margarido*
> *Que s'estello à toun bor*
> *Espousqués lou cur d'or.*
> *Aquo's, aquo's la vido !*
>
> *Mais iuen de ta mountagno*
> *T'emmeno lou nivel,*
> *Chaquo jour pra nouvel*
> *Et nouvello campagno*
> *De toun ié s'alarjan*
> *L'argen vai bluiéjan.*
> *D'amoun quicon te crido :*
> *Marcho, marcho toujour*
> *Per tus gés de retour.*
> *Aquo's, aquo's la vido.*

« Ah ! très certainement M. de La Fare aurait voulu couler ses jours sur cette terre natale où l'enchaînait son cœur. Mais noblesse oblige !

« Le nom qu'il porte et le passé de sa famille lui commandent le choix d'une carrière où il pourra se montrer le digne héritier des mâles vertus de ses aïeux. C'est la carrière des armes qui s'ouvre naturellement devant lui et c'est là qu'il espère continuer les glorieuses traditions de cette race de soldats sans peur et sans reproche qui a inscrit le nom de La Fare en lettres d'or ou plutôt de sang, dans l'histoire de toutes les luttes héroïques de l'ancienne France militaire.

« Noblesse oblige ; et quittant la terre natale, il entre à l'école de Saint-Cyr, noble école d'où sont sortis et sortent encore les meilleurs défenseurs de la patrie française.

« La carrière des armes ne saurait d'ailleurs contrarier ses goûts poétiques et couper les ailes à sa muse. Ses souvenirs de famille ne lui rappellent-ils pas cet autre marquis de La Fare, son ancêtre, soldat et poète tout à la fois, aussi valeureux soldat que poète charmant, dont les œuvres, à part le goût épicurien de l'époque, attestent une grande facilité et un vrai talent.

« La carrière des armes n'est-elle point du reste, par elle-même, une source d'inspirations poétiques ? Ces veillées militaires, ces nuits de bivouac autour de ces feux auxquels répondent les feux lointains qui scintillent dans le firmament étoilé ; ce drapeau flottant au-dessus des armées et qui porte dans ses plis l'âme de la patrie, tout, jusqu'aux horreurs d'une mêlée sanglante, jette dans l'âme de ces émotions douces ou terribles, dont une âme de poète est toujours avide.

« Mais voilà que tout à coup, au seuil même de cette carrière qui pouvait répondre en même temps à ses devoirs et à ses goûts, il est soudainement arrêté.

« Une cruelle maladie l'oblige à quitter Saint-Cyr, et à regagner la terre natale.

« Sans doute, l'air pur de nos Cévennes et la joie de retrouver

Soun Alès tant pouli

ne tardèrent point à lui rendre la santé. Fortement ébranlé cependant par la violence du mal, il s'en suivit pour lui une complexion faible et délicate.

« Mais toujours et quand même, noblesse oblige ! Et s'il quitte l'épée, il devra prendre la toge ; s'il abandonne la carrière des armes, il devra embrasser celle du barreau. La noblesse d'épée devra le céder à la noblesse de robe, et malgré lui se réalisera l'adage : *Cedant arma togœ.*

« Mais au contact de cette langue du droit restée barbare ; au contact de ces locutions surannées et si peu harmonieuses ; à ce jeu de la chicane auquel il faudra s'initier, n'est-il pas à craindre que son âme s'émousse ? N'est-il pas à craindre, en un mot, que le jurisconsulte absorbe le poète ?

« Ah ! c'est ici que se manifestent, d'une façon merveilleuse, les desseins de cette Providence qui le mène et le garde.

« Eh bien ! oui ; puisque noblesse oblige, il ira faire son droit. Mais remarquez-le bien : c'est à la Faculté de Toulouse qu'il va ; à Toulouse, la patrie de Clémence Isaure ; à Toulouse, la ville du gai savoir ; à Toulouse, le théâtre des jeux floraux !

« Oh ! n'ayez crainte, dès lors ! Le droit romain et la procédure ne l'absorberont pas tout entier ; Cujas et Barthole ne seront point l'unique objet de ses études ; mais les idylles des jeux floraux l'attireront, comme l'aimant attire le fer ; les œuvres des vieux troubadours le jetteront dans l'enchantement. Et c'est là peut-être dans cette même Faculté de Toulouse que La Fare résolut d'être poète cévenol ; c'est à Toulouse peut-être qu'Alais est redevable d'avoir eu, avec La Fare, une gloire littéraire, et si je puis m'exprimer ainsi : une gloire littéraire de son crû.

« Peut-être bien que La Fare, avec une légère variante, pourrait dire de ses études de droit à Toulouse, ce qu'Ovide disait de ses études de jurisprudence à Rome :

Quidquid tentabam scribere, versus erat.

« J'avais beau vouloir écrire des formules de droit ou
« de procédure, il ne sortait de ma plume que des vers
« *patois.* »

« Aimant, en effet, passionnément son pays, il aimait passionnément aussi sa langue maternelle. Ecoutez comme il l'exalte :

La lengo qu'a lou mai de prusé pouétiquo,
La lengo qu'es touto musiquo,
Per qu'aou sén la fan de rima,
Es la qu'on barboutis éfan, à la brassieiro,
Es aquélo qué la prumieiro
Nous apren à diré : Mama.

« Il l'aimait tellement cette langue maternelle, que, sous l'empire de je ne sais quelle hallucination, il lui semblait qu'autour de lui tout prenait une voix pour lui parler son patois cévenol.

« Lorsque, à la première Restauration, la vieille fidélité de sa famille à la dynastie des Bourbons le fit entrer dans les armées de Louis XVIII, et qu'aux Cent-Jours, il dut partager dans l'exil la mauvaise fortune de son roi, bien qu'éloigné du pays natal, il lui paraissait entendre les accents cévenols de ce patois qui le ravissait : « Entendez, disait-il un jour à ses compagnons d'armes méridionaux, entendez, les cailles semblent chanter en patois ! »

« Mais cet amour du patois cévenol n'était point de sa part un simple caprice, ni l'effet d'un entêtement ridicule. Non, non !

« Il l'aimait, cette langue maternelle, parce que linguiste érudit, comme la préface de ses œuvres le démontre, il en avait étudié le génie et en connaissait toutes les ressources. Et si, dans ses compositions, il a touché à tous les genres, c'était bien moins, à mon avis, pour montrer la souplesse et la fécondité de son talent, que pour attester le génie et les ressources de la langue qu'il parlait.

« Ce n'est pas non plus qu'il voulut se poser en frondeur vis-à-vis de cette langue française à l'apogée de sa gloire au siècle de Bossuet, de Corneille, de Racine, et qui a reçu du mouvement romantique du commencement de ce siècle, avec Lamartine et Victor Hugo, une fraîcheur de tournures, d'expressions, de sentiments et d'images, qui la rend désormais immortelle.

« Non, non ! M. de La Fare n'a jamais eu la pensée de vouloir détrôner la langue française. Il savait que la langue française sera toujours la reine des langues, de même que la France restera, malgré tout, la reine des nations.

« Et pourquoi ne dirais-je point que par les écrits français qu'il nous a laissés, en prose comme en vers, il montre que son talent d'écrivain et de poète en cette langue ne l'eût pas conduit peut-être à une moindre gloire !

« Du reste, ce qu'a voulu M. de La Fare, ou plutôt ce qu'il a fait, il l'a fait, encouragé par Reboul lui-même : Reboul, cette gloire littéraire de Nimes ; Reboul ! **poète à la langue française si pure et si élégante** ; **Reboul !** poète boulanger, il est vrai, mais *génie dans l'obscurité*, comme l'a salué **Lamartine**.

« Ecoutez La Fare, s'adressant au poète nimois, auquel il a été dédié sa pièce, *Lou Basali.*

M'as di : Fai réviouré ta lengo maternelo
Qué s'escrafo et s'apouridis,
Séouclo, desbrousso-la de la mousso nouvelo
De soun franchiman mescladis.

Dessouto aquel rouvil, la pensado s'endéquo,
Et lou pouétique caliou
Abéssi d'aou cendras qué l'amato et lou séquo,
Mouor sans baiuerno et sans éliou.

. . . .

T'escoutavé : et ta voués coumo uno bravo fado
Qué dé sa jinguélo daourado
En diaman chanjo lou caiaou,
Dé mous ressouvénis vengué dins ma cervelo
Dérévéia la cantarelo.

« Ce que voulait La Fare, c'était conserver l'idiome rayol pur de toute mésalliance ; il voulait que si la fatalité des choses devait faire descendre un jour dans la tombe sa belle langue maternelle, du moins, elle y descendit et s'y conservât dans une sorte d'incorruptibilité ; et que, comme la langue d'Homère et celle de Virgile, elle fit entendre à travers la pierre du tombeau les accents harmonieux et sublimes d'un passé vivant et glorieux.

« Du reste, Messieurs, le talent de M. de La Fare était à la hauteur d'une pareille tentative.

« Appliqué dès son enfance à l'étude de la langue d'Homère, dont M. l'abbé Pignol, son précepteur, helléniste distingué, lui faisait comprendre et goûter les beautés enchanteresses dans l'*Illiade* et l'*Odyssée*, il y puisa cette variété de tons et d'images, ce tour vif et spirituel, cette allure franche et naturelle qui caractérisent son talent, ajoutant à celà cette verve et ce mordant propre à l'esprit gaulois.

« Ce voyage interminable d'Alais à Nimes qu'il a intitulé : *Rocho et Plagnoou*, n'est-ce point comme une réminiscence de l'*Odyssée* d'Homère ! Quoi qu'il en soit cette pièce de longue haleine, dont le poète, par un effet de l'art, fait languir l'action, a une telle variété de tons et de situations, que les beautés diverses qu'elle renferme suffiraient pour illustrer à jamais le nom de son auteur.

« Et quel beau talent ne révèle pas chez M. de La Fare sa poésie intitulée : *Lou dariè Son de la Vierjo*, élégie sublime, pleine d'un naturel charmant et d'une délicatesse exquise, digne d'être comparée à l'*Ange et l'Enfant*, de Reboul, si elle ne lui est point supérieure.

« Vous jugerez vous-mêmes, Mesdames et Messieurs, car je ne puis résister au plaisir de vous en citer quelques vers :

A tréjé ans, embrassè la mor !
Regarda-la din sa ièchoto :
Qué dort bien, la paouro pichoto,
Bressado d'un pantai tout d'or !
Coumo uno blanquo margarido
Hier à péno s'espandissiè,
Et soun pené se gandissiè
A péno aou pourtaou de la vido.

. . . .

Et quan a soun ieil déspluga,
Aginouiado a la gran taoulo
Dé sa prémieiro coumugnonn,
Lou bon anjou, soun coumpagnoun,
Daou ciel sounlévè la cadaoulo,
En veiré aquel amoun tan bèou,
Calada d'or, crousta d'estèlos,
L'embas li dounè lou sounlèou.
Piei se viran dé ver sa maïré
Li diguè : Laïsso-m'en ana :
Aro qu'a ieou Diou s'és douna
Aïci n'ai pas pu res a faïré.
Et barè sous iels emblouis,
Coumo la tourtouro avéousado
Qué languis iuèn de sa nisado
Et qué mouor d'aou maou d'aou peïs !

« Remarquez ensuite, Messieurs, que pénétré de la mission qu'il doit accomplir, M. de La Fare évite avec soin tout ce qui pourrait la compromettre. C'est ainsi que traitant les sujets les plus variés, dans toutes ses compositions, il ne s'est jamais départi d'une sage et prudente gravité. Sa muse, toute gaie qu'elle soit, reste toujours de bonne compagnie ; son esprit est sans cesse de bon aloi.

« Il n'imite pas Fabre de Celleneuve, qu'il appelle toutefois son modèle et son maître, et il se garde de mêler à ses récits les farces grossièrement épicées, les propos égrillards, les mots malsonnants, ne voulant pas qu'un Boileau malin quelconque pût dire que :

Son patois dans les mots bravait l'honnêteté.

« Il aimait tellement sa langue maternelle, qu'il voulut la respecter toujours et ne la souiller jamais.

« La seule chose que nous pourrions reprocher à M. de La Fare, c'est une modestie excessive. Vous me direz avec raison que c'est là le caractère du vrai talent. Mais cette modestie excessive a pu en maintes circonstances inspirer au poète de la défiance pour son talent, et l'empêcher ainsi de s'élever à des hauteurs où la puissance naturelle de son essor l'aurait fait atteindre. Elle aurait pu aussi priver la postérité de ces riches trésors de poésie que renfermait son âme.

« Honneur au cercle d'amis intimes : aux Marette, De Larcy, Maximin d'Hombres, Duclaux-Monteil, et autres, qui encouragèrent La Fare à déployer son merveilleux talent et travaillèrent ainsi autant pour la gloire d'Alais que pour la gloire de leur ami.

« Ah ! que n'a-t-il été donné au poète d'assister au grand et magnifique réveil du Félibrige ! Quelle joie pour lui et quel encouragement s'il avait pu voir comme nous, remise en honneur, cette langue romane qu'il aimait tant et qui de nos jours enfante de si beaux chefs-d'œuvre.

« Il eût été l'ami des Mistral, des Aubanel, des Roumanille, des Roumieux, peut-être leur rival ! Mais les idiomes languedociens sont frères, et sans nul doute que par le Gardon, ce messager rapide entre les Cévennes et la

Provence, l'une aurait envoyé à l'autre un traité d'alliance et de paix.

« Et maintenant, Messieurs, s'il est vrai, que les œuvres d'un homme mettent son âme à découvert, quelle belle âme que celle de M. de La Fare, et combien elle devait être bonne et compatissante !

« La belle figure de Vincent-de-Paul, ce pâtre des Landes, devenu le conseil des princes, et ce qui vaut mieux, l'incarnation de la charité chrétienne, l'avait séduit.

« Il admirait et aimait en lui cette charité sublime qui l'avait fait se dévouer au salut des innocentes victimes de la misère et du vice. Il admirait et aimait en lui ce zèle qui entraînait son siècle égoïste et jouisseur au secours de l'indigence, en bâtissant ces hôpitaux qu'il appela Hôtels-Dieu, pour faire bien comprendre qu'en ouvrant un asile à la pauvreté et à la souffrance, on l'ouvrait à Dieu lui-même. Il admirait et aimait en lui le soin vraiment admirable d'organiser, pour les siècles futurs, cette légion d'anges, qui, sous la cornette de la sœur de charité, continueraient son œuvre et voleraient sans hésiter au chevet des pestiférés comme sous les balles meurtrières des batailles sanglantes.

« Aussi, voulut-il le chanter, cet homme extraordinaire, ce bienfaiteur insigne de la pauvre humanité ; et le chant qu'il lui consacre, renferme d'un bout à l'autre des accents lyriques qui remuent profondément le cœur, parce qu'ils sortent du cœur même du poète.

« Écoutez-en quelques strophes prises çà et là :

Lou bon Diou né fai pas souven d'aquélo méno.

. . . . , ...

Dé davan, dé davan, l'éfantuégno éspaousado
Sus caladou, plégado en dé tras dé lençoous,
Sé vendiè per téta quaouquo mèro espouisado
Et d'un la vérinous tira quaouquo gourjado
Aou pourtaou sen Landri, per michantés vingt soous.

. . . .

Mais de Vincen, la grand paraoulo
Din lous salouns d'or a charpa,
Et soulévan chaquo cadaoulo
Démando a chaquo richo taoulo
Las brisos qué van escampa.

. . . . , ...

Déréveio d'uno vués forto
La paouro aoumorno miejo morto
Et s'en vai piqua chaquo porto
Un éfan tout nus a la man.

. . . .

Mais aici de l'apotro, arestaren l'istouèro
Sur d'avarés richars, qu'aou sa pas sa vitouèro,
Qu'aou l'a pas adoura din lous milo héspitaous
Qué sa man séméné, piétadousés oustaous ;
Mounté lou caitivous espoussan sa paourieiro
Vei, aou pè dé soun iè, l'anjounenquo chambrieiro
La fio de Vincen, chaquo jour apaousa
Lou charpis sus sa plago et sus soun cur brisa.
Mounté l'éfan sans noum, estranjé dessus tero
Dessouto un front de viergo atrobo un cur de mèro.

« Comment ne pas reconnaître à ces accents de sa muse, que le cœur du poète battait à l'unisson du cœur de Vincent-de-Paul. C'est cette bonté d'âme de La Fare qui, imprimant une correction heureuse à son naturel un peu caustique et railleur, fit de lui l'ami le plus aimable en même temps que le plus sûr, et lui donna cette bonhomie fine et franche qui lui attirait toutes les sympathies.

« Et puis, l'âme de M. de La Fare était profondément religieuse. Cette foi et ces espérances chrétiennes qui le fortifièrent pendant sa vie, et consolèrent ses derniers jours, ont de nobles et touchants accents dans cette pièce intitulée : *La festo das Morts*, élégie ravissante, dont M. César Fabre, avec le sens et le goût littéraires qui le distinguent, a dit : *Qu'elle n'était rien moins qu'un chef-d'œuvre*.

« Mais sa muse, Messieurs, n'en fut point pour cela hargneuse ou rétrograde.

« M. de La Fare a su admirablement faire sortir des cordes de sa lyre la note gaie, qui a été pour ainsi dire la note dominante de ses chants, et qui convenait si bien aux mœurs joviales de nos pères.

« Quel comique achevé, quel entrain communicatif, quel ton badin et folâtre dans les pièces intitulées : *Scarpou, La Fieiro de Sen-Bourtoumiou, l'Habi de Sagati, la Voto de Cameiras*, dont la lecture remet à chaque instant à la mémoire le *risum teneatis* du poète latin.

« Il a salué avec enthousiasme les progrès de l'industrie moderne dans son Alais, et voici ce qu'il dit du vieil Alaisien mort depuis longtemps, et dont il évoque l'ombre :

> *L'iel blu, sans usso et sans paouperlo*
> *D'aquel paouré troumpo-la-mort*
> *Trélusirié comme uno perlo*
> *En se guignan de ver lou nord,*
> *En veire uno vilo de flammo,*
> *En entendré lou fio qué bramo*
> *Coumo la vouès de Lucifer,*
> *Et lou boul d'uno peiroulado*
> *Que semblo coïre uno peirado*
> *Per lous prisougnés de l'anfer.*

. . . .

> *Coumo badarié la dragéio*
> *Piei quan veirié l'engouloven*
> *D'un drapeou dé fun, sa livreio,*
> *Mourga las legos et lou ven !*
> *Sus soun double riban de fere*
> *Faire voula mountagno et sere,*
> *Coumo uno paio jusqu'aou port ;*
> *Et d'aou Rhône a Sento-Cecilo*
> *Empourta lou puple per milo*
> *Coumo lou foulé de la mort.*

« Pour lui, Messieurs, l'Alais des pères et l'Alais des fils ne font qu'un :

Lus glouèro — dit-il — *à la nostro se saoudo,*
Nost' Alais a prou belo faoudo
Per conscrits et per veterans.

« L'amour de son pays lui faisait souhaiter qu'Alais déployât de jour en jour une aile toujours plus radieuse et toujours plus féconde.

« Croyez-le bien, il aurait chanté ces charmantes naïades de Latour, apportant à l'Alais de notre époque leurs ondes fraîches et pures. Il aurait chanté ces grandes et belles artères par où se déversent au sein de la cité un air pur, un soleil bienfaisant.

« Oui, aujourd'hui comme autrefois, il s'écrierait :

Alès qu'aime coumo uno mèro,
Alès, moun Alès tant pouli !
Me foudriè lou viouloun d'Homèro
Ou lou pifre de Goudouli,
Per remounta coumo mérites
Toun histouèro et tous amerites.

« Je m'arrête, vous demandant pardon, Mesdames et Messieurs, d'avoir dépassé, peut-être, le temps qui m'était assigné. Ce n'est qu'une ébauche, toutefois, que j'ai tracée à larges coups de pinceaux, et c'est une longue étude qu'il faudrait pour apprécier le talent et les œuvres de M. le marquis de La Fare. Peut-être qu'un jour nous céderons à l'attrait de l'entreprendre.

« Mais en terminant cette ébauche, je dirai :

« M. de La Fare a bien mérité d'Alais qu'il a aimé et qu'il a illustré de ses chants.

« M. de La Fare a bien mérité de ses concitoyens dont il a fait revivre la langue maternelle, cette langue cévenole à laquelle il a élevé par ses écrits un monument impérissable.

« M. de La Fare a bien mérité du Félibrige, dont il a été l'un des plus glorieux précurseurs.

« Gloire à Alais qui enfanta La Fare,
« Gloire à La Fare qui a chanté Alais. »

II

EXÉCUTION DU PROJET D'UN BUSTE A M. DE LA FARE

Il s'agissait dès lors, de choisir un sculpteur capable de reproduire dans sa véritable expression la belle physionomie du grand poète. M. Bastet, de Bollène, près Avignon, l'auteur justement célèbre de *l'Abandonnée* et d'autres œuvres de grand mérite, se présenta. Il était attiré vers Alais, non par l'appât du gain, mais par l'attrait de l'amitié qui le liait à M. Auguste André, sculpteur distingué lui-même, et à M. Gaussen. Aussi, devant l'offre tout-à-fait désintéressée qu'il fit de son talent, M. Destremx et M. le Maire d'Alais, d'un commun accord, lui confièrent le travail du buste projeté. Son exécution, du reste, a surabondamment prouvé qu'on n'avait pas trop présumé du talent de l'artiste.

L'œuvre de M. Bastet, fortement marquée d'une vraie connaissance de l'art sculptural, est remarquable.

Dans la pose, l'expression, les traits, la touche, il y a un naturel, un charme, un relief, une finesse qui frappent agréablement, et l'ensemble présente ce je ne sais quoi de mesuré et de fini qui accuse le grand art. En un mot le buste de M. le marquis de La Fare est digne du grand poète cévenol ; et il fait honneur à M. Bastet, qui comptera désormais, à son actif, un chef-d'œuvre de plus.

Mais tandis que le monument à élever à la gloire du chantre alaisien était en voie d'exécution, la Société Félibréenne, Artistique et Littéraire se préoccupait de l'organisation et des préparatifs de la fête d'inauguration. Le maire et son conseil municipal, ayant fixé la date de sa célébration au dimanche 20 du mois d'octobre 1889, la Société s'assembla en toute hâte dans une salle de l'Hôtel-de-Ville. C'était le 18 juillet 1889.

Se basant sur des précédents félibréens en pareille occurence, on convint de dénommer la fête de l'inauguration du buste de M. de La Fare : *Fêtes du Centenaire du marquis de La Fare-Alais* ; et dans cette même réunion, M. Léonce Destremx, était nommé à l'unanimité : Président des fêtes du Centenaire.

En même temps, était constitué un Comité de cinq membres dit : Comité des fêtes du Centenaire, avec mission d'élaborer, d'accord avec M. le maire d'Alais et M. le président du Centenaire, le programme des fêtes. Ce furent : MM. Gaussen, Fabre, l'abbé Rouvière, Bertrand, auxquels furent adjoints : MM. Auguste André et Jean Maurin, du conseil municipal d'Alais.

C'est le programme suivant qui fut arrêté pour être affiché dans la ville d'Alais et porté à la connaissance de la presse tant locale qu'étrangère :

Programme de la Fête d'inauguration du Buste de M. de La Fare-Alais.

Dimanche, 20 octobre. — *Grande Fête Cévenole, donnée à la mémoire du Marquis de La Fare-Alais, par les Sociétés Félibréenne, Littéraire et Artistique d'Alais.*

A 7 heures du matin. — *Salves d'artillerie.*

A 8 heures 1/2. — *Distribution de Bons aux malheureux, au secrétariat du Bureau de Bienfaisance.*

A 9 heures. — *Réception à la gare par la Municipalité, le Conseil municipal, la Musique municipale et* le Comité, des invités des Maintenances de la Provence et du Languedoc.

A 10 heures. — A la Mairie, Vin d'honneur offert dans la salle des Etats au Capoulié, aux invités et aux tambourinaires.

De 10 heures 1/2 à midi. — Aubades des tambourinaires aux Autorités : Promenades en ville.

A 1 heures 1/2. — Réunion des Délégations officielles à la Mairie.

A 2 heures. — Inauguration du Buste du Marquis de La Fare, à l'entrée de l'Avenue du Bosquet ; Cantate, de M. Borel, exécutée par les Sociétés chorales et musicales de la ville, sous la direction de l'Auteur.

A 3 heures 1/2. — Jeux Floraux, dans la cour du Collège des filles. — Distribution des Récompenses aux lauréats du Concours.

A 6 heures 1/2. — Grande Félibréjadó. — Banquet.

Le soir, grande Représentation au Théâtre. — Illuminations publiques. — Le Bosquet sera illuminé à giorno. — Danses et Farandoles sur la place de la Mairie et dans les principales rues de la ville.

Aussitôt étaient lancées dans toutes les directions les lettres d'invitation, adressées : au Gouvernement, à toutes les autorités, aux souscripteurs du buste de M. de La Fare, à tous les Félibres marquants ; et signées de M. Emile Fspérandieu, maire d'Alais, de M. Léonce Destremx, président du Centenaire et de M. Paul Gaussen, chef de l'école félibréenne d'Alais, qui furent constamment sur la brèche pour l'organisation des fêtes d'inauguration du buste de M. le Marquis de La Fare, et à qui revient la plus large part d'honneur pour le succès obtenu.

Partout ce fut une adhésion sympathique. Toutes les

feuilles et Revues félibréennes, tant de Paris que du Midi de la France, se firent l'écho de l'annonce de la grande Fête Cévenole, et ce fut de tous les côtés un hourra d'enthousiasme présageant les splendeurs d'une fête sans précédent.

M. Frédéric Mistral, le grand maître du Félibrige, se fit comme l'interprète de la joie qui débordait du cœur de tous, et du fond de la Provence, félicitant la ville d'Alais de la fête qu'elle préparait, lui adressa ce salut poétique :

> *Fiho de Gardoun, reïno cevenolo,*
> *Risouleto i ped de ti castagnié.*
> *Ales! longo maï sousto de toun alo*
> *Nosto lengo d'O, lengo terrenalo*
>   *Et maïre eternalo*
> *Di magnararello e di carbounié.*

A son tour, Roumanille, le capoulié du Félibrige, voulut exalter le poète cévenol, qui allait obtenir les honneurs du triomphe, il lui disait :

> *Reïre a ta glori! Qu'au maï que tu l'a gagnado ?...*
> *Mèstré sempre que maï toun noum resplendira :*
> *Emé li castagnié toun laurié flourira,*
>   *Tant qu'en Ceveno se fara*
>   *La castagnado !*

De son côté, M. Louis Roumieux, assesseur de la maintenance du Languedoc, faisait retentir les échos de Montpellier de son chant d'allégresse et s'écriait :

> *De la glori, la fanfaro*
> *A pas pu lèu resclanti*
> *Que dé tout caïre es parti*
> *Lou crid de : Vivo La Faro !*

Enfin se leva le jour si désiré. C'était le 20 octobre 1889.

III

CÉLÉBRATION DE LA FÊTE D'INAUGURATION DU BUSTE

Alais avait revêtu ses plus beaux habits de fête, la ville toute entière était magnifiquement pavoisée aux couleurs nationales ; tous les cœurs battaient à l'unisson. Seul, le soleil sembla ne pas vouloir s'associer à la joie universelle, le ciel était couvert de sombres et épais nuages.

Toutefois, malgré quelques ondées d'une pluie intermittente, une foule immense, accourue de tous les pays, avait envahi la vieille cité cévenole.

A 9 heures, la Municipalité, le Conseil municipal et les membres de la Société Félibréenne, Artistique et Littéraire, précédés de la Musique municipale et de la chorale des Trouvères, se rend à la gare pour recevoir les délégués des Maintenances de la Provence, de Catalogne, d'Aquitaine, de Paris et de Languedoc, et tous les invités aux fêtes. Le train qui les porte n'a pas plutôt annoncé son arrivée, que de toutes parts la foule fait éclater des applaudissements frénétiques, et ce sont des cris de *Tabò!* qui s'en vont réveiller tous les échos de nos montagnes cévenoles. Dans une des salles d'attente de la gare, ornée avec beaucoup d'élégance et de goût par M. Renaud, son sympathique chef, M. le Maire souhaite alors la bienvenue aux **Félibres** en ces **termes** :

Souhaits de bienvenue de M. le Maire d'Alais aux Félibres.

« Messieurs,

« La ville d'Alais est heureuse de vous recevoir. Elle vous remercie d'avoir répondu à son appel et d'être venus, en grand nombre, rehausser par votre présence l'éclat de nos belles fêtes.

« Soyez les bienvenus dans cette vieille cité cévenole qui est toute à la joie et qui doit apprécier l'importance du concours désintéressé et bienveillant, que vous lui donnez si largement dans cette circonstance.

« Soyez les bienvenus ; vous qui venez de ces terres du Languedoc où germent les idées nobles, généreuses, élevées, comme les montagnes qui les recouvrent ; soyez aussi les bienvenus, vous qui venez de cette belle Provence ensoleillée et radieuse où éclot, comme à plaisir, la gracieuse et enchanteresse poésie.

« A tous, la ville d'Alais sera heureuse de montrer qu'elle sait recevoir chaleureusement ceux qui ont bien voulu se joindre à elle pour célébrer la mémoire de l'un de ses enfants. »

Le félibre majoral, L. Roumieux, répondit au nom de tous par ces magnifiques vers languedociens, qui confirment la légitime réputation de son grand talent :

Réponse de M. L. Roumieux a M. le Maire d'Alais.

Ounte a passa lou tèms, quant i'a de pountannado
Que li gai troubadou, de castèl en castèl,
Anavon un pèr un touca si serenado
Et vesien à sa voues se leva li pestèl ?

Caminan plus soulet, iuei : vesès nosto tiero !
E, per nous aculi, de tóuti li cousta,
Embé si majourau, e pople e vilo entiero
Landon à nosto avanço urous e trespourta !...

Moussu lou Maire, es que nosto chourmo galoio
Lauso pas soulamen lis iue d'uno bèuta :
Es l'amour patriau, éu que met tout en voio,
Qu'abraso nostis amo e que nous fai canta.

Tambèn, sé, pèr douna lou vanc à vòsti fèsto,
Vous adusèn lis èr de nòsti tambourin,
Nous agrado sus-tout de vous vèire à la tèsto
D'un païs trefouli d'ausi nòsti refrin.

Aussitôt après, félibres, cigaliers, conseillers municipaux, députés, sénateurs, magistrats et délégués se rendaient à l'Hôtel-de-Ville où un vin d'honneur leur était offert. On remarquait dans le cortège : Mistral, le grand maître du Félibrige ; le capoulié Roumanille, les félibres majoraux Roumieux, Arnavieille, A. Glaize, délégué de la Faculté de droit de Montpellier ; Vidal, Maurice Faure député de la Drôme, délégué de la *Cigale* de Paris ; Paul Gaussen, les félibres mainteneurs Bastide, de Clauzel, Castelnau, Rottner, Coste, Comballat-Roche, Gourdoux, délégué des Félibres de Paris ; Martin, etc.; l'école félibréenne d'Alais : Elie Merle, Chabrier, A. Blavet, Henri Fabre, l'abbé Rouvière, Pierre Carli, Crouzat, Boubal, G. Lévy, correspondant du *Petit Marseillais*, etc.; les députés Desmons, Jamais, Bonnefoi-Sibour, etc.; la presse alaisienne et les correspondants de la *Bataille*, du *Temps*, du *Messager du Midi*, de la *Revue Félibréenne*, de l'*Occitania*, de la *Cigale d'or*, de l'*Evènement*, des *Tablettes d'Alais*, du *Figaro*, etc.

Rendus à l'Hôtel-de-Ville, et après qu'un vin d'honneur eut été servi aux Félibres, M. Léonce Destremx de Saint-Christol, ancien député, en sa qualité de Président des fêtes du centenaire de La Fare, porta le toast suivant :

Toast de M. Léonce Destremx aux Félibres.

« Messieurs,

« Je bois à la Provence, à cette patrie des poètes et de

la poésie, à cette terre bénie que Dieu lui-même voudrait habiter s'il descendait sur la terre.

« A ses *Troubadours* qui ont fondé sa grandeur littéraire, à ses *Félibres* qui ont fait renaître cette grandeur en rehaussant encore son éclat.

« A Mistral et Roumanille, les pères du Félibrige, qui viennent aujourd'hui dans nos murs pour apporter leur tribut d'admiration à celui qui fut le précurseur de cette restauration littéraire accomplie par eux.

« A Mistral et à Roumanille, qui ont ouvert la voie dans laquelle nous tâchons de les suivre. »

Le Capoulié du Félibrige, M. Roumanille, prenant la parole, s'exprima ainsi :

Réponse de M. Roumanille a M. L. Destremx.

« *Messiés*,

« *M'es un devé e m'es un delice de vous dire gramaci per l'amistous acuei que fai i Felibre la galanto ciéuta d'Alès.*

« *Ah! certo, es pas pèr rèn qu'uno alo blanco s'espandis dins soun blasoun : Alès a toustèms desplega l'alo pèr s'enaura vers tout ço qu'es bèn, vers tout ço qu'es bèu, vers tout ço qu'es grand ; e desegur Alès s'ounourè, quand, voulountous e matinié, venguè saluda li premié rai de l'Estello félibrenco.*

« *Vaqui, Messiés, perqué venèn ié dire gramaci e faire fèsto sus la terro memo ounte un ardènt patrioto cevenòu, voste dous e valent La Faro-Alès, nous dounè tant bon eisèmple.*

« *L'avèn segui.*

« *Adounc, Messiés, glòri e glòri longo-mai au rèire e mèstre La Faro, que faguè clar e bèu lume sus noste camin ! Glòri peréu à vosto generouso ciéuta que vesèn urouso e fiero de rèndre tout ounour à si digne fiéu, qu'an fa soun mas en travaiant, e de li glourifica !...* »

M. Frédéric Mistral voulut bien, lui aussi, témoigner l'expression de sa gratitude, et il le fit dans une délicieuse improvisation, avec un tel charme de diction, avec un tel pétillement de saillies spirituelles, que l'auditoire était comme ravi et transporté. Faisant enfin allusion au mauvais temps qui, seul, paraissait vouloir attrister nos fêtes, il lançait en terminant cette boutade pleine d'esprit et d'à-propos :

« *Avès sai-que óublida de counvida lou soulèu à vosti fèsto ; es amor d'acò que nous fougno ; e bèn ! vous esfraiés pas, Messiés : li Felibre an tòuti sa bono part de rai e de trelus dins lou cor ; lou soulèu s'escound ? tant pis pèr lou soulèu !... »*

L'auteur de Mireille fut chaleureusement applaudi et acclamé.

A 2 heures 1/2 avait lieu l'inauguration du buste de M. le marquis de La Fare. Le cortège officiel se forme dans la grande salle de l'Hôtel-de-Ville et, malgré la pluie, se dirige vers le monument placé au bas du Bosquet de la Maréchale et dont le joli piédestal, œuvre de M. Barot, architecte de la ville, et de M. Auguste André, sculpteur, qui l'a ornementé avec un goût exquis, produit le plus gracieux effet.

Au premier rang, sur l'estrade, prennent place M. Espérandieu, maire d'Alais ; M. Léonce Destremx, président des fêtes du centenaire ; Mgr Gilly, évêque de Nimes, accompagné de son grand vicaire, M. l'abbé de Villeperdrix, et de M. l'Archiprêtre d'Alais ; MM. Mistral, Roumanille, Roumieux, Arnavieille, M. le Président du Consistoire d'Alais ; M. le Sous-Préfet d'Alais ; M. Cazot, sénateur ; M. Maurice Faure, député de la Drôme ; MM. Jamais, Desmons, Gaussorgues, Bonnefoi-Sibour, députés du Gard ; les principaux magistrats de la ville ; MM. le

Commandant et les Officiers de la garnison d'Alais ;
M. l'abbé Rouvière, curé de Saint-Christol-lès-Alais ;
M. Pin, conseiller général de Génolhac; M. de Firmas de
Périès. Aux autres places réservées, on remarquait :
MM. les membres du Conseil municipal d'Alais, M. César
Gourdoux, M. de Roux-Larcy, M. Rivière Dejean,
M. Roux, directeur honoraire de l'Ecole de Cluny; M.
Goirand, avocat, M. Vaschalde, de Vals, etc.

Auprès du monument, une place avait été réservée à
deux vieillards qui attiraient tout particulièrement l'attention du public. C'étaient le vieux serviteur dans les bras
duquel M. de La Fare rendit le dernier soupir, et *Soler*,
l'ancien facteur de poste que le poète a immortalisé dans
ses chants :

> *Cé qué farié léva lou moure,*
> *Surtout aou paouré révénan,*
> *Sériè dé véiré Soler coure*
> *Un trible journal a la man.*

(*Las Castagnados*, Ode à Alais).

Rien de plus merveilleux et de plus grandiose que la
vue de cette foule innombrable s'entassant sur la place et
les avenues de l'Hôtel-de-Ville, escaladant les arbres,
s'étalant aux balcons et aux fenêtres et couvrant les
terrasses et les toits des alentours. Alais n'avait certainement jamais vu pareil spectacle, ni assisté à semblable
fête.

Tout à coup, dominant le bruit de la foule, la Musique
municipale, de concert avec la Société chorale des Trouvères d'Alais, lancent dans les airs les accords mélodieux
d'une *Cantate* composée pour la circonstance, dont les
phrases musicales sont du célèbre maëstro Borel et les
paroles de MM. Arnavieille et Alcide Blavet. M. Borel
lui-même, avec le concours de M. Bérouiller, président des

Trouvères, et M. Pecqueur, chef de la Musique municipale, en dirigeait l'exécution qui fut parfaite, et fit resplendir dans tout son éclat le sublime talent de son auteur.

Aussitôt après, M. Léonce Destremx, président des fêtes du centenaire, prenant la parole pour remettre à M. le Maire d'Alais le buste de M. le marquis de La Fare, s'exprime en ces termes :

Discours de M. Léonce Destremx.

« Mesdames, Messieurs,

« Permettez-moi de souhaiter d'abord, la bienvenue aux nombreux et vaillants félibres qui viennent honorer la mémoire de notre grand poète cévenol, le marquis de La Fare-Alais; applaudir à l'érection de son buste et à la célébration de son centenaire.

« Je les remercie, au nom de la Société félibréenne, artistique et littéraire d'Alais et des habitants de notre cité d'avoir bien voulu, par leur présence et leur participation à notre fête, en rehausser encore l'éclat.

« Messieurs, dans une nombreuse réunion félibréenne qui eut lieu au château de Saint-Christol, le 15 août 1877, un jeune félibre, que nous sommes heureux de compter parmi les plus glorieux de notre école, disait, aux applaudissements de toute l'assemblée :

« *Alès a soun immourtel La Faro ; La Faro ! aquel noun soul n'en dis prou, mès nous dis maï qu'Alès a pas encaro paga soun dèute au cantaïre populàri de* Las Castagnados, *e deven jamaï nous alassa de ié lou reclama.* »

« Cette semence, jetée en bonne terre par notre compatriote Albert Arnavielle, a fructifié, et l'école félibréenne, et la Société artistique et littéraire d'Alais, réunies dans un banquet fraternel, dans ce même château de Saint-Christol le 1er octobre 1888, ont décidé qu'une souscription serait ouverte pour ériger un buste en l'honneur de notre grand poète cévenol.

« Une année s'est à peine écoulée, et nous venons aujourd'hui, grâce aux nombreux souscripteurs et aux libéralités du conseil municipal, payer cette dette d'admiration et de reconnaissance au populaire auteur des *Castagnados*.

« Nous avons devant nous ce buste qui reproduit cette douce et intelligente figure, grâce au talent d'un excellent sculpteur, M. Bastet, auteur d'un superbe marbre intitulé l'*Abandonnée*, qui lui a valu une des premières récompenses à l'Exposition de Paris en 1887.

« M. Bastet, dont vous pouvez apprécier le talent par son œuvre, a eu le rare mérite de reproduire fidèlement les traits de notre illustre poète, avec l'aide du portrait et du masque, mis gracieusement à sa disposition par notre ami M. E. de Firmas, héritier du marquis de La Fare, et poète cévenol lui aussi.

Je dois ajouter que M. Bastet, en qualité de Méridional et d'ami, n'a voulu accepter qu'une rémunération, de son beau travail, bien inférieure à la valeur artistique de son œuvre, et je suis heureux de lui offrir aujourd'hui les remerciements publics de notre Société.

« Aussi, pouvons-nous rappeler en face de ce buste, ces quelques vers de son ami et collaborateur Maximin d'Hombres, qui semblent faits pour cette circonstance :

Mais sé Dîou quâouquo fés nous charquo,
N'és trop bo pér nous tout léva.
Aven toun pourtrouès ; s'és én marquo,
Noste cur l'a récaliva ;
Aven toun libre, écho qué drindo,
De tas cansoùs fon vivo et lindo
Ount'âou rajôou nous amouran ;
Avèn tout cé qué dins la vido
Faï que l'amitiè s'assoulido,
Et pérqué jamaï l'on n'âoublido
Lous qu'on aïmè, lous qué plouran !

« Ce sera l'honneur de notre Société d'avoir élevé son monument, au chef de notre école cévenole, à ce poète populaire resté grand au milieu de nos initiateurs et de nos maîtres, qui a vécu sur le sol natal, dans une retraite studieuse et digne, entouré du respect et de l'affection de tous ceux qui le connaissaient.

« Mais, savez-vous pourquoi il était, à si juste titre, le chantre populaire ?

« Un de ses adeptes les plus fervents, le regretté Paul Félix, un chantre cévenol, lui aussi, va vous le dire :

« *Es per qu'aïmavo sas Cevenos benesidos et soun pople amistous et travaïaïre qu'a vougu escrieure dins sa lèngo, afin d'estre coumpres per el, dins lou même pensamen.*

« *A vougu pensa, riré et galeja coumo el, dinc uno formo de pouesio que coumpren.* »

« Notre Société félibréenne, artistique et littéraire a accompli son œuvre, et c'est en son nom, M. le Maire, que je vous remets ce buste, qui transmettra aux générations futures, l'amour, l'admiration, la reconnaissance de ses contemporains, pour celui qui sut être un grand poète et et surtout un poète populaire.

« C'est bien dans sa ville natale, à Alais, capitale de cette contrée des Cévennes qu'il aimait tant, près de son château de La Coste, où il écrivait ses charmantes poésies, que ce buste devait être placé.

« Nous vous le confions, M. le Maire, car vous êtes Cévenol aussi, admirateur de ses poésies, et vous nous avez constamment aidés dans l'œuvre que nous poursuivions. Recevez donc nos remerciements, ainsi que MM. les membres du conseil municipal, qui ont voulu que la fête que nous célébrons aujourd'hui, en l'honneur de La Fare, fût la fête de tous, qui n'ont pas oublié que le chantre des *Castagnados* était aimé du paysan comme du citadin ; aussi notre fête est véritablement populaire, et tous les cœurs cévenols battent aujourd'hui d'un même sentiment d'amour, de respect et de reconnaissance, pour ce chantre aimé dont nous glorifions la mémoire.

« Et maintenant, Messieurs, avant de terminer, je dois, pour accomplir ma tâche, vous exposer rapidement sur quelles solides assises, le chef de notre école a placé son œuvre de restauration de notre idiome cévenol.

« Vous n'ignorez pas, Messieurs, que pendant et après la guerre contre les Albigeois, les troubadours chassés et persécutés dans toute la Provence et le Languedoc, trouvèrent dans les contrées montagneuses des Cévennes un asile et la plus bienveillante hospitalité.

« C'est de là qu'ils purent faire entendre leurs protestations et leurs derniers chants, d'autant plus beaux que, pareils au chant du cygne, ils présageaient leur fin prochaine.

« C'était dans une cité voisine, florissante et glorieuse à cette époque, que se tenaient les cours d'amour, sous la présidence de la célèbre troubaïritz : Clara d'Anduze.

« Aussi, après la décadence de la langue romane, les populations de nos Cévennes, si impressionnables, avaient-elles gardé dans leurs mœurs et dans leur idiome un reflet de cette langue romane si harmonieuse et si expressive, qui n'étant plus que la langue des vaincus, s'éteignait peu à peu.

> *Dins la ramo qu'oumbrejavo*
> *Lous troubadours qu'avién canta ;*
> *A toutes encaro, semblavo*
> *Qu'un brounzimen avié resta.*

« Aussi, notre idiome cévenol est-il en droit de se montrer jaloux et fier de rester et de paraître lui-même. Et, comme le constate le savant auteur du *Dictionnaire languedocien* : « Lorsque pour vivre dans le mouvement intellectuel et social, il est forcé d'emprunter un mot au français, il a hâte de protester contre ce servage, et se croit obligé de défigurer l'intrus par quelque métathèse hardie qui sauve jusqu'à l'apparence de l'imitation. »

« Mais lorsque sonna l'heure du réveil de la muse romane, de nombreux poètes surgirent à la voix de Roumanille et de Mistral, cette langue qu'on avait cru morte n'était qu'endormie, et nous voyons aujourd'hui combien elle est vivante et glorieuse.

« Mais nos Cévennes n'avaient pas attendu cet appel pour reconstituer son école. Depuis près d'un siècle, l'abbé de Sauvage avait fait un dictionnaire de notre idiome cévenol, il avait eu pour successeur et continuateur de son œuvre Maximin d'Hombres, Marette et La Fare; et quand les félibres donnèrent le signal de la grande rénovation de la langue romane, elle était déjà accomplie dans notre cité. Ce n'était plus le vulgaire patois, c'était notre dialecte cévenol, relevé de sa déchéance, épuré, fixé par des règles grammaticales, digne, enfin, du rang qu'il occupait autrefois parmi les idiomes romans, c'était l'œuvre des félibres, accomplie sans bruit, par ceux qui devaient être les précurseurs de ce mouvement littéraire qui eut un si grand retentissement dans tous les pays de Provence, de Languedoc et d'Aquitaine.

« Et ce sont bien nos poètes cévenols qui ont ouvert la voie et préparé cette rénovation générale des idiomes issus de la langue latine, que nos grands félibres Mistral et Roumanille, Aubanel, Tavan, Anselme, Mathieu, Brunet, et Paul de Giéra ont accomplie avec tant d'éclat en Provence.

« Et sous l'inspiration de notre grand poète Reboul, La Fare écrivait, en s'adressant à lui :

M'as di : Faï réviouré ta lèngo maternello
    Qué s'esclafo et s'apourridis ;
Séouclo, desbrousso-la de la mousso nouvello,
    De soun franchiman mescladis.

« Et Maximin d'Hombres adressait à sa mémoire ces vers qui témoignaient de l'œuvre de reconstitution de notre idiome roman qu'il avait accomplie :

As coupa la branco bouscasso
As séoucla lou grame grouman ;
Toun libre séra la rascasso
Cronto lou rajòou franchiman.
D'aquèl bourlis, qué rés noun tanquo,
Pér mièl acouta la restanquo,
T'afraïréjes dé Goudouli ;
Ténès co, mèstres, y-a bono obro ;
Isso ! pér acaba toun obro,
Lou priou Favre vèn fa manobro
Aou countaïre dòou Basali !

« Le provençal était, à l'époque des troubadours, considéré comme la plus pure émanation de la langue romane, c'est de tous les idiomes celui qui a jeté le plus grand éclat, aussi devons-nous, aujourd'hui, chercher à nous en rapprocher, mais peu à peu, avec prudence, à la condition d'être suivis et compris par nos populations locales.

« Mais l'école d'Alais, l'une des premières reconstituées, dont le chef a été salué du titre de *précurseur des Félibres*, ne peut donner l'exemple de l'abandon de son dialecte, elle ne peut renier son illustre fondateur, celui dont elle fête aujourd'hui avec tant d'éclat le centenaire et auquel elle élève ce buste comme témoignage de son admiration et de sa reconnaissance.

« Le président que vous avez choisi pour représenter, aujourd'hui, cette école, manquerait certainement au mandat qu'il a reçu de *constater son existence et son origine*, s'il ne donnait pas l'exemple et s'il ne se conformait pas aux expressions et aux règles établies et fixées par les fondateurs autorisés de cette école.

« Et qui donc pourrait, en présence de ce buste, nous reprocher de rester fidèle à l'immortel auteur des *Castagnados*, de celui auquel nous rendons tous un hommage public et que nous proclamons le chef de notre école cévenole.

« Ce n'est pas une langue nouvelle qu'il est venu fonder, *c'est notre langue maternelle qu'il a fait revivre*, c'est l'idiome de nos pères qu'il a reconstitué et fixé, c'est là son œuvre, et nous devons la respecter.

« Aussi, vous ne vous étonnerez pas, Messieurs, de la popularité dont jouit notre poète cévenol, dont le souffle inspiré a su enflammer les habitants de nos montagnes, car c'était lui : comme l'exprime si bien son ami et collaborateur, Maximin Dhombres :

El que boufavo din toun amo
Aquélo pouétiquo flamo,
Quan fasiès brounzina la gamo
Dé noste raïoou cascavel !

Cantes, et dé nostos Cévénos,
Embalâousidos à ta vouès,
Lou su s'avivo, et din lus vénos
Récalivo lou san Gaulouès.

« Mesdames et Messieurs, vous le savez, la poésie est le miroir ou plutôt le reflet de l'âme ; une race se ressent toujours du climat, du sol et surtout des grands évènements qu'elle a subis. Cette empreinte s'approprie à son caractère, à son esprit et à sa conception des beautés et de la grandeur de sa poésie.

« Plus un poète est parfait, plus il pénètre dans le génie de son siècle et de sa race ; il a fallu à l'auteur des *Castagnados* la finesse, la sûreté d'observation, la malice gauloise pour faire une œuvre populaire, et faire de La Fare le poète des Cévennes, aimé du paysan cévenol.

« Aussi, nous pouvons dire en terminant, assuré de trouver de l'écho dans les cœurs de tous les Cévenols :

Voui, tan qué Gardoù din tous vijes
Fara baraïa sas gràoulijes,
Toun noum s'éscrafara pas pus ;
La pouétiquo rambaïado
Qu'éntré tous fièls faï sa nisado,
Pâouro famïéto avéousado,
Es immourtélo coumo tus ! »

M. Espérandieu, maire d'Alais, répondant, prononce l'allocution suivante :

Discours de M. le Maire d'Alais.

« Monsieur le Président,
« Messieurs,

« En prenant possession de ce monument au nom de la ville d'Alais, il est de mon devoir d'exprimer, tout d'abord, une pensée de reconnaissance pour ceux qui en ont pris l'initiative et de remercier particulièrement M. le Président du centenaire, dont l'activité a été pour beaucoup dans la réussite de cette entreprise.

« Il appartenait aux Sociétés félibréennes de notre vieille cité cévenole d'honorer la mémoire de celui qui fut non-seulement un grand poète, mais encore un Alaisien aimant notre ville jusqu'à la passion et s'inspirant constamment de ses souvenirs pour chanter ses mœurs, ses richesses et ses gloires.

« Et ici, qu'il me soit permis, Messieurs, de rendre un hommage mérité à ces Sociétés locales qui ont trop été souvent injustement attaquées : les Félibres, ont droit à notre reconnaissance, non-seulement parce qu'ils sont les gardiens de nos vieux souvenirs, mais parce qu'ils savent également préparer l'avenir. Leur patriotisme local, quelque ardent qu'il soit, ne va pas jusqu'à leur faire oublier la grande patrie qu'ils servent par leurs productions originales en exhumant les richesses d'une époque qui a ses charmes et en apportant ainsi leur contingent à l'édifice élevé à la gloire de la France.

« M. de La Fare, l'un des premiers, comprit toute l'importance de semblables productions, et son livre des *Castagnados* occupera longtemps une place distinguée dans la littérature languedocienne, non-seulement au point de vue de la grâce de la phrase, de la correction du style, mais encore et surtout à cause de la noblesse et de la grandeur des idées. Cette production restera toujours comme un modèle de bon goût et de fini.

« Il ne m'appartient pas de vous faire l'analyse de cette œuvre, ni de vous retracer la carrière si noblement remplie de M. de La Fare. Cette étude a été faite de main de maître par un de ses admirateurs, et M. l'abbé Rouvière vous l'exposera d'une façon magistrale. Qu'il me suffise de vous dire que le précurseur de nos grands félibres fut un poète dans toute l'acception du mot : par l'inspiration, par l'idéal, par la forme. Il sut avec un grand talent mettre en relief les richesses jusqu'alors inconnues de l'idiome de nos pères. Il chanta avec verve cette langue harmonieuse entre toutes, originale et féconde, qui nous fait aimer encore davantage par ses descriptions pittoresques, nettes et concises, ce beau coin des Cévennes qui nous a vus naître.

« Comme vous l'a si bien dit M. Destremx, M. de La Fare était un homme aux mœurs simples et patriarcales, se plaisant à la retraite et aux études sérieuses, et c'est à la campagne, au milieu des paysans qui le chérissaient comme un père, qu'il composa ses plus belles poésies; mais il aimait par-dessus tout cette ville d'Alais qu'il chanta avec un entrain admirable. Tous nos concitoyens connaissent ce chant placé au frontispice de ses œuvres :

Alès qu'aïmé coumo uno mèro !
Alès, moun Alès tant pouli !

où le poète fait ressortir avec une grâce exquise les embellissements qui changèrent, à cette époque, la physionomie de notre vieille cité.

« Le culte pour son Alais était si grand qu'il rêvait constamment à son développement et à sa prospérité.

« Dans sa *Bono annado acoumpagnado*, il entrevoit son agrandissement et son extension du côté du Tempéras : il en est heureux et fier, et ces progrès incessants inspirent au poète une pièce admirablement ciselée, se terminant par une boutade pleine d'originalité et d'humour qui met en relief l'un des côtés du talent si fécond de notre troubadour cévenol.

« La ville d'Alais ne fait donc qu'acquitter une dette de reconnaissance en élevant ce monument à la mémoire de son poète ; et le comité comme le conseil municipal ont été heureusement inspirés en le plaçant à l'entrée de ce *Bousqué dé la Maréchalo* où il venait admirer ces horizons qui lui inspirèrent ses plus pittoresques et ses plus belles strophes.

« Ce buste, œuvre remarquable d'un Méridional, presque d'un compatriote, fera revivre aux yeux des générations futures, cette belle et douce figure du marquis de La Fare. Ce sera, de plus, un témoignage de reconnaissance pour celui qui fut un digne citoyen, un grand poète, et par-dessus tout si profondément Alaisien. »

Ensuite, M. l'abbé Rouvière, curé de Saint-Christol-les-Alais, chargé par la Société Félibréenne d'Alais du discours d'inauguration du buste de M. le marquis de La Fare, s'exprime ainsi qu'il suit :

Discours de M. l'abbé Rouvière.

« Messieurs,

« Il est dans la nature du vrai mérite de s'ignorer lui-même, et la gloire qui vient le couronner est d'autant plus éclatante qu'elle a été moins recherchée. Nul n'eut un talent plus réel que M. le marquis de La Fare, nul ne fut plus modeste que lui.

« Pas un instant, Messieurs, il ne rêva les honneurs auxquels il était en droit de prétendre, et que lui rend aujourd'hui son pays, comme le tribut légitime de sa reconnaissance. Non, assurément, ce ne fut point en vue de la récompense qu'il se livra aux travaux littéraires qui, aux yeux de l'histoire, constitueront pour lui une vraie grandeur : il ne fit en cela que céder à un attrait irrésistible et comme au penchant naturel de son cœur.

« C'est l'amour de son pays natal, Messieurs, qui fut l'unique inspirateur de son œuvre ; c'est l'amour de son pays natal, qui servit comme de levier à son talent et l'entraîna à élever à la gloire de notre vieux Languedoc, ce monument littéraire qui excite à l'heure présente notre enthousiasme et fera l'admiration des générations futures.

« Par une faveur toute particulière de la Providence, sur cette terre alaisienne où il était né, il eut le bonheur de vivre et de mourir. D'aucuns, sans doute, purent considérer comme les rigueurs d'un sort adverse, son humble retraite au sein de nos campagnes, et regretter pour lui, un théâtre plus favorable à l'essor des belles qualités de son esprit ; quant à lui, bien loin de s'en plaindre, il n'y vit qu'un bienfait du ciel, et certainement avec les souvenirs classiques qu'il aimait à évoquer, il dut se dire :

Deus, nobis hæc otia fecit.

« Et n'est-ce point ainsi, en effet, que sa vie s'identifia à la vie de son pays, et qu'il parvint à incarner en quelque sorte en lui le génie cévenol !

« Cévenol ! Il le fut comme ces roches granitiques qui forment les assises inébranlables de nos montagnes ; il le fut comme ces chataigniers qui tiennent à notre sol par leurs racines plusieurs fois séculaires, il le fut comme ces sources vives et pures du Gardon qui sortent des flancs de notre pays.

« Qu'on ne s'étonne donc point, si cet enfant des Cévennes les aima comme on aime une mère. A la devise de ses ancêtres, La Fare semble avoir substitué celle du lutteur antique :

Soli totus amor.

« Et c'est là, sur ce sol natal, qu'il luttera lui-même, jusqu'à son dernier soupir, pour la grandeur de son pays, pour relever aux yeux de l'histoire et des lettres ses vieilles gloires, pour lui assurer l'admiration des siècles à venir.

« On a dit avec vérité, Messieurs, que la langue d'un peuple est l'histoire même de ce peuple. Il n'est pas moins vrai de dire qu'un peuple qui vient à perdre la langue de ses ancêtres, perd en même temps son génie propre, son âme, son existence même. Or, pour M. de La Fare, l'héritage de nos aïeux, qu'il savait apprécier à sa juste valeur, lui paraissait un trésor inaliénable et il avait juré de le conserver à quelque prix que ce fût.

« Aussi, la tâche à laquelle il apportera tous ses soins, tous ses efforts, tout son talent, sera la restauration de la vieille langue d'Oc, ce sera la renaissance des lettres méridionales.

« Mais, croyez-le bien, Messieurs, une pareille tentative à ce moment-là même n'exigeait point un médiocre courage et un talent ordinaire. Lorsque parut M. de La Fare, les vieux châteaux tombés en ruines ne résonnaient plus du chant des anciens troubadours ; Belaud de la Belaudière n'envoyait plus aux échos les accords de sa lyre joyeuse ; Goudouli ne tirait plus des cordes de son violon des sons mélodieux ; l'abbé Favre lui-même, dormait couché dans les silencieuses profondeurs de sa tombe, et, si quelques rares voix fidèles encore au culte de la vieille langue, sur divers points et par intervalles, se faisaient entendre, elles n'étaient plus, hélas ! que comme les soupirs d'une lente agonie présageant elle-même une fin prochaine. Car, Messieurs, avec le silence de mort qui, d'instant en instant l'enveloppait, le fier et doux parler de nos pères semblait avoir perdu tout droit d'asile, même parmi nous.

« Après avoir régné en souveraine des Alpes à l'Océan, des Pyrénées à la Loire, et bien qu'elle eût été littéraire, élégante et polie avant que le français ne se fût dépouillé de l'enveloppe grossière de son origine tudesque, notre belle langue d'Oc, tombée dans le discrédit, couverte de dédain, frappée d'ostracisme, se voyait chassée des académies, des salons et des écoles.

« Déchue et proscrite, son règne semblait toucher à sa fin. C'en était fait, Messieurs, de notre parler méridional. Les plis du drapeau du Nord flottaient au vent de la faveur publique, le Midi paraissait vaincu et sa cause abandonnée.

« C'est alors qu'apparaît M. de La Fare. Et s'il est vrai qu'il faille mesurer à la grandeur des difficultés l'effort qui les a vaincues, pour en apprécier le mérite et la puissance, notre champion cévenol se présente à nous doué d'une énergie de volonté indomptable et d'un immense talent.

« En dépit des difficultés, en dépit des contradictions, en dépit de la défaveur, il marchera vers le but qu'il poursuit, il remplira la mission à laquelle il s'est voué tout entier.

« Il veut relever de sa disgrâce imméritée la noble et belle langue de nos pères, il veut la renaissance des lettres méridionales. Et ce qu'il veut, Messieurs, son talent l'accomplira.

« Voyez-le plutôt à l'œuvre !

« C'est auprès du peuple que la langue d'Oc, après sa déchéance, a trouvé un dernier refuge.

« Eh bien ! c'est là que M. de La Fare ira retrouver l'originalité et la pureté de son type primitif. Et on verra le gentilhomme, noble par la naissance, mais devenu plébéien par le cœur, on le verra se complaire dans de longues conversations et un commerce journalier avec le vigneron et le laboureur. C'est sur les lèvres des habitants de nos campagnes qu'il recueillera et les termes techniques et les expressions et locutions propres à l'origine et au caractère de la langue d'Oc, c'est là qu'il marquera tout ce qui distingue son individualité, et la classe comme une langue à part vivant de sa vie propre.

« Sans doute, Messieurs, notre langue méridionale, devenue la langue du peuple et des campagnes, était là avec ses allures familières, rustiques, vulgaires. Mais rassurez-vous.

« Sous les haillons qui recouvrent cette reine déchue, le marquis de La Fare, avec la sagacité de son esprit et l'instinct divinateur de son talent, a pénétré sa noble et vraie beauté, il a découvert les ressorts souples et variés de son âme, il a mesuré la puissance d'essor de son génie.

« Et c'est alors, Messieurs, que La Fare s'est épris de ses charmes et a été séduit. C'est alors que s'est faite l'alliance de son talent avec la langue de son pays.

« Qui ne connaît aujourd'hui les chefs-d'œuvre divers qui en furent les fruits merveilleux? Ce sera à jamais pour M. de La Fare un beau titre de gloire et comme une nouvelle illustration de son nom, d'être appelé : *l'auteur de las Castagnados.*

« C'est là, dans ces compositions charmantes, que nous voyons notre langue d'Oc sortir de la plume de La Fare, comme la Minerve de la fable sortit toute armée du cerveau de Jupiter.

« Le poète cévenol a rendu à cette langue populaire sa grâce et son élégance, sa clarté et son énergie, son caractère joyeux et goguenard, ses allures franches et naturelles. Il l'a élevée jusqu'à l'idéal, qu'on lui croyait inaccessible, jusqu'au sentiment et au pathétique pour lesquels on l'accusait de manquer d'expression et de souffle.

« Mais ce n'était point assez pour l'amour de sa langue maternelle que de mettre son seul talent au service de sa cause.

« Réunissant autour de lui quelques hommes d'élite qu'a rapprochés un commerce d'intelligence et d'amitié, il leur communique à tous le feu sacré.

« Permettez-moi, Messieurs, de citer ici un nom célèbre entre tous. C'est celui de M. Maximin d'Hombres. Il fut associé à la peine, il est juste qu'il le soit à l'honneur.

« M. de La Fare tenta plus encore pour la gloire de sa

langue maternelle et je dirai qu'en vrai troubadour, transporté de zèle pour l'honneur de sa noble dame, il rêva l'organisation d'une croisade pour la tirer de l'oppression et la rétablir sur le trône de sa grandeur passée.

« Il voulait, Messieurs, enrôler sous la bannière méridionale des talents éprouvés et il fut jusqu'à essayer d'attirer à lui Reboul, cet enfant du peuple, dont la tête était déjà ceinte du laurier des poètes.

« Les lettres françaises, il est vrai, retinrent Reboul sous leur étendard victorieux, mais le marquis de La Fare n'en reçut pas moins du poète nimois de cordiales félicitations et de précieux encouragements.

« Les lettres méridionales ne purent gagner à leur cause le poète français, mais Reboul leur paya son tribut de profonde et affectueuse admiration.

« Honneur à M. de La Fare, c'est à lui qu'en revient tout le mérite.

« Ecoutez, Messieurs, ce que lui écrivait Reboul, le remerciant de l'offre de sa pièce intitulée : *Lou Basali* :

« Mille fois, merci, de votre charmant envoi. J'ai lu avec le plus grand plaisir : *Lou Basali*... Quelle richesse de poésie... Je voudrais pouvoir louer ce morceau comme je le désire et comme il le mérite... Relisez, Monsieur, ces vers qui me semblent écrits avec les doigts de fer d'un gantelet... Cela ne ressemble en rien au français, et cependant quelle noblesse et quelle énergie ! Il me semble que si la lanque d'Oc avait prévalu, Corneille aurait écrit de cette manière.

« Courage donc, Monsieur, faites pour nos contrées ce qu'Ovide fit pour Rome, c'est une tâche que votre talent peut remplir. »

« Et ne croirait-on pas, Messieurs, qu'un moment le poète français fut comme séduit et entraîné ?

« Ecoutez-le encore. « En relisant votre livre, écrit-il à M. de La Fare, j'ai trouvé un charme qui m'a fait défaut dans bien des œuvres françaises : ce verbe qui fut parlé par tout ce qui me fut cher, par une famille, hélas, presque disparue, a éveillé dans mon esprit et dans mon cœur les naïves émotions de mon premier âge, de toutes les poésies, peut-être la plus exquise et la plus vraie...

Mille fois merci, monsieur, de tout le plaisir que vous m'avez fait et daignez recevoir les félicitations et la reconnaissance d'un poète sorti de ce peuple dont vous peignez si bien les joies et les douleurs. »

« Une si haute et si admirative approbation, Messieurs, était bien de nature à faire persévérer M. de La Fare dans le travail du monument qu'il élevait à la gloire de sa langue maternelle ; mais tous les efforts d'intelligence qu'il avait consacrés à ce grand ouvrage, avaient déjà épuisé ses forces. La lame du génie avait usé en lui le fourreau, et le poète cévenol marchait, hélas, à pas précipités vers la tombe. Malgré les souffrances, toutefois, qui assaillirent les dernières années de son existence ici-bas, sa pensée ne se détourna pas un seul instant de l'œuvre qui avait eu tous les labeurs de sa vie. Quelques jours seulement avant sa mort, dans une lettre à M. César Gourdoux, qui restera comme le testament de sa foi et de son amour envers sa langue maternelle, il disait :

« Je crois que je n'ai fait qu'entr'ouvrir la porte de cet Eden poétique, mais ce que j'ai aperçu de là m'a convaincu que c'était un magnifique trésor et une veine abondante de richesses littéraires. »

« C'en était assez, Messieurs, pour que d'autres vinssent après lui prendre en main l'œuvre commencée et la conduire à son couronnement, au triomphe final.

« C'était comme un *Tabó!* le cri de guerre cévenol qu'il lançait aux échos des montagnes et aux rivages du Gardon, et qui se répercutant à travers les terres de Provence, d'Aquitaine et de Dauphiné, devait retentir dans tous les pays du Midi.

« *Tabó!* pour le triomphe de la vieille langue d'Oc. *Tabó !* pour la renaissance des lettres méridionales.

« Dès ce jour-là, Messieurs, l'heure du triomphe avait sonné pour notre Midi, sa cause était gagnée. Oh ! croyez-le bien, il importait peu à M. de La Fare, de descendre au tombeau, puisque sa langue maternelle devait en sortir radieuse et transfigurée. Et c'est pourquoi la grande armée des félibres, qui porte si haut de nos jours la gloire des lettres méridionales, est venue aujourd'hui acclamer M. de La Fare, célébrer ses louanges et le reconnaître pour son illustre précurseur.

« Mais en même temps, c'est la haute société, c'est le Peuple, c'est l'Etat, c'est l'Eglise qui applaudissent à l'œuvre littéraire et patriotique de M. le marquis de La Fare, et qui proclament avec nous, que les lettres méridionales ne sont pas moins que les lettres françaises, le riche et glorieux patrimoine de la grande nation.

« Le XVIIme siècle, Messieurs, a été appelé à juste titre le grand siècle de la littérature française, et il porte en lettres d'or dans ses annales, les noms immortels de Bossuet, Racine, Corneille, Molière ; le XIXme siècle, Messieurs, celui qui a vu la belle renaissance des lettres méridionales, sera à son tour justement appelé le grand siècle du Félibrige, et il portera en lettres d'or, dans ses annales, les noms désormais immortels aussi de : Mistral, Roumanille, Aubanel, Félix Gras.

« Mais, au frontispice de ce grand siècle, nous aurons le droit d'y inscrire le nom de M. de La Fare, qui y apparaîtra resplendissant d'un éclat tout particulier, comme apparaissait autrefois, sur le frontispice des temples antiques, la statue du Dieu, sous les auspices duquel l'édifice avait été élevé.

« Et c'est pourquoi, saluant la statue de notre grand poète cévenol, et le contemplant lui-même, à travers les clartés radieuses de l'apothéose qu'il reçoit en ce jour et dont il était si digne, nous disons avec fierté :

« Gloire à M. le marquis de La Fare-Alais.

« Il fut le dernier des troubadours et le premier des félibres ! »

Il était réservé à M. Albert Arnavieille, enfant d'Alais, et l'une des gloires félibréennes d'adresser un salut languedocien à M. le Marquis de La Fare, ce qu'il fit dans une improvisation magistrale et avec une parole vibrante qui souleva parmi la foule des applaudissements et des cris de *Tabó* alaisien, sans cesse répétés.

A 3 heures on célébrait les Jeux floraux avec Cour d'amour, dans l'ancien Collège ; et il est juste de dire que la Société Félibréenne d'Alais, dans une réunion préparatoire à la célébration des fêtes du centenaire de La Fare, avait décidé de les proclamer *Jeux d'école*, et non *Jeux de Maintenance*, pour signifier la réserve discrète qu'elle entendait conserver vis-à-vis des dissidences regrettables qui existaient au sein de la Maintenance de Languedoc. Une commission d'examen avait été nommée à cet effet ; elle comprenait MM. Destremx, Gaussen, Blavet, l'abbé Rouvière, auxquels on avait adjoints MM. Albert Arnavieille et Roumieux.

Plus de cent-cinquante pièces, en vers ou en prose, étaient entrées en concours, et la charmante félibresse d'Arène, Madame Mathieu, née Léontine Goirand, entourée de sept dames, était là pour présider la distribution des récompenses aux lauréats.

Les Jeux floraux proclamés ouverts par la Présidente, M. Albert Arnavieille prit la parole et prononça la charmante et spirituelle allocution que voici :

Discours de M. A. Arnavieille.

Gentos Damos, Moussus, gais Counfraires,

Après moussu Leóunci Destremx, l'ounourable baile dau Centenári de La Faro-Alés, en quau revèn de presida lous grands ates de la journado, es moun ami Pau Gaussen, lou valent cabiscóu de l'Escolo d'Alés, qu'aurié degu prene la paraulo per vous dire lou perdequé

« Gentes Dames, Messieurs, gais Confrères,

« Après monsieur Léonce Destremx, l'honorable président du Centenaire de La Fare-Alais, à qui revient la première place dans tous les actes de la journée, c'est mon ami Paul Gaussen, le vaillant Capiscol de l'Ecole d'Alais, qui aurait dû prendre la parole pour vous dire le pourquoi

das Jocs flouraus qu'anan teni. Moudèste mai que de resou, lou cabiscòu alesen a vougu se countenta dau role de repourtaire dau concours e m'a prega, vivamen prega de lou ramplaça.

Es un michant tour que m'a jouga 'qui moun coulègo Gaussen. Car, sens autre titre per parla aici lou premiè, qu'aquel de felibre raiòu de la premièiro ouro, vous avouarai que m'atrobe proun entrepacha, pechaire! e que, descountenencia coumo quaucus qu'es pas à sa plaço, vouloutiè diriéi ço que dis Jarjaio, lou portofais de Tarascoun.

Lou couneissès aquel Jarjaio, que las rimos beluguejairos de mèstre Roumiéu, lou fantasti Roumiéu, an tant mes en vogo!

Passa dins lou paradis per maio, coumo iéu sus aqueste sèti, à sant Pèire, que ié demandavo perdequé rintravo de-requiéulou dins lou resplendent palais d'amount, Jarjaio ié respond : « La grand clarta me fai vergougno! »

E iéu tambè, davans un auditòri tant magnifi, souto

---

des Jeux Floraux que nous allons tenir. Modeste plus que de raison, le Capiscol alaisien a voulu se contenter du simple rôle de rapporteur du concours et il m'a prié, vivement prié de le remplacer.

« C'est un mauvais tour que m'a joué là mon collègue Gaussen. Car, sans autre titre pour parler ici le premier, que celui de félibre raïol de la première heure, je vous avouerai que je me trouve assez embarrassé, *pechaire!* et que, décontenancé comme quelqu'un qui n'est pas à sa place, volontiers je dirais ce que dit Jarjaille, le porte faix de Tarascon.

« Vous le connaissez, ce Jarjaille que les rimes étincelantes de maître Roumieux, le fantastique Roumieux, ont tant mis en vogue!

« Passé dans le paradis par fraude, — comme moi sur ce siège, — à saint Pierre, qui lui demandait pourquoi il entrait à reculons dans le resplendissant palais de là-haut, Jarjaille répond : « La grande clarté m'interdit! » Et moi aussi, devant un si magnifique auditoire, sous la flamme *la flamo das iuèls de tant de poulidos damos, coumo Jarjaio m'escride :* « *La grand clarta me fai vergougno !* »

E pamens, lous felibres, passan pas per èstre vergougnous. E, tenès, en me veguent encouraja de vostes dous sourrires, gentos damos, e das aplaudimens de toutes, me sente leva lou grel, per moio ! e crese qu'arribarai à l'acabado de moun prefa, que, n'agués pas làgui, sara pas long.

Aici sèn dounc per Alès e per La Faro ! — La Faro ! Alès ! dous noums que n'en fan qu'un e que saran units eternamen dins la glòrio, coumo hou a dich, en bèus vers, lou majourau Antounin Glaize, de Mount-Peliè, dins lou journal de nostos Fèstos.

Alès ! Se la capitalo de las Cevenos pot tira vanita das prouduchs variats de soun sòu e de soun industrìo, de quant mai belèu pot s'encreire de soun afeciéu à counserva soun franc ana, lou signe particuliè de sa raço, sa lengo raiolo. Soun ventre cougo lou carbou, e lou carbou crèmo.

---

des yeux d'un si grand nombre de belles dames, comme Jarjaille je m'écrie : « La grande clarté m'interdit ! »

« Et cependant nous n'avons pas, les félibres, la réputation d'être timides. Et, tenez, en me voyant encouragé de vos doux sourires, gentes dames, et des applaudissements de vous tous, je me sens regaillardi, par ma foi ! et je crois que j'arriverai à l'achèvement de ma tâche, qui, n'ayez crainte, ne sera pas longue.

« Nous sommes donc ici pour Alais et pour La Fare ! — La Fare ! Alais ! Deux noms qui n'en font qu'un et qui seront éternellement unis dans la gloire, comme l'a dit, en beaux vers, le majoral Antonin Glaize, de Montpellier, dans le journal de nos Fêtes.

« Alais ! Si la capitale des Cévennes peut tirer vanité des produits variés de son sol et de son industrie, combien plus encore peut-il être fier de son ardeur à conserver sa franche attitude, à conserver le signe particulier de sa race, sa langue raïole. Son sein couve le charbon, et le charbon brûle.

— 51 —

Dins l'istòrio de nosto Renaissenço miejournalo, Alès aura prou sa pajo. Bèn avans que l'aubo d'aquelo Renaissenço se levèsse, es un efant d'Alès, un capelan, Moussu de Sauvage, coumo l'apello encaro lou pople, que, s'enganant el-mème sus soun obro propro, à logo d'aprene lou francés as païsans, coumo voulié hou faire, lus gardo, au countràri, dins soun diciounàri, lous mots de Lengadò e lou tresor de sous prouvèrbis.

Pus tard, es La Faro que, pres d'un amour sens parié per soun paure parla raiòu, que crei perdu, se mes à l'estudia embé passiéu e que, l'emplegant emb'un gàubi que dingus ié raubara pas, escriéu de vers que tout lou mounde sap lèu de per cor, de vers qu'un soulet d'eles : « *Alès, moun Alès tant poulit !* » *aigrejant nosto fibro patrioutico, sufirié per rendre soun noum sempre vivent aici.*

Aro, gentos Damos e Moussus, sarié lou moumen de faire trelusi 'n plen davans vautres la bello figuro dau marqués de La Faro-Alès, nascu au castèl de La Costo,

---

« Dans l'histoire de notre Renaissance méridionale, Alais aura sa belle page. Bien avant que l'aube de cette Renaissance se levât, c'est un enfant d'Alais, un prêtre, Monsieur de Sauvages, comme l'appelle encore le peuple, qui, se trompant lui-même sur son œuvre propre, au lieu d'apprendre le français, aux paysans, suivant son intention, leur garde, au contraire, dans son dictionnaire, les mots de Languedoc et le trésor de ses proverbes.

« Plus tard, c'est La Fare qui, pris d'un amour sans pareil pour son pauvre parler raïol, qu'il croit perdu, se met à l'étudier avec passion et qui, l'employant avec un charme que nul ne lui dérobera, écrit des vers que tout le monde sait bientôt par cœur, des vers, dont un seul : *Alès moun Alès tant poulit !* Alais, mon Alais si beau ! ravivant notre fibre patriotique, suffirait pour rendre son nom toujours vivant parmi nous.

« Maintenant, Mesdames et Messieurs, ce serait le moment de faire resplendir en plein, devant vous, la belle figure du marquis de La Fare-Alais, né au château de La

*coumuno de Sant-Marti, en 1791, e mort au même
endrech, en 1846. Mès miel que ço que iéu poudrièi hou
faire, d'autres hou an fa toutaro, quand avèn inaugura
soun image. Pode pas m'empacha pamens, au mitan das
Jocs flouraus que tenèn en soun ounou, de saluda aquel
grand davansiè das felibres, aquel troubaire en quau
mai qu'à toutes lous autres devèn teni en Cevenos, car es
Cevenòu.*

*Nou, te facharas pas de toun païs, o La Faro ! Quand
n'i'a qu'espèrou de siècles e de siècles l'oumage de lus
counciéutadins, nautres avèn pas vougu espera encaro
dous ans per celebra toun Centenàri !*

*A cousta de La Faro, sarian pas de perdouna, se
reviéudavian pas lou souveni de Massimin d'Houmbro e
de Mareto, dous amics, dous disciples dau Mèstre, dous
afeciounats, coumo el, à tout ço que teniè à l'Alès raiòu.
— Massimin d'Houmbro, subre-tout, aquel franc tipe
alesen, tipe que vesian encaro ièr dins Cesar Fabre e que*

Coste, commune de Saint-Martin-de-Valgalgues, près
d'Alais, en 1791, et mort au même lieu, en 1846. Mais,
mieux que ce que je pourrais le faire, d'autres l'ont fait
tantôt, lorsque nous avons inauguré son bronze. Je ne puis
cependant m'empêcher, au milieu des Jeux Floraux que
nous tenons en son honneur, de saluer ce grand devan-
cier des félibres, ce poète *troubaire* auquel plus qu'à tous
les autres nous devons tenir en Cévennes, car il est Cévenol.

« Non, tu ne te plaindras pas de ton pays, ô La Fare !
Quand il en est qui attendent des siècles et des siècles
l'hommage de leurs concitoyens, nous n'avons pas voulu,
nous, attendre encore deux ans pour célébrer ton centenaire !

« A côté de La Fare, nous ne serions pas pardonnables
si nous ne faisions pas revivre le souvenir de Maximin
d'Hombres et de Marette, deux amis, deux disciples du
Maître, deux passionnés comme lui, pour tout ce qui tenait à l'Alais raïol, — Maximin d'Hombres, surtout, ce franc
type alaisien, type que nous voyions hier encore dans

reviéu toujour embé Moussu de Firmas, lou digne eritiè dau castelan de La Costo. Noublesso oublijo. Lous de Firmas portou dins lus blasoun : « Raiòu ! »

Lou marqués de La Faro fasiè pas que de mouri, qu'un paure oubriè massou de la Grand-Coumbo — en plen païs raiòu toujour — cantavo aquelo coumplancho de Pauro Martino, qu'a fa ploura tant de mounde per aici e qu'a rendu lou noum de Matiéu Lacroix cèlèbre jusquos en Prouvenço.

Ó Mativet, o moun ami, o moun premiè mèstre, t'óublidan pas noun plus e un d'aquestes jours te faren també ta part!...

Pourrian-ti delembra nimai lou venerable Paul Felix, qu'avèn vist se mescla 'mbé nautres à la naissenço de nosto Escolo gardounenco ? Soun noum viéura tant que las Fados trevaran las Cevenos. E de Fados n'i'aura toujour — per lous pouètos.

Aurian regrèt de pas cita lous noums de Cesar Gourdoux, de Couret e de Leyris. E lou president mème de

---

César Fabre et qui revit toujours avec Monsieur de Firmas, le digne héritier du châtelain de La Coste. Noblesse oblige. Les de Firmas portent dans leur blason :*Raiòu* !

« Le marquis de La Fare mourait à peine, qu'un pauvre ouvrier maçon de la Grand'Combe (en plein pays raïol toujours), chantait cette élégie de *Pauro Martino* ! « Pauvre Martine ! » qui a tant fait pleurer ici et qui a rendu le nom de Mathieu Lacroix célèbre jusqu'en Provence. O mon tendre Mathieu, ô mon ami, ô mon premier maître, nous ne t'oublions pas non plus et un de ces jours nous te ferons aussi ta part !...

« Pourrions-nous oublier également le vénérable Paul Félix, que nous avons vu se mêler avec nous, à la naissance de notre Ecole du Gardon ? son nom vivra aussi longtemps que *las Fados* « les Fées » hanteront les Cévennes. Et des fées il y en aura toujours — pour les poètes !

Nous aurions regret de ne point citer les noms de César Gourdoux, de Couret et de Leyris. Et le président même

noste Centenàri, M. Destremx, lou castelan-fabulisto de Sant-Cristòu ? El també pessugo la Muso cevenolo, e la couquinoto se n'en facho pas !

Un Alesen d'adoupciéu, lou felibre Gracian Charvet, a signala soun trop court passage au mitan de nautres per d'obros felibrencos e saberudos que ié donou 'no plaço marcanto dins nostos annalos cevenolos.

Es ansin, coumo hou disièi tout-escas, que la tradiciéu terrenalo s'es mantengudo dins lou païs d'Alès. En tout acò, pamens, la cresenço, aici coumo dins tout lou Miejour, èro que la lengo d'O, anequelido, fasiè soun darriè badal, e que La Faro e Jasmin, e nostes davansiès de Prouvenço anavou rintra dins lous limbes de l'óublit. E ié sariéu demourats dins lus limbes, aqueles braves rèires ! Mès l'estello das Mages, la santo Estello das sèt rais lusiguè dins l'azur. Jóusè Roumaniho abarissiè lou nouvèl Messìo, e Frederi Mistral es vengu redème nosto raço e ié doubri lou cèl !...

Ah ! quinte trefoulimen nous prenguè lou premiè cop

---

de notre Centenaire, M. Destremx, le châtelain-fabuliste de Saint-Christol ? Lui aussi pince la Muse cévenole, et la luronne ne s'en fâche pas !

« Un Alaisien d'adoption, le félibre Gratien Charvet, a signalé son trop court passage au milieu de nous, par d'œuvres félibréennes et savantes qui lui donnent une place marquante dans nos annales cévenoles.

« C'est ainsi, comme je le disais tout à l'heure, que la tradition du terroir s'est maintenue dans le pays d'Alais. Dans tout cela, pourtant, la croyance, ici comme dans tout le Midi, était que la langue d'Oc, épuisée, jetait son dernier râle, et que La Fare et Jasmin, et nos devanciers de Provence allaient rentrer dans les limbes de l'oubli. Et ils y seraient demeurés dans leurs limbes, ces braves aïeux ! Mais la sainte Etoile des sept rayons jeta sa lueur dans l'azur. Joseph Roumanille préparait le nouveau Messie, et Frédéric Mistral est venu racheter notre race et lui ouvrir le ciel !...

Ah ! quel tressaillement nous prit la première fois que

que legiguèn Mirèio *! Quinte estrambord e quintos espèros ! Te n'en remembres, Camile Cavaliè, moun camarado de Bessejo ! Te n'en rapelles d'amount, o moun ami Edouard Cazal, toumba erouïcamen à Champigny, prouvant que lous felibres soun encaro lous mihous patriotos ! Te n'en rapelles, Basile Vacher de Porto, e tu Ipoulite Ouliviè d'Anduzo, e tu Bastidou de Sant-Jandas-Anèls, e vautres dous, fraires Crouzat : Edouard e Enri ; e tu Lucian Larrey, e tu moun bèu fanatic Aristide Brun : e tu Gaussen, que noste amour per dos drolos raiolos, dos amigos, nous enfioucavo belèu mai encaro que l'amour dau païs ! E vous també, Felibresso d'Areno, o Leountino, que devias rèndre Anduzo jalous de veire voste renoum trespassa aquel de sa troubairis Claro ! E vautres toutes, lous premiès escoulans de noste acamp felibren d'Alès, vous n'en remembras ! E tu, ardent Maurise Faure, que se siès nascu en Dóufinat, Alès pot mièl encaro te revendica, car i'as teta lou la de ta Louisou e i'as passa touto ta belle jouvenço ! tu,*

---

nous lûmes Mirèio *!* Quel enthousiasme et quelles espérances ! Il t'en souvient, Camille Cavalier, mon camarade de Bessèges ! Il t'en souvient là-haut, ô mon ami Edouard Cazal, tombé héroïquement à Champigny, prouvant que les félibres sont encore les meilleurs patriotes ! Il t'en souvient, Basile Vacher, de Portes, et toi Hippolyte Ollivier, d'Anduze, et toi, Bastidon, de Saint-Jean-des-Anneaux, et vous deux, frères Crouzat : Edouard et Henri ; et toi, Lucien Larrey, et toi, mon beau fanatique Aristide Brun, et toi Gaussen, que notre amour pour deux jeunes filles raïoles, deux amies, nous embrasait peut-être plus encore que l'amour du pays ! Et vous aussi félibresse d'Arène, ô Léontine, qui deviez rendre Anduze jaloux de voir votre renom dépasser celui de sa troubadouresse Clara ! Et vous tous, les premiers écoliers de notre réunion félibréenne d'Alais, il vous en souvient ! Et toi, ardent Maurice Faure, que, si tu es né en Dauphiné, Alais peut mieux encore te revendiquer, car tu y as tété le lait de ta Louison et passé toute ta belle jeunesse ! toi Maurice

Maurise Faure, que lou jour que partiguères per Paris, me diguères : « *Fau qu'enfelibre amount touto la capitalo !* » *E savèn coumo as tengu paraulo...*

Oi, aviéi be resou de dire, gentos Damos e Moussus, que, sus la questiéu que nous tèn, Alès a toujour fa sa plego. El a toujour douna lou signal au Lengadò.

E avèn pas fini ! Aro que lou Felibrige s'agandis à soun pountificat, lous felibres d'Alès rèstou pas es-arriès. Se i'a toujour lous ancians qu'an garda la fe e l'enavans das jouines ans, n'i'a de nouvèls qu'an belèu mai de courage e d'estrambord encaro. Ai pas qu'à nounma Alcido Blavet, lou jouine e valent escalaire de noste Acroupòli, e Marius Dumas, Chabriè, Merle. N'en pourriéi dire vint autres.

E perqué, aro que semblan avedre tout di, au noumbre d'aqueles qu'an garda lou culte dau païs, prouclamarian pas aici un grand noum, lou noum de Jan-Batisto Dumas ?

Oi, nautres, que fourmulan l'espressiéu la mai intimo

Faure, qui me dis, le jour où tu partis pour Paris : « Il faut que j'*enfélibre* là-haut toute la capitale ! » Et nous savons comment tu as tenu parole....

« Oui, j'avais bien raison de le dire, Mesdames et Messieurs, que, sur la question qui nous occupe, Alais a toujours fait florès. C'est lui qui a toujours donné le signal au Languedoc.

Et nous n'avons pas fini ! Maintenant que le Félibrige atteint son pontificat, les félibres d'Alais ne restent pas en arrière. S'il y a toujours les anciens qui ont gardé la foi et l'entrain des jeunes ans, il y en a de nouveaux qui ont peut-être plus de courage et d'enthousiasme encore. Je n'ai qu'à nommer Alcide Blavet, qui, jeune et vaillant, est en train d'escalader notre Acropole, et Marius Dumas, Chabrier, Merle .. J'en pourrais dire vingt autres.

« Et pourquoi, maintenant que nous semblons avoir tout dit, au nombre de ceux qui ont gardé le culte du pays, ne proclamerions-nous pas ici un grand nom, le nom de Jean-Baptiste Dumas ?

« Oui, nous qui formulons l'expression la plus intime

dau païs, nautres, lous veritables representants dau pople, avèn gau de veni faire oumage à cadet de Dumas, ansin qu'apelavou noste coumpatrioto dins soun jouine tems. Aquel oumage, lou deven à lou que, as pu bèus jours de sa glòrio, óublidè jamai qu'èro l'efant d'uno levandièiro, óublidè jamai soun païs.

Soun païs, l'aimavo, lou grand ome, e s'es pas prou saupegu per aici coussi n'èro fièr. Es toujour lou vers de La Faro que canto dins lou cor de tout Alesen: « *Alès, moun Alès tant poulit!...* »

Nous es esta di que, per un d'aqueles jours d'estiéu que lou sourel escampo sas tenchos las mai acoulourídos sus la naturo, se capitant long la routo d'Anduzo, en naut de la mountado das Ciprièshi, en veguent, à sa drecho, la verdo Pradariè desplega soun inmenso castagnieiredo, à sa gaucho, lou bos severe e misterious d'Areno e, davans el, dins lou founs, las mountagnos ennevados de l'Auzero, nous es esta di que noste ilustre coumpatrioto s'èro escrida : « *Aqui lou pu bèu païs dau mounde!* »

---

du pays, nous les vrais représentants du peuple, il nous plaît de venir faire hommage au cadet Dumas, ainsi qu'on désignait notre compatriote dans son jeune temps. Cet hommage, nous le devons à celui qui, aux plus beaux jours de sa gloire, n'oublia jamais qu'il était l'enfant d'une simple accoucheuse, qui n'oublia jamais son pays.

« Son pays, il l'aima, le grand homme, et l'on n'a pas assez su ici, combien il en était fier. C'est toujours le vers de La Farc, qui chante dans le cœur de tout Alaisien : *Alès, moun Alès tant poulit!...* Alais, mon Alais si beau !

« Il nous a été dit que, par un de ces jours d'été où le soleil répand ses teintes les plus chaudes sur la nature, se trouvant le long de la route d'Anduze, au haut de la montée des Cyprès, en voyant, à sa droite, la verte Prairie déployer son immense châtaigneraie, à sa gauche, le bois sévère et mystérieux d'Arènes et devant lui, les montagnes neigeuses de la Lozère, il nous a été dit que notre illustre compatriote s'était écrié : « Voilà le plus beau pays du monde ! »

Es pas nautres, de-segu, que contro-diren aquelo paraulo.

La Faro e Dumas soun pas de coumpara. Noste Castagnaire, per tant que siègue celèbre, aduso pas, hou savèn, à las cimos suprèmos agandidos per lou grand chimisto e l'eminent membre de l'Acadèmio franceso. Mès d'abord que sèn un pau aici en famiho e que parlan de dous efants d'Alès, nous es permés de lous raproucha l'un de l'autre e, nous plaçant en d'un poun de visto particuliè; de remarca encaro un cop coussi las estrèmos se tocou. Vesès un pau dequé n'es. D'un cousta, un pouèto, un noble segnou, que fai soun engèni mai pople que lou pople e que, quitant lous fins souliès à sa muso marqueso, ié passo lous esclops à la besegudo. De l'autre cousta, l'efant dau pichot pople, que per soun inteligenço estraourdinàrio monto as pu nauts barrous de l'escalo soucialo. Eh! be, i'a de moumens qu'aqueles dous esprits d'elèi revènou vers ço qu'èrou davans.

Lou pifraire de bourigal sara toujour, quand hou voudra, lou farot marqués de vièio souco, entramen

---

« Ce n'est pas nous, pour sûr, qui contrediront cette parole.

« La Fare et Dumas ne sont pas à comparer. Notre chantre de *las Castagnados*, pour si célèbre qu'il soit n'arrive pas, nous le savons, aux cimes suprêmes atteintes par le grand chimiste, l'éminent membre de l'Académie française. Mais puisque nous sommes ici un peu en famille, et que nous parlons de deux enfants d'Alais, il nous est permis de les rapprocher l'un de l'autre et, nous plaçant à un point de vue particulier, de remarquer encore une fois combien les extrêmes se touchent. Voyez un peu ce qu'il en est. D'un côté, un poète, un noble seigneur, qui fait son génie plus peuple que le peuple et qui, quittant les fins souliers à sa muse marquise, lui passe les sabots à la mode *gavote*. De l'autre côté, l'enfant du petit peuple, qui, par son intelligence extraordinaire, monte aux plus hauts barreaux de l'échelle sociale. Eh! bien, il y a des moments où ces deux esprits reviennent vers ce qu'ils étaient auparavant. Le joueur du fifre de la *bourrée* sera toujours quand il le voudra, le distingué marquis de vieille souche, *que lou savent coumoula de toutos las grandous poussiblos se fara moudèste e pichot coumo quand sourtiè de la carreireto Nosto-Damo, aquelo que porto iuèi soun noum e qu'anavo à l'escouleto, soun cartable en bricolo, soun croustet de pan à la man. Dumas, quand saupra que i'a d'omes que travaioun à la regeneraciéu de la lengo dau pople dau Miejour, encourajara aquelo obro en se faguent vitamen escriéure dins la Mantenenço de Lengadò e pagara soun escoutissou coumo un simple felibre. E savès pas quinto es la deviso qu'escriéu sus soun blasoun : un castor, un vibre que bastis soun oustalet — veritablos armos parlantos d'aquel fil de sas obros ? — Aqueles mots cevenòus :* « *Quau travaio fai soun mas.* »

Vejaqui ço que fai nostre Jan-Batisto Dumas ; vejaqui perqué assoucian noste salut à lou que dounan à La Faro. Dumas nous mostro un grand eisemple. Nous mostro que la terro fegoundo dau Miejour, embé de pouètos coumo La Faro e Mistral, coungreio tambè de

---

tandis que le savant, comblé de toutes les grandeurs possibles, se fera modeste et petit comme lorsqu'il sortait de l'étroite rue Notre-Dame, celle qui porte aujourd'hui son nom, et qu'il allait à l'école enfantine, son cartable en sautoir, son morceau de pain à la main. Dumas, quand il saura qu'il y a des hommes qui travaillent à la régénération de la langue du peuple méridional, Dumas encouragera cette œuvre en se faisant vitement inscrire dans la Maintenance de Languedoc et paiera sa cotisation comme un simple félibre. Et savez-vous quelle est la devise qu'il met sur son blason : un castor qui bâtit sa maisonnette — véritables armes parlantes de ce fils de ses œuvres ? — Il met ces mots cévenols : *Quau travaio fai soun mas*, « qui travaille se construit sa demeure. »

Voilà ce qui fait notre Jean-Baptiste Dumas, voilà pourquoi nous associons notre salut à celui que nous donnons à La Fare. Dumas nous montre un grand exemple. Il nous montre que la terre féconde du Midi, avec des poètes comme La Fare et Mistral, fait germer aussi des savants de

savents de premier ordre ; nous mostro pièi que, per tant naut plaça que l'on siègue, lou souveni dau brès es la pu douço jouïssenço de l amo e que i'a res de mai grand que de se faire pichot.

Vesès que lous felibres sèn en bono coumpagno e que devèn pas cregne de dire dequé voulen. E dequé voulèn, nautres dau Miejour ?

Acò's esta dich e recauca. Mès avian jamai agu en Alès, per hou declara, uno óucasièu tant soulenno. Voulèn simplamen aima noste bres e parla nosto lengo. Voulèn resta tales que sèn. S'avèn de defauts, acò's noste afaire. N'i'a qu'an cresegu qu'Anfos Daudet, lou pichot pioun que, dempièi qu'es sourti d'aqueste vièl coulège ounte sèn aro, es devengu un das premiès escrivans de l'epoco, an cresegu, dise-ti, qu'Anfos Daudet aviè vougu se trufa dau Miejour. La provo qu'acò's pas, es qu'Anfos Daudet es toujour resta felibre e qu'escriéu souvent soun francés incouparable embé de mots prouvençaus.

Aima soun brès! parla sa lengo! Disès-me un pau :

premier ordre ; il nous montre ensuite que, pour si haut placé que l'on soit, le souvenir du berceau est la plus douee jouissance de l'âme et qu'il n'y a rien de plus grand que de se faire petit.

« Vous voyez que nous sommes, les félibres, en bonne compagnie, et que nous ne devons pas craindre de dire ce que nous voulons. Et que voulons-nous, nous autres du Midi ? Cela a été dit et rabâché. Mais nous n'avions jamais eu à Alais, pour le déclarer, une occasion aussi solennelle. Nous voulons simplement aimer notre berceau et parler notre langue. Nous voulons rester tels que nous sommes. Si nous avons des défauts, c'est notre affaire. Il y en a qui ont cru qu'Alphonse Daudet, le petit pion qui, depuis qu'il est sorti de ce vieux collège où nous sommes maintenant, est devenu un des premiers écrivains de notre époque, on a cru qu'Alphonse Daudet avait voulu railler le Midi. La preuve que cela n'est pas, c'est que Daudet est toujours resté félibre et qu'il écrit souvent son français incomparable avec des termes provençaux.

« Aimer son berceau ! parler sa langue ! Dites-moi un

dins lou fourfoul de Paris ou dins lous païs estranges, que dous Alesencs, dous Manjo-tripos se rescontrou. Lus pu pressa, acò sara de s'esquicha las mans e, dins lus lengo raiolo, de parla d'Alès, de l'Ermitage, de Sant-German, d'Areno, de Pradariè, de Bretolo, de la Cadeno, de la Tiro-longo, de la Font das Tres-Degouts.

Acò semblo per rire, pas vrai ! E pamens i'a'qui-dedins lou principe foundamentau de la vido d'uno naciéu. Es en s'apielant sus lou sòu que lou pau-ferre es fort. Aquel que tèn pas à soun fougau, à soun oustau, à sa ciéuta, aquel tèn pas mai à sa patrìo. L'efant d'Alès qu'aimariè pas Alès aimariè pas la Franço.

Dequé valièu dounc aquelos acusaciéus lançados un moumen contro lous felibres e toumbados d'esperelos, Diéu-mecis ! Disès-me encaro se de trouva noste Alès tant poulit, acò'mpacho la grandou e lou resplendimen de la patrìo franceso ? La tourre Eiffel n'en sara pas mens nauto e espetaclouso as iuèls de l'univers, se, dins noste cor, la tourre de Pouget tèn mai de plaço !

---

peu : dans la mêlée de Paris ou en pays étranger, que deux Alaisiens, deux *Mange-tripes* se rencontrent. Leur plus pressé sera de se serrer les mains et, dans leur langue raïole, de parler d'Alais, de l'Ermitage, de Saint-Germain, d'Arènes, de la Prairie, de Berthole, de la Cadène, de la Tire-longue, de la Fontaine des Trois-Gouttes....

« Il semble que cela prête à rire, n'est-ce pas? Et pourtant il y a là-dedans le principe fondamental de la vie d'une nation. C'est en s'appuyant sur le sol que le levier est fort. Celui qui ne tient pas à son foyer, à sa maison, à sa cité, celui-là ne tient pas davantage à sa patrie. L'enfant d'Alais qui n'aimerait pas Alais n'aimerait pas la France.

« Que valaient donc ces accusations lancées, un moment, contre les félibres et tombées d'elles-mêmes, Dieu merci ? Dites-moi encore si de trouver *notre Alais si beau*, cela empêche la grandeur et la resplendeur de la patrie française ? La tour Eiffel n'en sera pas moins haute et prodigieuse aux yeux de l'univers, si, dans notre cœur, la tour Pouget tient plus de place.

O Alès ! se nautres t'avèn aima, se per ta glòrio avèn oubra, sèn iuèi paga de noste amour e de nosto peno ! Avèn merita que lou capouliè Roumaniho, lou paire de la Renaissènço dau Miejour, embé noste Frederi Mistral, qu'es à l'ouro d'aro lou pu grand pouèto de Franço, faguèssou lou viage d'Alès per veni nous dire coussi soun countents das Raiòus. Alès siègo benesi ! As pas espargna res per faire de bellos festos à tous dous efants ilustres : La Faro e Jan-Batisto Dumas. Vos-ti creisse toujour en glòrio? Escouto èo que te dis Mistral:

> *Fiho de Gardoun, rèino cevenalo,*
> *Risouleto au pèd de ti castagnié,*
> *Alès ! longo-mai sousto de toun alo*
> *Nosto lengo d'O, lengo terrenalo*
>   *E maire eternalo*
> *Di magnanarello e di carbounié !*

« O Alais ! si nous t'avons aimé, si pour ta gloire nous avons travaillé, nous sommes aujourd'hui payés de notre amour et de notre peine ! Nous avons mérité que le capoulier Roumanille, le père de la Renaissance du Midi, avec notre Frédéric Mistral, qui, à l'heure actuelle, est le plus grand poète de France, fissent le voyage d'Alais pour venir nous dire combien ils sont contents des Raïols. Alais, sois béni ! Tu n'as rien épargné pour faire de belles fêtes à tes deux enfants illustres : La Fare et Jean-Baptiste Dumas. Veux-tu croître toujours en gloire ? Ecoute ce que te dit Mistral :

> *Fiho de Gardoun, rèino cevenalo,*
> *Risouleto au pèd de ti castagnié,*
> *Alès ! longo-mai sousto de toun alo*
> *Nosto lengo d'O, lengo terrenalo*
>   *E maire eternalo*
> *Di magnanarello e di carbounié !*

« Fille du Gardon, reine cévenole, — riante au pied de tes châtaigniers, — Alais ! protège toujours de ton aile — notre langue d'Oc, langue du terroir — et langue éternelle — des *magnanarelles* et des charbonniers ! »

M. Léon Gourdoux, délégué des félibres de Paris aux fêtes du Centenaire, prononça ensuite un discours magistral où il donna une appréciation aussi remarquable par l'élévation des idées que par les beautés du style, du talent et des œuvres de l'illustre Précurseur des félibres, M. de La Fare :

Discours de M. César Gourdoux.

« Mesdames, Messieurs,
« Mes chers compatriotes.

« En désignant pour la représenter à cette solennité l'Alaisien d'origine et de cœur qu'elle sait être un des plus fervents admirateurs de La Fare, la Société des Félibres de Paris a voulu, certainement, accentuer son adhésion à l'œuvre que nous accomplissons ici.

« Ainsi motivé et sans fausse modestie, — je reconnais qu'il n'y avait pas lieu de le motiver autrement, — ce choix m'aurait mis dans un grand embarras si je ne le devais pour une bonne part à cet esprit d'indulgence qui caractérise une personnalité infiniment mieux qualifiée pour porter la parole au nom de nos affectionnés confrères.

Pouvais-je oublier, en effet, tout ce que le vice-président de notre association, j'ai nommé Maurice Faure, a mis de zèle, de dévouement et d'éloquence au service de la cause félibréenne.

« Oui, mes chers compatriotes, l'honneur qui m'est échu, je le dois presque uniquement à un excès de bienveillance confraternelle ; mais ce que je sais bien, ce que je sens bien, c'est qu'aucun délégué n'aurait assisté avec une émotion plus douce à cette fête inaugurale, c'est qu'aucun n'aurait plus sympathiquement salué l'image vénérée du poète de *las Castagnados*.

« *Las Castagnados!* — Grâce à l'extension qu'a prise le mouvement félibréen, elles sont devenues populaires, ces ravissantes poésies, populaires surtout dans le milieu où elles sont écloses, dans ce vieil Alais que la grande muse cévenole a si affectueusement chanté et si spirituellement portraicturé.

« J'en parlerai donc très brièvement, mais de façon, je l'espère, à prouver combien sont justifiés les honneurs que nous rendons à la mémoire du Maître.

« Les œuvres de La Fare parurent vers l'année 1840, c'est-à-dire à une époque où, au point de vue de la linguistique, la situation était celle-ci :

« D'un côté, la langue d'outre-Loire avec ses illustres poètes, ses brillants écrivains, ses captivants romanciers. De l'autre, et par voie de conséquence, nos vieux idiomes, les patois, comme on les appelait par trop dédaigneusement, dont tout semblait présager la fin prochaine.

« J'ai dit par trop dédaigneusement: ce reproche ce n'est certes pas à Rabelais que nous pouvons l'adresser. L'écrivain philosophe ne trouva-t-il pas, dans ces vieux parlers, les locutions géniales et étymologiques dont il enrichit la langue française ?

« Ce n'est pas davantage au secrétaire perpétuel de l'Académie, M. Renouard, qui, au commencement du XIXe siècle, faisait ressortir la noblesse de la langue d'Oc et y trouvait les origines du français.

« Et plus tard, en pleine Sorbonne, Fauriel et Villemain ne mirent-ils pas en pleine lumière leurs richesses littéraires ? Plus près de nous, c'est Charles Nodier qui signale l'étude des dialectes du Midi comme nécessaire à la connaissance approfondie de la langue française. Il constate que Montaigne et Rabelais doivent la richesse et le coloris de leur style aux images et aux expressions méridionales.

Et Littré ? n'a-t-il pas fait, dans son dictionnaire, une large part aux sources philologiques et étymologiques de la langue romane ? ne recommandait-il pas aux savants de province de l'étudier, à l'Académie des Belles-Lettres d'encourager et de propager ce goût ?

« M. Legouvé, enfin, dans son remarquable rapport à l'Académie, répondant à cette objection : le Provençal n'est pas une langue, c'est un patois ! — M. Legouvé ne s'est-il pas écrié : « Non ! c'est une langue d'ancêtre. » — Plus précis encore, M. Jules Simon, n'a-t-il pas écrit sur l'album : Paris à Mistral, « c'est une langue française qui nous appartient par son origine comme par le cœur de ses poètes. »

« A cette série de témoignages illustres, nous pouvons encore ajouter ceux des deux plus grands poètes des temps modernes : Lamartine, l'immortel parrain de l'immortelle *Mireïo*, et Victor Hugo, répondant à Bonaparte Wyse qui lui avait fait hommage de ses *Parpaïouns blu* : « J'aime votre vibrant et lumineux idiome. »

« Quand on a pour soi de telles autorités, ne vous semble-t-il pas, mes chers compatriotes, qu'on peut laisser dire ceux pour qui le pays des Jasmin, des La Fare et des Mistral est encore le pays du charabia.

« Revenons à notre poète.

« Je disais tout à l'heure que vers le milieu de ce siècle tout semblait présager la fin plus ou moins prochaine du vieux parler d'Occitanie.

« Eh bien ! c'est à ce moment que deux poètes, deux grands poètes, Jacques Jasmin, à Agen, et le marquis de La Fare, à Alais, en faisaient leur vocable de prédilection :

« L'un s'écriait :

O ma lengo, tout me-z-ou dit,
Plantaraï un' estèlo à toun front encrumit.

« L'autre disait :

La lengo qu'a lou maï de prusé pouetiquo,
La lengo qu'es touto musiquo,
Per quâou sen la fan de rima
Es la qu'on barboutis éfan, à la brassieïro,
Es aqu'elo que, la premieïro,
Nous apren à dire : Mama!

« Et cette affirmation, nous pouvons le proclamer avec d'excellents analystes, les deux maîtres la justifiaient aussi brillamment l'un que l'autre.

« Oh ! sans doute, avec son *Abuglo de Castelculié*, avec sa *Maltro l'inoucento*, avec *lous Dous Bessous* et la *Sémanno d'un fil*, Jasmin nous a délicieusement impressionnés, mais les mêmes sensations ne les éprouve-t-on pas quand on lit dans les *Castagnados* : *Paoure Janeto, lou Derniè Son d'uno viergo, la Festo das Mort, lou Basali, Vincén de Paul*, etc.

« Oui, lorsque, sans parti-pris, sans prévention, on étudie les œuvres du maître Agenais et celles du maître Alaisien, j'entends celles qu'on peut rapprocher par le côté sentimental, on arrive à cette conclusion, savoir : qu'elles ont un air de famille très prononcé, qu'elles accusent une poétique de même envergure.

« J'ajoute que Jasmin s'est presque constamment tenu dans la note grave, tandis que La Fare a mené de front, avec non moins de succès et le genre sérieux et le genre familier ; j'irai jusqu'à dire qu'à la différence de forme près : poésie chez l'un, prose chez l'autre, La Fare avait devancé *lou Cascarelet*, si goûté des lecteurs de *l'Armana Prouvençaou*.

« *Scarpou, l'Habi de Sagati, la Voto de Camairas*, n'est-ce pas là, en effet, de la belle et bonne *galejado* ?

« Mais que dire de *Rocho et Plagnôou* ? Est-il possible de raconter avec plus d'esprit, plus d'entrain, plus de bonhomie cette odyssée des voyageurs qui, avant la création des chemins de fer, n'avaient, pour aller d'Alais à Nîmes, d'autres moyens de transport que la vieille guimbarde, conduite à tour de rôle par ces deux automédons ?

« Est-il possible de décrire d'une façon plus heureuse et les préparatifs de départ, et le parcours si pittoresquement accidenté, et l'arrivée à Nîmes, dont le poète résume l'histoire en des vers d'une allure superbe :

> *Salu ! tero de la dindoulo !*
> *Gran-mèro dâou taba, salu !*
> *Te vésé, fio d'un ciel blu*
> *Et d'uno maïre druidesso*
> *Davan tous quinze ans, aproumesso*
> *Emb'un marchan vengu dâou Nil*
> *A barbo de ramo-counil*
> *Qué, quan té virè lou visajé*
> *Té laïssé per dré de veousajé*
> *Soun luser aou pè d'un palmiè.*

« Et, dans le genre descriptif, quelle fraîcheur de coloris, quelle suavité de touche !

« Cette source de la Tour dont les eaux courent abondantes et pures à travers votre cité, depuis si longtemps hélas ! condamnée au supplice de Tentale, voyez comme il l'a dépeinte :

. . . .

> *Per coupa cour aquelo ranço*
> *Es la tourasso de Valfon*
> *A sous pès uno bèlo fon*
> *De dessouto uno clapàrèdo*
> *A l'oumbro d'uno nougarèdo,*
> *Qué vèn ti servi d'escruncel,*
> *Sort cascaïan coumo un aoussel ;*
> *Piéi sus d'argentados laousétos*
> *Resquio et faï milo amusétos,*
> *Aquel rïal que ris et boul*
> *Entre frigouléto et serpoul,*
> *Jouine efan das plous de la tero.*
> *Dâou ventre de sa paouro mero*
> *Sort tan for, tan bien avengu,*
> *Qu'a peno aou jour a paregu,*
> *Que din la pu rasto estivado*
> *D'uno moulinoto avivado*
> *Souer et mati, sans s'aresta,*
> *Faï triqueteja lou ti-ta.*

« Je le répète donc, entre le poète Agenais et le poète Alaisien, il y a tout au moins parité de talent.

« Et cependant, c'est une part bien inégale que leur a faite la renommée. Vivant, vous le savez, Jasmin n'en était plus à compter les ovations dont il était l'objet dans le Midi, et même à Paris, d'où il rapporta la croix d'honneur ; mort, il eut sa statue, et plus tard, il y a trois ans, sur l'initiative de notre association, son nom fut donné à une des rues de la capitale.

« Notre La Fare, lui, ne recueillit durant sa trop courte carrière, que les applaudissements d'un public spécial, et son nom, jusqu'à l'époque où la rue Valaurie devint la rue La Fare-Alais, son nom ne se retrouvait guère que sur une modeste pierre tombale.

« Au fond, cette disproportion que je viens d'indiquer s'explique si elle ne se justifie complètement : question de milieu, de tempérament, et plus encore, peut-être, le préjugé aidant, question d'origine ou de condition sociale.

« Enfant du peuple, simple artisan lui-même, l'auteur de *Mas Papillotos* se sentait pour ainsi dire instinctivement poussé vers les masses qui, d'ailleurs, acclamaient en lui et le poète et le cœur généreux, compatissant, celui que Lamartine avait appelé l'Homère sensible des prolétaires.

« Et puis, ses poésies, il les disait lui-même avec une chaleur, une émotion si communicatives !

« Au châtelain de La Coste, il fallait, au contraire, une vie moins mouvementée, moins bruyante, un entourage plus restreint, plus intime.

« Est-ce à dire que sa grandeur l'attachait au rivage ? Non certes, et la preuve : n'y a-t-il pas dans le magnifique salut du poëte gentilhomme au poëte coiffeur, ces vers empreints d'une touchante modestie :

> *Souï pa qu'un campagnar pifraïre :*
> *Pastroùs, goujars, me disou fraïre.*

« Et ces autres qui témoignent si bien de la simplicité de ses goûts en même temps que d'une noble fierté à l'endroit de sa vieille langue :

> *Et de qué li foou aou pouèto,*
> *Surtout aou pouèto gascoun,*
> *Qu'un air libre coumo a l'alouèto,*
> *Un paou de taba din sa bouèto*
> *Et de vi vieil din soun flacoun.*
> *Quaou que fignole aou rouial sèti,*
> *Es pas el que vaï faïre plèti*
> *Et mandrounéja d'a-ginouls,*
> *Es pas el, fil daou Capitolo,*
> *Qu'a chaquo novo manipolo,*
> *Faï clena davan chaquo idolo*
> *Lou fier parla das Capitouls.*

« Ah ! le seul rivage qui le retenait nous le connaissons bien : c'est celui d'où il percevait le gazouillis et parfois le mugissement de son cher Gardon ; c'est celui où il a récolté ses *daouphinencos* si fines, si luisantes, si savoureuses.

« Plus loin, mais sans sortir du champ familial, d'autres, venus après lui, ont magnifiquement moissonné, car les Jasmin et les La Fare s'appellent aujourd'hui ou Mistral ou Aubanel, ou Roumanille, ou Félix Gras.

« Et, à côté de ces maîtres, que de vaillants disciples.

« Il en est parmi ceux-ci qui sont et bien certainement resteront Cévenols de cœur ; s'ils ont, au début, ajusté sur le front de leur muse le gracieux bonnet des filles d'Arles ou d'Avignon, gardons-nous bien de leur en faire un reproche : d'abord, parce qu'il y a eu changement de foyer, il n'y a pas eu changement de famille, ensuite parce que, sachons le reconnaître, à leur entrée dans la carrière, ce prestige que La Fare a donné à l'idiome cévenol en le dépouillant de ses excroissances argotiques, en le rétablissant dans la pureté de son principe et de ses règles, ce prestige n'existait pas aux yeux des populations de plus en plus disposées, comme je le disais en commençant, à lui préférer la langue française.

« Là-bas, au contraire, sur les bords du Rhône et de la Durance, les appels de la brillante pléiade qui avait donné le signal du renouveau et pris l'initiative du mouvement félibréen était on ne peut plus sympathiquement entendus.

« Heureusement l'exemple ne fut pas perdu pour notre contrée : les hommes d'intelligence et de cœur qui composent votre *Société littéraire et scientifique*, reconnaissant ce qu'il y a de richesses étymologiques et de poétiques beautés dans la langue de nos pères, en sont devenus les mainteneurs dévoués et, plus que jamais, nous le voyons aujourd'hui, leur programme et leurs actes sont en parfait accord.

« Mais, Messieurs, les œuvres de La Fare et de Jasmin, de même que celles de nos poètes contemporains ne sont pas seulement des œuvres littéraires : elles sont, dans leur forme particulière, la consécration d'un principe, d'une idée que le Félibrige devait placer à sa base, sous peine de voir se dresser devant lui d'infranchissables barrières.

« Cette idée, la voici :

« Honorer, aimer, et faire aimer la petite patrie, c'est honorer, aimer et faire aimer la grande.

« Notre France, en effet, doit-elle s'entendre d'un périmètre purement géographique qui s'étendra ou se resteindra selon la volonté de la divinité capricieuse et féroce qui décide du sort des batailles?

« N'est-elle pas plutôt, en principe et en fait, une vaste agrégation de nos mœurs, de nos coutumes, de nos traditions, de nos idiomes régionaux conservant leur physionomie propre, leur marque d'origine, bien que synthétisés dans la grande unité nationale?

« Et, à ce propos, qu'il me soit permis de le faire remarquer en passant : nous mettons, nous, peuple français, un légitime orgueil à rappeler que nous sommes un peuple latin. Eh bien! mais nos mœurs, nos tempéraments, notre vieille langue à nous Méridionaux, que prouvent-ils? sinon que nous sommes, sur l'arbre généalogique, l'une des branches les plus rapprochées du tronc?

« Donc, mes chers compatriotes, aimons la grande patrie, aimons-la résolument, passionnément; que sa joie comme ses deuils, et avec ses deuils ses espérances, soient les nôtres; mais aimons aussi et avec non moins d'ardeur ces coins de terre qu'enveloppent comme d'une atmosphère bénie le souvenir de nos aïeux, le doux regard de nos mères et la grâce souriante de nos enfants.

« En terminant, ai-je besoin de vous dire, mes chers compatriotes, que les remercîments du Félibrige parisien étaient acquis d'avance aux promoteurs, aux adhérents, aux amis de l'œuvre commémorative;

« A la société sœur et aux membres du Comité qui en ont pris l'initiative;

« A votre municipalité, dont le concours généreux et sympathique en a assuré le succès;

« A l'artiste éminent qui a si bien reproduit les traits du vaillant précurseur des Félibres;

« Au gouvernement enfin, dans la personne d'un ministre, M. Fallières, depuis longtemps acquis à la cause félibréenne.

« Oui, fraternellement et de tout cœur, ils vous disent merci, ceux qui au milieu des resplendissantes beautés de la capitale ne cessent pas de regretter la petite patrie;

ceux qui ont pris pour règle de s'associer à toutes les manifestations ayant pour but d'honorer la mémoire des hommes qui ont illustré le pays natal, dans la science, dans les arts, dans les lettres, et d'une façon plus spéciale dans l'étude ou le développement de son vieux langage.

« Pour vous, cher et glorieux maître, ce n'est pas seulement la cité mère qui affirme aujourd'hui avec tant de solennité ses sentiments d'admiration et de reconnaissance, c'est la famille agrandie, c'est le Midi félibréen, et puisqu'il a été donné à votre humble disciple de parler ici au nom des *despatrias*, je puis bien ajouter : c'est aussi le Midi parisien, ce Midi que les représentants officiels de la capitale saluaient naguère en ces termes :

« Vous le voyez, Messieurs, disait le rapporteur du
« projet de dénomination de la rue Jasmin, c'est le Midi
« qui vient frapper à la porte du vieux conseil celtique,
« mais ce n'est plus le Midi envoyant à Lutèce ses dicta-
« teurs pétris dans le vieux moule romain ou ses tribuns
« véhéments qui enchaînaient la France dans le retentis-
« sement de leurs paroles fougueuses ou entraînantes.

« C'est le Midi aimable, le Midi poète, le pays de la
« cigale où le printemps est éternel, où la langue est har-
« monieuse et colorée comme ses fleurs, parfumée et géné-
« reuse comme son vin, chaude et puissante comme son
« soleil. »

Mais parmi les témoignages de profonde gratitude, il en est un, ô Maître ! que je ne saurais oublier, car il a jailli du cœur d'un de vos meilleurs amis, M. Maximin d'Hombres, dont la mémoire est inséparable de la vôtre et qui, poète lui aussi, jeta sur votre tombe cette belle fleur d'un souvenir attendri :

Aou terme ounté l'home trabasto
S'atrobo aou men un gran soulas,
La mort prén pas que la rabasto,
Mais aou souveni sén riblas.
Voui, tant qué Gardoù dins sous vijés
Fara baraïa sas grâoulijes
Toun noun s'escrafara pas pus.

La pouetiquo rambaiado,
Qu'entre tous fiels fai sa nisado,
Paouro famiéto aveousado,
Es immourtelo coumo tus. »

M. Mistral, sollicité par le public de dire quelques mots, se rendit enfin aux instances qui lui étaient faites et lut avec un grand intérêt pour l'assemblée un de ses contes intitulé : *La Granouillo de Narbouno.* La séance des Jeux Floraux fut clôturée par la lecture du Palmarès, faite par M. Arnavielle, et par la distribution des *joïos* ou récompenses aux divers lauréats du concours.

Honneur à l'école félibréenne d'Alais ! Ce fut M. Chabrier, un de ses membres estimés, qui remporta le 1er prix du concours par l'ode très belle de pensées et de style que voici et qui a valu à son auteur des louanges bien flatteuses et bien méritées.

Poésie Languedocienne a M. de La Fare.
Couronnée avec 1er prix
Par M. F. Chabrier.

A LA FARO

... Moun Alès tant poulit,
Me foudriè lou viòuloun d'Oumèro,
Ou lou pifre de Goudouli.
(La Faro, *Castagnados*).

Per celebra de las Cevenos
Lou pus aimable troubadou,
Despièi Valfont enjusqu'Avenos
Sus las dos ribos de Gardou,
Jougas, o pifres entrincaires !
Iuèi, lou fougau de nostes paires

Se recalivo, lou gavel
Fai peteja las afachados,
E de Felibres à voulados
Vènou branda lou cascavel.

Iéu, s'avièi lou viòuloun d'Oumèro
Ou lou pifre de Goudouli,
Galoi cantaire de ma terro,
De moun pu tendre parauli
E d'uno rimo douço e claro
Te drouvirièi, brave La Faro,
Lou grand pourtau de l'Aveni ;
Mès, fauto d'un tau saupre-faire,
Umble, pious, te vène traire
La bluio flou dau souveni.

Tabò ! tabò ! sus la mountagno,
Tabò ! per tu, gai roussignòu,
Qu'as di tas joios, ta magagno
Embé lou franc parla raiòu.
Lous castagniès de nostes serres,
Lou viél Alès que tant aimères,
Tout se souven d'aquel qu'un jour
Subre la faudo de Mierguesso,
La Muso, pleno de tendresso,
Sacrè pouèto dau Miejour.

O lou bon tems de ta jouvenço,
Touto bressado de pantais,
D'efantoulige e d'inoucenço,
Liuen de la foulo que mau-trais !
Las amusaios de l'escolo
E las trepados per la colo,
As alentours dau castelas !
Amai de vèspre las veiados
Entre famihos, adoubados
De contes e de cacalas !

Aitabé, quand tu t'enanères
Amount, au païs franchimand,
Qu'à la caserno t'embarrères,
Bel ouficiè, l'espaso en man,
Au rataplan de la chamado,
Au brut feroun de la chaplado,
Coumo regreteres toun trau,
Ounte de-longo tout cascaio
Ounte lou merle embé la caio
Semblo que charrou prouvençau.

Ah ! mespresous d'aquelo glòrio
Que dins lou sang fai soun cami,
Auriès, urous, causi 'no borio
Per i'ana rire e per gemi...
Lèu-lèu venguères au parage
Rempli d'un fouligaud ramage,
Toun nis treva das barbajòus ;
E ta vouès, tristo ou risouèiro
Cantant lous Morts, cantan la Fièiro
Faguè trefouli lous Raiòus.

Alor pintrères la Roumèco,
Laido cousino de Satan,
Sorre de Nemesis la Grèco ;
Gripet, tustaire de sartan.
Pichot, malin, trufant las drolos,
Cercant toujour las faribolos,
Grand descuaire de toupis ;
Lou Basali, Pauro Janéto,
Se despleguèrou, plan-planéto,
Vivos coulous d'un bèu tapis.

Venguèrou pièi la Plagnoulado,
Almièi, las Fados, Escarpou...
Troupo courriolo e bracanado
Farfantejant dins la clarou,

Pèses fourcuts, branles de Mascos,
Farços dau tems, sonos fantascos
Fasièu bada lous paures grands;
Mès, iuèi, trop vièls per nous coumplaire
E coussejats dau Grand-Segaire,
Soun mès au reng das veterans!

Dreveias-vous, toutes en bando,
Venès, o folo proucessiéu,
Venès flouca d'uno garlando,
La fièro testo dau miè-diéu,
Dau magnifique Castagnaire,
Qu'aro dardaio, triunflaire
Das mescresents e dau toumbèu!
Venès, qu'uno aubo glouriouso
Per vosto lengo armouniouso,
S'aigrejo, merveious flambèu!

O tu, La Faro, ardènto estello,
Lum proufeti de nostes grès
O boujo-nous à canastello
L'amour dau brès e lou mesprés
Das trufarèls de la patrìo!
Vai, lous ainats de ta famiho,
Maugrat l'aurasso, tendran bò.
Oi! tant qu'auren jouve castagno,
Caminaren, riboun ribagno,
E, libres, cridaren : Tabò!

F. Chabrier.

On lira aussi avec beaucoup d'intérêt la ravissante poésie de M. Elie Merle, autre membre éminent de l'école d'Alais, qui obtint un 2me prix :

Poésie de M. Elie Merle.

A LA FARO

Ieu paisan de las mountagnos
Cantarai ièui em'estrambord
Lou felibre de las castagnos
La Faro qu'aime de tout cor.
Nascu dins las bellos Cevenos
Raióu faguè tout trefouli,
Lou sang boulissiè dins las venos
En ausiguent soun parauli.

També, La Faro per ta festo,
Vole grand mestre te canta,
E pausa de subre ta testo
Lous ramèus de nosto ciéuta.

El cantè lou Gardou, las Fados,
E pièi la Roumeco, Gripet
Que fasiè tant pòu as veiados
Mai que semblesse qu'un tapet.
Lous efants, lous omes, las fennos
S'acrouchounissièu, aviéu pòu,
Quand se disiè dins las Cevenos
Tous contes, o brave Raióu.

També, La Faro per ta festo,
Vole grand mestre te canta,
E pausa de subre ta testo
Lous ramèus de nosto ciéuta.

Semblavo dins la chiminieiro,
Darriès la porto tremoulant
Ou be dessouto uno cadieiro
Veire Gripet vesti de blanc.
S'un cat dourdavo la padello,
Se l'auro menavo de brut,
Ou s'amoussavou la candello
Tout, alors se cresiè perdu.

També, La Faro per ta festo,
Vole grand mestre te canta,
E pausa de subre ta testo
Lous ramèus de nosto ciéuta.

Alors las fennos pu paurousos
Plouravou, cridavou : Jesus !
Laissavou toumba lus fialousos,
Lus escautous contro lus fus.
Ah ! fouliè veire aquelo vido,
Dins noste bouscas cevenòu !
Quand dounè vanc à l'espelido
Das contes dau bravè Raiòu.

També, La Faro per ta festo,
Vole grand mestre te canta,
E pausa de subre ta testo
Lous ramèus de nosto ciéuta.

Que fasièu veire dins l'aigueto
Dau Gardou tout encouroussa,
La fado Almièi soun amigueto,
Venì per se ié deslassa.
E quand se ièro bien trempado
D: l'oundo la vesias sourti,
E coumo per l'ange pescado
Vostes ièls la vésièu parti.

També, La Faro per la festo,
Vole grand mestre te canta,
E pausa de subre ta testo
Lous ramèus de nosto ciéuta.

An passa las bellos journados,
Lous tems de joio e de l'amour,
Tout a passa, jusqu'à las Fados,
Mès tus nous restaras toujour.
De toun Alès faras ta glorio,
E tant que felibres saren,
Per manteni ta grand memorio,
La Faro! Tabò! cridaren.

Oi, voulen nautres per ta festo,
Voulen La Faro te canta,
E pausa de subre ta testo
Lous ramèus de nosto ciéuta.

Elio MERLE.

Dans l'impossibilité, toutefois, de publier ici, toutes les œuvres qui furent couronnées, il convient, pour l'honneur de leurs auteurs, de reproduire le palmarès tel qu'il fut proclamé dans la séance des Jeux Floraux.

Palmarès des Jeux Floraux

Eloge de La Faro-Alès. — *Grand premiè pres, ramèu* : M. F. Chabrier, d'Alès ; *1è pres*, M. J. Coste, de Ceto ; *2e pres, ex-æquo*, MM. R. Martin, de Gange e E. Merle, d'Alès ; *3e pres*, M. J.-B. Rouquet, de Caours ; *4e pres*, M. F. Benoit, à Cers (Erau) ; *5e pres*, M. A. Advenier, d'Aigo-Morto ; *6e pres*, M. L. Bonnaud, à Marseio ; *7e pres*, Mllo Celina Marc, de Vabre (Tarn) ; *8e pres*, Mllo Louiso Ouradou, de Brassa (Tarn).

Pouésio lirico. — *1è pres*, M. Lucien Duc, à Paris ; *2e pres*, M. E. Boudon, à Sant-Salvy (Lou-e-Garouno) ; *3e* pres, J.-B. Rouquet. deja nounma. Diplomos d'ounou, J. Coste, deja nounma ; Alessandre Lartigue, au Raincy (Sèino-e-Oiso); Maurice, à Sens (Iouno) ; Rougon, à Manosco e A. Monedière, à Labau (Tarn).

Legendos. — 1è pres, A. Maffre, de Besiès ; 2e pres, A. Advenier, deja nounma. Diplomos d'ounou, P.-L. Roustan; L. Amiel, à Marseio ; F. Benoît, deja nounma ; P. Robert, de Gange, en Arle ; A Sourreil, à Vilo-Novo (Lòu).

Elegios. — 1è pres, C. Bistagne, de Marseio ; 2e pres, A. André, à Nimes. Diplomos d'ounou : Gaidan, de Gange ; J. Monéger, à Carcassouno ; Maurice, deja nounma ; F. Dezeuze, de Mount-Pelié ; menciéu, P. Vezian, de Galargue.

Pouésio lòugièiro. — 1è pres, J. de Valette, de Ledenoun (Gard) ; 2e pres, L. Rozier, de Sant-Jan-dau-Gard ; diplomos d'ounou, L. Charasse, à Malauceno (Vau-cluso) ; L. Moureau, de Tarascoun, e P. Roubert, deja nounma.

Cansous. — 1è pres, E. Jouveau, d'Avignoun ; 2e pres, A. Villiers, de Sant-Genièis (Aveirou) ; S.Ange, d'Avignoun; F. Benoît, deja nounma, e L. Bounaud, deja nounma ; menciéus, P. Nourry, d'Aurenjo, à Ceto, e Ipoulite Comballat, de Pignan (Erau).

Ronmansos. — Diplomos d'ounou, A. Lartigue, deja nounma, e J. Boudin, de Bèu-caire ; menciéus, A.Monlong de Toulouso, et P. Roubert, deja nounma.

Teatre. — 1è pres, P. Gourdou, de Limous, en Alzouno (Aude); 2e pres, P. Nourry, deja nounma ; diplomos d'ounou, A. Rottner, à Cournoun-Terral (Erau), e Balagarié, à Gramat (Lòu).

Galejado. — 1è pres, P. Enri Bigot, de Nimes: 2e pres, Raimbault, à Marseio ; 3e pres ex-œquo, J.-B. Vivarez, de Ceto, e F. Benoît, deja nounma ; diplomos d'ounou, Saviè Peyre, de Bedariéus (Erau) ; F. Jouveau, d'Avignoun, à Ceto ; menciéus, Mario Bertrand, de Cano (Aup. Maritimi), e S. Ange, deja nounma.

Cantato en l'ounou de La Faro-Alès (paraulos). — 1è pres, Bastide de Clauzel, de Conrnon-Terral (Erau) ; 2e pres, l'abat Boyer, curat das Cassés (Aude).

Pouésio franceso, se rapourtant au Centenàri de La Faro-Alès. — 1è pres, Mllo Jano Vaissière, à Rene (Ilo-e-Vielano); 2e pres, Bernard, de Lioun ; 3e pres, Penaud de Bourlier ; 4e pres, Monty, en Alès.

Foro Councours. — N'Anfos Michel, majourau dau Felibrige e mèstre en Gai-Sabé, qu'a manda'no supèrbo cansou, La Castagno ; En Marius Bourelly, majourau dau Felibrige, qu'a manda dins las tièiros de l'Eloge de La Faro-Alès, e uno Cantato, dos obros remarcablos, e lou mantenèire E. Chalamel, mèstre en Gai-Sabé, qu'a manda de pèços de premier ordre dins las tièiros de l'Eloge de La Faro-Alès, la Pouésio lirico e las Cansous.

M. Frederi Donnadièu, sendi de Lengado, avié oufert, coume Joio, à la Jurado di Jo flourau dou Centenàri de La Faro-Alès, soun superbe libre Les Précurseurs des Félibres. Aquèu pres es esta atribuï au felibre Carle de Carbonniéres, vice-sendi de la mantenènço d'Aquitàni e maire de Labau (Tarn).

BANQUET

A sept heures, la fête se continuait dans un banquet de 200 couverts, délicatement préparé et fort bien servi par l'hôtel Challier et dont voici le menu :

MENU de la Riqueto Felibrenco, per la Festo de l'inauguraciéu dau Buste de La Faro-Alès, lou 20 d'Otobre de 1889:

BOUTE-EN-TRIN
l'astissous à las rabassos de Benobre.

INTRADO
Saumoun dau Rose à la remoulado,
Civet de Lèbre à la Cevenolo,
Filet de Biou à la Prouvençalo.

ROUSTIT
Dindonnèu de la Costo.

ENTRE MITAN
Ensalado d'en Pradariè.
Tourre de Pouget.

CASTAGNADO DE LIPETIGES
Oste Challier, plaço de la Republico, en Alès.

Il avait lieu dans la salle de concert de la cour du Casino de l'Evêché, dont l'ornementation, confiée à M. Tabus, jardinier d'Alais, était des mieux réussie et offrait un coup d'œil féérique. C'était à travers des draperies de diverses couleurs, des festons de verdure du plus bel effet. Dans le fond et au-dessus de la table d'honneur était le buste de La Fare avec ce quatrain de M. l'abbé Rouvière :

O La Faro! d'Alès patrioto cantaïre,
Din l'Amoun trelusen, toun amo trefoulis
Quand, Félibres valens té saludou troubaïre
Et dé lus cants galoi fan drinda toun péïs !

Assis à la table d'honneur on remarquait :

MM. Espérandieu, maire ; L. Destremx, président du Centenaire ; Roumanille ; Mistral ; Roumieux ; Gourdoux ; Maurice Faure, député ; l'abbé Rouvière ; de Firmas de Périès ; Cazot ; Desmons ; Pin ; Arnavielle ; Gaussen ; Bastet, sculpteur ; Bertrand ; le sous-Préfet, le secrétaire général de la Préfecture de Nimes ; le président du Tribunal civil, le président du Tribunal de commerce ; Vaschalde, délégué des félibres de Vals.

Pendant tout le temps, au sein des conversations des convives recrutés dans tous les rangs de la société Alaisienne, régna la joie la plus franche et la plus cordiale.

Enfin au dessert et au milieu de l'attention générale commença la série des brindes ou toasts.

M. Léonce Destremx, président des fêtes du Centenaire, prend le premier la parole et, après avoir remercié l'assemblée de l'honneur qu'elle avait bien voulu rendre à la mémoire impérissable du grand poète Cévenol, et de l'illustre enfant d'Alais M. de La Fare, après avoir vivement félicité tous ceux qui avaient contribué au magnifique succès de la fête cévenole, il termine par ces beaux vers en langue cévenole, dont l'à-propos soulève un transport d'allégresse parmi tous les auditeurs :

Brinde de M. Léonce Destremx au Banquet.

Es un vièl éscoulan, qués véngu s'asséta
Aou miè dé l'ardérouso et galoïe famïo,
Pér agudre l'ounou dé béoure a la santa
Dé nostres grands pèïris, Mistral et Roumanïo.

Lous felibres raiòous, sé clenou d'avan vous ;
Aoublidaran jamaï qué felibre et troubaïre,
Sès véngus apourta vostre raï luminous
Pér douna maï dé glorio aòu cevenòou cantaïre.

Et l'escolo d'Alès, souèto la vengudo
As Félibres valéns, qu'aïci soun acampa.
Grands mèstres, davan vous ma lénguo sera mudo
Et lou cor éscougu vous éscoute canta.

Après M. Destremx, c'est M. le Maire d'Alais qui avec un tact parfait porte la santé de l'auteur du buste de M. de La Fare, le célèbre sculpteur M. Bastet, à qui Alais devra une reconnaissance éternelle. Il le fait dans les termes suivants :

Toast de M. le Maire d'Alais au banquet des Félibres.

« Messieurs,

« Après les éloges bien mérités que vient d'adresser notre dévoué Président à tous ceux qui, de près ou de loin, ont collaboré à nos belles fêtes félibréennes, je croirais manquer à mon devoir si je ne saisissais l'occasion qui m'est offerte d'exprimer toute ma reconnaissance à l'auteur du buste, au sculpteur Bastet.

« Il a non seulement fait une œuvre artistique, remarquable et réussie à tous les points de vue, mais il l'a exécutée encore avec un désintéressement qui en rehausse la valeur. Je le remercie au nom du Comité, au nom de tous les Félibres, et, en particulier, au nom de la ville d'Alais et je suis sûr, Messieurs, de répondre aux sentiments qui vous animent tous en portant un toast à l'auteur de l'*Abandonnée* et du buste de La Fare et en levant mon verre à des succès futurs. »

En réponse à M. le Maire, M. Louis Roumieux, avec la verve intarissable de son merveilleux talent s'exprime ainsi :

Brinde de Louis Roumieux.

En responso i paraulo tant amistadouso que venès d'ausi, m'es un devé, au noum dòu Félibrige tant couralamen aculi pèr la ciéuta raiolo, d'aussa moun vèire e de pourta moun brinde à la vilo d'Alès, e'n meme tèms, acò vai sèns dire, à Moussu lou conse Esperandiéu que tant dignamen la represento eici...

A la vilo d'Alès!... à la vilo amado di felibre que, Diéu-merci, ié devon un béu cire en guierdoun de tout ço qu'a fa pèr l'espandimen de nosto Causo terrenalo e patrioutico!... A la vilo d'Alès, que, coume noste ilustre davansié, lou Castagnaire que iuei aussan en glòri, avèn mai d'uno fes apela, nautre peréu :

Alès, moun Alès tant poulit !....

« De tout tèms — escrivié, i'a quauquis annado, un jouine Alesen, dins la Cigalo d'Or, *journalet que sèro esvali, mai qu'es en trin de se reviéuta — de tout tèms en Alès an flouri lis amourous de nosto bello lengo d'O. A l'epoco di troubaire, la charmanto Azalaïz de Pourqueirargue, la felibresso d'alor, ié cantavo si bélli cansoun..»* *Desempiéi, enjusqu'au jour ounte se revelè la gènto e pouëtico cantairis di* Risent de l'Alzoun, *n'a passa d'aigo davans li paret tapissado d'eurre dòu vièi castèu d'Areno.*

Areno !.... En ausissènt aquéu noum, siéu segur que l'amo de Teodor Aubanéu a trefouli. Es aqui que pèr la premiero fes — lou 28 d'avoust de 1876, jour inóublidable — l'Escolo félibrenco d'Alès pèr la premiero fes s'es acampado, pleno d'esperanço et d'aproumesso que se soun grandamen coumplido ; Areno !... Es aqui qu'avans meme que fuguèsse representa sus la sceno de Mount-Pelié, lou béu dramo dóu Felibre de la Miougrano fuguè legi e aplaudi souto lis aubo qu'oumbrejon lou riéu cascarclet.... Es, plus tard, sus lou tiatre d'Alès qu'aquéu cap d'obro dramati fuguè jouga meravihousamen pèr uno colo d'enfant dou païs qu'Arnavielle, lou premié cabiscóu, lou foundatour de la valènto Escolo, avié destousca sabe pas coume.

Un an après, quasimen jour pèr jour, es à Sant-Cristòu qu'anerian felibreja... Ah! Moussu Destremx, lis annado fuson, mai li remembranço demoron e me fai gau, après douge an encaro, de tourna-mai vous gramacia publicamen de l'ouspitalita tant avenènto qu'en voste liò nous jaguè voste brave fraire au castèu que porto pèr deviso : Mai d'ounou que d'ounous !... Malurousamen pèr nautre, e un pau pèr vous, cresès-me, vous ié capitavias pas, aquéu jour ; mai vous retrouban iuei, dóumaci, à la tèsto d'aqueste festenau. Tal ounour vous revenié de dre, e siéu urous de vous lou dire !

Es mai su lou tiatre d'Alès qu'avèn vist la Camisardo *de noste ami lou majourau Gaussen, cabiscòu atual de l'Escolo à laqualo devèn lou plesi de vèire enfin sa vilo natalo paga à* La Faro *l'escoutissoun de glòri qu'emé Arnavielle avien tant souvènti-fes reclama.*

Es mai sus lou tiatre d'Alès — n'en sariéu pas sousprès, talamen counèisse l'afougamen dis Alesen pèr nosto bello parladuro — que se jougara — lou veiras, Mistral! — toun drame superbe de la Reino Jano *qu'esperan tóutis em'uno petelego indiciblo...*

Vous estounés pas d'acò, Messiès : Alès es la villo pèr eicelènci di gràndi, nòbli e patriouiquis idèio... *Es qu'es pas di ribo dòu Gardoun, dis aubre de la Pradarié, qu'es partido la* Cigalo *qu'en plen Paris rènd i Miejournau lou soulàmi e li caresso dóu brès ?.... Es qu'es pas un enfant d'Alès, lou deputa Maurise Faure — te salude e t'astrugue, moun bèu — es qu'es pas éu que n'a couva l'idèio, que l'a facho espeli, que l'abaris encaro sus li ribo neblouso de la Seino ? Ounour à-n-éu e benesi siegue pèr tout lou bonur qu'e ilamoundaut adus de-longo is esmarra dóu nis !*

A la vilo d'Alès !

M'arrestariéu jamai, se me falié tout dire... E pamens la lengo me prusis... Mai l'oste Challier, que nous regalo, me n'en voudrié, se pèr cop d'astre anave vous douna uno indigestioun que bèn seguramen ié retoumbarié dessus... Mete dounc la restanco e coumplisse moun brinde en apoundènt :

A Moussu lou Maire d'Alès !

Vous tambèn, Moussu lou Maire, fasès de felibrige, emai dou bon, en rendènt oumàgi emé nautre is Alesen qu'an ilustra la ciéuta que vous a mes à sa tèsto... Fasès de Felibrige, emai d'òu bon, en creant d'agradivo permenado e de large boulevard, en traucant de gràndi carriero à travès li quartié negras e destré que tout-bèu-just autan poudié se ié camina... Fasès de felibrige, emai dòu bon, en fardant, en embelissènt la galanto vilo di Dumas e di La Faro, per-ço-que d'aquéu biais vòsti counciéutadin l'amaran de mai en mai e feniran pèr prendre tòuti coume deviso e coume mot de recouneissènco, lou vers dòu celèbre Castagnaire :

Alès, moun Alès tant poulit !

A Moussu lou Maire Esperandiéu !
Espèr-en-Diéu, un noum que déu pourta bonur.

BRINDE DE M. MAURICE FAURE.

C'est M. Maurice Faure, député de la Drôme, qui prend alors la parole, disant qu'il s'exprimera en français ou en cévenol, selon les préférences de l'assemblée. De toutes parts s'élève le cri : Cévenol ! cévenol ! Mais, loin d'en éprouver le moindre embarras, le député félibre prouve que la langue du Félibrige, aussi bien que la langue française n'a aucun secret pour lui, et se met aussitôt à la parler avec une facilité surprenante et un charme incomparable, se livrant tout à coup à une improvisation d'une éloquence enflammée, avec ce talent de parole qui, dans les assemblées politiques, l'a déjà placé au rang des orateurs de premier ordre. Après avoir dit que l'œuvre des Cigaliers comme celle des Félibres, avait pour fondement l'amour du pays natal, il développe d'une façon ravissante l'idée que l'amour de la grande patrie ne saurait étouffer l'amour du pays natal et il termine en parlant des tressaillements de bonheur qui épanouissent son âme chaque fois que retournant à Alais il revoit le vieux clocher, les sommets de Saint-Germain et de l'Ermitage, cette belle Prairie, dont les souvenirs restent vivants et aimés dans son cœur, jusqu'au sein des splendeurs de la capitale et des luttes de la politique.

Le grand Mistral, à son tour se lève. Il parle de la satisfaction inénarrable qu'il éprouve de se trouver dans cette belle patrie de M. de La Fare, et au milieu de ces Alaisiens tous félibréens de cœur et d'âme. Puis, en avocat habile, il se met à plaider la belle cause du Félibrige. Il le fait avec un talent, un charme, une verve qui saisit, transporte, entraîne tout l'auditoire. Et, comme s'il voulait, en terminant, emporter d'assaut les derniers préjugés contre le Félibrige, il entonne sa belle et harmonieuse chanson intitulée : *lou Renegat*.

Il la chante et toute l'assemblée chante avec lui. Le Félibrige remportait à cette heure une de ses plus belles victoires : Gloire à son Maître immortel ! Gloire à Mistral !

Ferdinand Chabrier, le premier lauréat des Jeux floraux d'Alais adresse ensuite à MM. Roumanille et Mistral le délicieux brinde suivant :

Brinde de M. Ferdinand Chabrier a Roumanille et a Mistral.

Vautres qu'en rimos d'or au nivèl soubeiran
Enauras ço qu'es dous, ço qu'es bèu, ço qu'es grand,
  E boulegas nosto jouvenço,
O mèstres glourious, brindarai un cigau.
Oi, longo-mai à vous ! car à iéu me fai gau
De veire iuèi aici lou Nestor prouvençau
  Embé l'Oumèro de Prouvenço.

M. Gaussen adresse avec beaucoup d'à-propos, un gracieux brinde aux dames qui, admises dans la salle du banquet, venaient d'y faire leur entrée. Toute l'assemblée applaudit.

Le cabiscaou de l'école d'Alais a aussi l'heureuse et délicate pensée d'évoquer le souvenir de M. Bernard, de Lyon, qui a fait don de deux magnifiques tableaux au nouveau musée alaisien, et de tous les côtés, on acclame le généreux bienfaiteur.

M. Castelnau, félibre montpelliérain, porte le brinde suivant :

Brinde de M. Castelnau.

Per óublida lous jours amars
E lous grands vènts dau mes de mars,
Aro que sèn en pleno autouno,
Aici, brindarai, se voulès,
Au marqués de La Faro-Alès,
Que la Renoumado courouno.

Brindarai, coumo de resoun,
A la novo e mouflo meissoun
Que dins la garbo felibrenco,
Ioi, vèn d'espincha lou simbèu
De ce qu'es grand, de ce qu'es bèu,
As rais de l'estello divenco.

Brindarai as letruts marrits
Que, de verin sèmpre abarits,
Tacou tant d'amos, tant de libres ;
Afin que, devenguts milhous,
Laissou voula lous parpalhous,
Canta l'aucel e lous Felibres.

Brindarai d'en-bas ou d'en-aut,
Jouto lou sourel miejournau
Que nous fai lum, que nous aflamo,
A la viloto dau carbou,
Qu'a jamai gastat de sabou,
Alesencs, pèr farda vostro amo.

Brindarai, es bèn à prepaus,
As counselhés municipaus,
Que d'uno vouès tant esmougudo,
De la bouco d'Esperandiéu,
Nous an trach à l'aflat de Diéu,
L'ouspitalièira bèn-vengudo.

Et coumo fau qu'en feniguent,
Felibres, nous ressouvenguen
D'uno tant graciouso aculido,
Units jout un mème drapéu,
Juren de batre lou rampéu
En brindant à la regalido !

Es ansin qu'oublidaren pas,
Dins l'amour d'uno longo pas
Aquesto pouético fèsto ;
E pèr ma part, tant que vieurai,
A soun souveni brindarai
Embe ce que dins moun got rèsto.

Ce furent ensuite tous les félibres présents, qui, devant l'auditoire émerveillé, firent couler un fleuve de poésie languedocienne aux flots harmonieux et comme étincelants de paillettes d'or. C'était un ravissement à faire rêver les hauts sommets du Parnasse et l'ambroisie des dieux.

Au Théatre

Le soir, au théâtre municipal, la Société Artistique et Littéraire, sous la direction de M. Bertrand, son président intelligent et actif, avait organisé une représentation de gala à prix réduit, qui attira un grand concours de spectateurs.

Le programme était des plus attrayants et des mieux choisis.

Ce fut d'abord une charmante petite pièce en un acte et toute de circonstance intitulée : *D'Alais à Vézénobre*, dont l'auteur cache sous l'anonyme un des noms les plus illustres du Midi. Une comédie de Gondinet, intitulée *La Cravate Blanche* vint ensuite, et les intermèdes étaient remplis et agrémentés par des monologues et des chansonnettes rendus avec une aisance parfaite et un charme ravissant. Le public prodigua les applaudissements à MM. Boyer et Armand, membres de la Société, qui se révélèrent tout particulièrement de vrais artistes, et obtinrent un grand et légitime succès.

Au sortir du banquet, les Félibres, ayant à leur tête Mistral, étaient venus occuper les places qui leur avaient été réservées.

Quand se fit le dernier lever de rideau, le buste du Marquis de La Fare apparut dans le fond du théâtre sur un trône recouvert de draperies éclatantes et entouré de verdure et de fleurs ; et c'est alors que commença l'émouvant défilé des Félibres, saluant la statue du grand poète cévenol et déposant à ses pieds des couronnes.

Le Président du Centenaire apportant le premier une

couronne de laurier, la dépose en disant : « Je te salue ô La Fare ! et je dépose à tes pieds cette couronne de laurier au nom de la Société Félibréenne d'Alais, dont tu es la gloire ; reçois notre hommage, ô poète, qui as si justement mérité d'être nommé : le dernier des troubadours et le premier des félibres ! »

M. Gaussen, *cabiscaou* de l'école *d'Alès*, se présentant ensuite, adresse au poète, d'une voix vibrante, cette ravissante allocution, un vrai chef-d'œuvre, par l'élevation de la pensée et la chaleur du sentiment :

Allocution de M. Gaussen.

Ero pa prou per ta glorio, coume ven de lou dire L. Destremx. Noun ! As eloges que tan fa, o mestre, fouliè que lous felibres venguessou encaro trairé à tous peds lou lauriè que la glorio ven de trena per tu.

La Faro, tous efants soun aqui. Mistral es vengu de l'autro man dau Rose tenent d'uno man Mirèio e de l'autro Calendau, toutes tres superbes e trelusent de lus glorio universalo. Es vengu tambe Roumanio émé sa pauro e divino Chata avuglo, l'un per te veire, l'autro per entendre tas lousengo. Es vengu Roumiéu émé Jarjaio, aquel frais cadet d'Escarpou ; d'autre encaro. E toutes, en cami, an coupa de lauriè per n'en courouna ta tèsto de pouèto que dore en avant trelusira sus toun Alès tant poulit, dins touto sa glorio, en plen sourel.

Saras eternamen a l'intrado de toun Bousquet. E, sariè pas estouna de veire lou vespre, quand tout es siau, au clar de luno, las Fados de toun Gardoun veni a toun entour e defaire de lus courounos las pu bellos flous, n'en tordre uno guirlando e n'enrubana toun front d'Alesen tout trélucant de las belugos de la pouesio.

Entre tant d'ilustracieu, agrado, o mestre, l'umble lauriè d'un pichot felibre, mai d'un grand amiratou de toun engeni.

M. Armand vient ensuite et avec un grand charme de diction et une émotion toute communicative, débite la belle poésie à La Fare composée par M. l'abbé Rouvière, curé de Saint-Christol :

Poésie a M. de La Fare, par M. l'Abbé Rouvière.

Lorsque sur ton chemin semant la poésie
Ta Muse, dans l'ardeur dont elle était saisie,
Du vieil Alais chantait le charme et la beauté,
Elle ceignait ton front de ce rayon de gloire
Qui du funeste oubli préserve une mémoire :
Elle te conduisait à l'immortalité.

Tu vivras à jamais, car ton nom, ô LaFare !
Sous le sceau du génie est devenu le phare
Eclairant de ses feux l'histoire du passé ;
Tu vivras à jamais dans nos vieilles annales
Où tu nous a légué tes œuvres magistrales
Comme un riche trésor par tes soins amassé.

Dieu, qui trace à son gré les carrières humaines,
Prépara ton berceau sur les hauteurs sereines
Où tu devais chanter, Il te fit Cévenol,
Comme à l'aigle qui doit planer sur les abîmes
Il fait bâtir son nid sur les plus hautes cimes
D'où s'élevant encor, il prendra son grand vol.

Et tu planas ainsi sur nos belles Cévennes,
Parcourant de ton vol et nos monts et nos plaines,
Et partout épandant les flots harmonieux
Qui coulaient abondants de ton âme ravie,
Pour célébrer au loin les douceurs de la vie
Que goûtaient innocents les peuples de ces lieux.

Combien tu les aimas nos riantes campagnes,
Et tous ces frais vallons et ces riches montagnes,

Où vécurent heureux ces héros de tes chants.
Dont tu nous a redit les vertus, les croyances,
Les jeux et les plaisirs, les rondes et les danses
Qui les consolaient bien des durs travaux des champs.

Tu te plus sur ces bords que le Gardon arrose,
A l'ombre de ces bois qui des labeurs repose,
Près des eaux murmurant dans leur lit de graviers,
Et sur le vert tapis de l'immense prairie,
Orgueil de la Cité, qui contemple ravie
La forêt de géants de ses grands chataigniers.

Le plaisir t'enivrait, dans ces fêtes champêtres,
Quand sur l'*aire*, accourus en foule, nos ancêtres,
Dansaient le cœur content, par un beau soir d'été ;
Ou bien, lorsque groupés sous le manteau de l'âtre
La *grillée* en automne, à l'heure où vient le pâtre,
Répandait autour d'eux une folle gaîté.

Mais ta Muse savait être grave et sévère,
Et mêlant sa douleur à la douleur amère
De leurs cœurs déchirés par l'implacable sort,
A travers les tombeaux jetait sa voix plaintive
Comme un lugubre glas qui du lointain arrive,
Et chantait en pleurant *la Fête de la Mort*.

Ils sont encor vivants, ces accents que ta lyre,
Sous l'inspiration d'un sublime délire,
Envoyait tout vibrants aux échos de ces lieux,
Et les enfants d'Alais aux transports de ton âme
Qui rayonna soudain d'une aussi vive flamme
Ont senti tressaillir l'âme de leur aïeux.

Et quoi ! se pourrait-il que des ans la poussière
Vint ternir un instant une gloire si chère
Et jetât sur ton nom un silence éternel ?
Mais non ; ainsi qu'un feu traversant les nuits sombres
Ton génie à jamais, écartera les ombres.
O La Fare ! ton nom, ton nom est immortel !...

Tous les Félibres présents continuèrent ainsi ce solennel et imposant défilé après lequel, à travers l'embrasement des flammes multicolores de feu de bengale, la statue de M. le Marquis de La Fare apparut toute resplendissante des étincelantes clartés de l'apothéose qu'il recevait ce jour-là de sa ville natale et du Félibrige. Les spectateurs, saisis et transportés, applaudissaient frénétiquement et se retiraient en criant : Vive La Fare ! Vive La Fare ! Et la cantate de Borel faisait entendre pour la dernière fois ses sublimes et harmonieux accords. La fête était terminée.

Mais son souvenir restera à jamais gravé dans la mémoire de tous ceux qui en furent les heureux témoins. Nous n'en voulons d'autre témoignage que cette phrase d'une lettre qu'écrivait un mois après à M. Léonce Destremx, Roumanille, l'illustre capoulié de Félibrige : *Je suis encore sous le charme de vos fêtes vraiment inoubliables !*

Les fêtes alaisiennes des 20 et 21 octobre 1889 ont eu un grand retentissement, et la presse de la capitale, comme celle des départements en répandit les échos dans la France entière.

Tabó ! Tabó !! Tabó !!!

www.ingramcontent.com/pod-product-compliance
Lightning Source LLC
Chambersburg PA
CBHW060648170426
43199CB00012B/1716